KB115716

한국의 침몰

_영어문맹에 갇히다

한국의 침몰_영어문맹에 갇히다

발행일   2019년 12월 27일

지은이   신동현
펴낸이   손형국
펴낸곳   (주)북랩
편집인   선일영   편집   오경진, 강대건, 최예은, 최승헌, 김경무
디자인   이현수, 김민하, 한수희, 김윤주, 허지혜   제작   박기성, 황동현, 구성우, 장홍석
마케팅   김회란, 박진관, 조하라, 장은별
출판등록   2004. 12. 1(제2012-000051호)
주소   서울특별시 금천구 가산디지털 1로 168, 우림라이온스밸리 B동 B113~114호, C동 B101호
홈페이지   www.book.co.kr
전화번호   (02)2026-5777   팩스   (02)2026-5747

ISBN   979-11-6299-367-5 03370 (종이책)   979-11-6299-462-7 05370 (전자책)

잘못된 책은 구입한 곳에서 교환해드립니다.
이 책은 저작권법에 따라 보호받는 저작물이므로 무단 전재와 복제를 금합니다.

이 도서의 국립중앙도서관 출판예정도서목록(CIP)은 서지정보유통지원시스템 홈페이지(http://seoji.nl.go.kr)와
국가자료공동목록시스템(http://www.nl.go.kr/kolisnet)에서 이용하실 수 있습니다.
(CIP제어번호: 2019052505)

(주)북랩 성공출판의 파트너

북랩 홈페이지와 패밀리 사이트에서 다양한 출판 솔루션을 만나 보세요!

홈페이지 book.co.kr   •   **블로그** blog.naver.com/essaybook   •   **출판문의** book@book.co.kr

신동현 지음

한국의 침몰
_영어문맹에 갇히다

Korea is drowning, trapped in English illiteracy

세월호 침몰; 역사적 경고
_한국어는 현대문명을 감당할 수 없다

북랩 book Lab

프롤로그

- 고뇌(agonizing)의 내레이션(narration)을 시작하며 -

한국은 경제를 비롯한 모든 분야에 걸쳐 후퇴와 침체를 겪고 있다. 그 원인은 외부 환경에 있는 것이 아니라, 바로 우리 내부에 있는 것이다.

세월호 침몰을 비롯한 모든 대형사고들과 오늘날의 경제침체, 청년백수 등 대부분의 사회적 문제들은, 서로 동떨어진 문제가 아니라, 모두 하나의 뿌리에서 발아된 것으로, 대한민국의 역사적 문화적 산물이기도 한 한국어라는 언어를 가지고 현대문명을 누리려고 하는 데서 비롯된 것이다.

한국어의 기반은 농경문화를 근간으로 하는 한반도로서, 이곳에서 생성된 지극히 지엽적인 작은 언어를 가지고 선진문명의 학문/기술을 속박(harness)하는 소통 수단의 매개체로 사용하는 것이다. 한국어는 이렇게 사용하기에는 사실상 크게 역부족인 언어인 것이다.

조선시대 문명은 중화문명으로 모두 한자를 사용한 한문으로 기록되었듯이, 현재 한국의 문명은 서양의 선진문명이며, 사실상 영어문명이기에 영어로 기록되고 실행되어야 무리가 없는 것이다.

그러했으면 세월호 침몰 같은, 문명의 역습으로 인한 비극적 사건 사고들과 사회적 불평등의 혼란은 생겨나지 않았을 것이다.

나는 65살 나이에 이르고 나서야 비로소 BBC/CNN 방송과 뉴스, TED를 제대로 알아들을 수 있게 되었다. 한국어로는 절대 이러한 수준의 문명에 접근할 수 없다는 것을 나는 새삼스레 깨달았다.

이러한 문명 수준의 격차가 평균 이상의 학습지능을 가졌다고 생각하는 내가 영어를 접하고 나서 영어문명(英語文明 English literacy; EL)에 도달하는 데 40여 년의 세월이 족히 걸린 이유인 것이다.

이러한 언어적 수준의 차이를 인지(recognize)하지 못하고 서양의 선진문명을 도입하여 우리의 언어인 한국어로 운영하다가, 문명의 미스매치(mismatch)로 인하여 쉽게 헤어날 수 없는 역경에 빠진 것이 오늘날의 한국사회인 것이다.

즉, 한국은 인지하기도 벗어나기도 힘든 영어문맹(英語文盲 English illiteracy; EiL)이라는 문명의 그물에 갇혀서 침몰하고 있는 것이다. 그리고 우리의 젊은이들은 여기에 갇혀서 비명을 지르고 있는 것이다.

나는 이 시대를 살아온 기성세대로서 외면할 수 없는 현실에 처한 것이며, 이 글은 이러한 깨달음에 대한 자술서(narration)이자 대책(countermeasure)이다.

- 교육의 목적은 무엇인가? 이 세상을 살아갈 수 있는 힘을 주는 것이다. 즉, 생존에 필요한 지식을 터득할 수 있는 능력을 주는 것이고, 우리에게 그것은 학생/청년에게 영어문명[EL] 능력을 부여해 주는 것이다. 그 지식은 사실상 모두 영어로 쓰여 있기 때문이다.
- 오늘날 한국 젊은이들의 고통과 무기력함은 전적으로 한국어/한글로 이루어진 교육에서 비롯된 것이다. 산업경제의 침체 또한 이로 인한 영어문맹[EiL]에서 비롯된 것이다.
- 모든 젊은이에게 미국/영국의 대학 도서관에 있는 글로벌 문명의 전문서적을 읽을 수 있는 영어문명[EL]의 능력을 부여하여야만, 한국은 침몰을 멈추고 다시 일어날 수 있을 것이다.

2019년 12월
신동현

CONTENTS

01 한국의 침몰_영어문맹에 갇히다

한국의 침몰
_영어 문맹에 갇히다(Korea is drowning_trapped in English illiteracy)

- **영어문명[EL]**; English Literacy: 이 말은 영어로 쓰인 학문/기술의 텍스트를 읽을 수 있는 상태를 말한다.
- **영어문맹[EiL]**; English illiteracy: 이 말은 영어로 쓰인 학문/기술의 텍스트를 읽을 수 없는 상태를 말한다.

- 우리는 거대한 문명을 작은 문명의 언어로 가두려 하고 있다 -

○ 한국은 침몰하고 있다. 그 근본원인(root cause)은 영어로 기술된(described in English) 학문/기술(studies/technology)의 텍스트(text)를 이해하지 못하는 영어문맹[EiL] 상태이기 때문이다.

○ 한국은 영어문맹[EiL]으로 무지(ignorant)/무식(illiteracy)할 뿐이다. 따라서 기술적 도약(technical development)을 하지 못한다. 이로 인해 산업경제가 침체되어 가라앉고 있다.

○ 나는 뒤 글에서 원자력발전소에서의 경험을 바탕으로, 한국에서 벌어지고 있는, 모순(contradictory)된 여러 행태에 대

해 기술하였다. 이러한 것들은 모두 영어문맹[EiL]으로 인한 무지/무식에서 비롯된 한국사회의 심각한 문제의 유형(type of problems)이다.

○ 글로벌 문명(global civilization)에서 국지적인 언어(local language)에 불과한 한국어로 된 지식은 한국이라는 좁은 우물 안에서도 잘 쓰지 않는 먹통의 지식일 뿐이다.

○ 한국은 문명의 언어인 영어를 잘해야만 국제적 환경에서 살아남을 수 있는 경쟁력을 가질 수 있는 작은 국가이다.

○ 영어문맹[EiL]으로 인해 청년은 문명의 지식을 쌓지 못하고 단순 노동자로 전락하였다. 그들은 영어문맹[EiL]으로 인한 지식의 공백(knowledge vacancy) 상태에서 좌절(frustrate)하고 있다.

○ 한국어 텍스트로 시행되는 국수적(nationalistic) 교육을 멈추고, ICT를 이용하여 초등학교 때부터 영어 텍스트로 수학(mathematics)/과학(science)을 공부시켜 영어문명(EL; English literacy) 능력을 키워주어야만 한다. 그래야 대학다운 전공(universal major) 공부를 할 수 있는 능력이 생긴다.

○ 한국은 오직 영어문명[EL] 상태여야 청년이 살고, 경제가 살아난다.

○ 한국은 영어문맹[EiL] 상태를 벗어나기 위한 교육개혁(Education Revolution for English Literacy)을 당장 시작하여야 한다.

한국은 침몰 중이다. 세월호와 같이 아무런 외적인 이유(external cause)도, 내적인 이유(internal cause)도 확실치 않은 상태에서 스스로 침몰하고 있는 것이다. 풍랑의 한국사회의 산업 현장을 겪은 나만이 그 근본적인 이유를 깨달아서 이 글로 장황하게 내레이션(narration)하고 있는 것이다.

나는 원자력발전소(nuclear power plant)를 건설하고 운영하는 과정에서, 미국/영국의 기술력을 배우면서 본격적인 사회생활을 시작하였다. 원자력발전소와 같은 현대문명의 설비(facility)를 운영하려면 어떠한 치밀(elaborate)한 기술력(technology)을 필요로 하는지를 체험(experience)하고 추적(track)하면서 수십 년의 세월을 보냈다. 기술력의 추적은 순전히 그들의 텍스트를 읽음으로써 진행될 수 있었다. 그런데 이렇게 중요한 텍스트를 나만 혼자 보고 이해하고 있다는 착각 아닌 착각이 들었다. 곰곰이 실상을 따져보니, 영문 텍스트를 읽고 업무를 수행하여야 할 그들은 영어로 된 텍스트를 적극적으로 읽고 실행하지 못하는 영어문맹[EiL] 상태에 빠져 있었던 것이다. ('원자로조종감독자의 고백', '한수원 비리사건에서의 아픈 진실' 편 참조)

세월호(ferry boat)가 어린 생명들을 태우고 가라앉았을 때 나 또한 심한 충격(impact)을 받을 수밖에 없었다. 어찌하여 이런 일이 대한민국에서 일어날까? 이것은 인간세상이면 어디서나 존재하는 부정부패와 같은 그런 일상적인 비리(corruption)에서 시작된 것이 아니다. 세상 어디에도 이러한 비극(tragedy)을 초래할 행위를 인지하고서도 개인적인 욕망으로 잘못된 행동을 할 어리석은 인간은 사실상 존재하지 않는 것이다. 이것은 인간의 무지 (ignorant)/무식(illiteracy)에서 출발하는 것이다. 그러면 어째서 이런 유형의 사고가 대한민국에서 빈번(frequent)하게 일어나는 것일까 하는 의문이 들지 않을 수 없었다.

- 나는 이 땅에서 벌어지고 있는 마땅히 해야 할 일을 하지 않아 생기는 수많은 부작위(不作爲 nonperformance)한 행위가 어떤 공통점(common cause)을 가지고 있다는 결론에 도달하지 않을 수 없었다.

이 나라에서 일어난 수많은 사고와 나의 인생경력에서 숱하게 느끼고 겪어야만 했던 비리(corruption)/부조리(irrationality) 행위는 사실상 한 가지 결함(deficiency)에서 발아(evolve)된 것이고, 결국은 이것으로 인해 이 나라는 지금 침몰되고 있다는 결론에 도달하게 되었다. 대한민국이라는 국가의 산업 경제는 가라앉고 있고, 대다수의 소외된 젊은이들은 생존의 지식을 제대로 갖추지 못한 채 불행한 현실에서 절망하고 신음하고 있는 것이다. 그들의 비명소리가 곳곳에서 터져 나오고 있는데, 이 사회는 그 원인은 제대로 파악하지 못하고 방치하고 있는 것이다.
이러한 현실의 근본적인 원인은 이 나라가 거대한 문명의 소통의 언어인 영어(English)를 피상적(superficially)으로만 알고 온전하게는 이해하지 못하는, 영어문맹[EiL]으로 촉발되는 현대문명의 대한 무식(illiteracy)으로 벌어지는 일이다. 영어로 된 텍스트(text)를 이해하지 못하여, 문명이 주는 기술의 상세함(detail)을 온전히 이해하고 실행하지 못하면서, 영어가 선도하는 최첨단 문명의 혜택을 누리려고 하는 대한민국은, 사실은 무지/무식이 잠재되어 있는 혼란스럽고 위험하기도 한 나라인 것이다. ('원자로조종감독자의 고백', '한수원 비리사건에서의 아픈 진실', '세월호 침몰; 역사적 경고' 편 참조)

영어를 잘해야 된다는 막연한 신념으로, 대한민국의 국민은 그저 영어 자체를 열심히 가르치고 배우는 행위에 그치고 있는 것이다. 영어를 배우는 목적인 영어로 기록된 문명의 산물(products)을 이해하고 실행하는 수준에는 이르지 못하고 마는 것이다. 이 때문에 국가 전체가 무식한 면면을 곳곳에서 노출하고 있는데 그 원인을 정확하게 알지 못하고 적당히 넘어가는 형태를 우리는 반복하고 있는 것이다. '우물 안 개구리의 식견(knowledge and vision)'을 가지고, '하룻강아지 범 무서운 줄 모른다'라는 식의 도전(reckless challenge)을 서슴지 않는 것이다. ('후쿠시마 원전사고와 한국의 원전' 편 참조)

- 한국은 스스로의 자기 진단 검증(self-verification and validation) 능력이 결여(insufficient)된 나라이다. 이것 또한 영어문맹[EiL]으로 인해 비롯된 것이다. 검증을 하는 잣대(measure) 또한 영어로 쓰여 있기 때문이다.

단순하게 말해, 이 나라는 영어라는 언어와 이 언어로 이룩된 거대한 문명을, 그 문명의 언어가 가리키는 원칙대로 이해하여 실행하지 못하고, 제 나름대로 (영어가 '황새의 언어'라면) '뱁새의 언어'에 불과한 한국어로 소화하고 있는 것이다. 그 결과 문명의 산물이 갖고 있는 고유(inherent)의 태생적인 기질을 확실히 파악하지 못하고 자기 나름의 소신과 직감대로 대하고 있는 것이다. 비교적 쉽게 선진문명(advanced civilization)의 혜택만을 누리려 하는 것이다. 거기에 필수적으로 기울여야 하는 각종 규제사항 (regulatory and guidelines) 등을 파악하여야 하는 과정의 수고스러운 노력은 간과하는 것이다. 세계가 놀라는 한국인의 빠른 실행력은 본질적으로 이런 수고스러운 과정의 생략에 있는 것이다. 그러나 완성도가 높을 수 없고, 눈가림식의 용두사미(anticlimactic)로 끝나는 것이 너무나 많으며, 뒤처리 비용이 배보다 배꼽이 큰 경우가 많은 것이다.

우리는 지금 영어로 된 텍스트를 이해 못해서 종속적(dependent) 규제사항을 따르지 않고 자기 나름의 소신대로 행하는, 한국인 특유의 프로세스(process)에서 오는 부작용(side effects)에 의한 고통(sufferings)을 겪고 있는 것이다. 그 고통의 정점(peak)에서 맞이한 것이 '세월호의 침몰'인 것이다. 그리고 이러한 프로세스는 진행 중에 있다는 것이 내가 이 글을 쓸 수밖에 없는 사유(motive)이고 두려움(fear)인 것이다.

- 대한민국은 쉽게 벗어날 수 없는 '영어문맹[EiL]이라는 트랩(trap)에 갇혀서 침몰하고 있는 것이다. (Korea is drowning, trapped in English illiteracy)

- 독자(reader)의 영어문맹[EiL] 정도의 자기진단(self-estimate)은 '영어문맹[EiL] 탈출하기' 편에 나오는, 예제(examples)로 소개된 영문 텍스트의 이해 여부로 어느 정도 할 수 있다.

다시 말해, 한국은 선진문명의 언어를 잘 모르면서 그 문명의 혜택을 누리는 것이다. 선진문명의 언어인 영어로 기록된 자료 (documents)/표준코드(codes and standards)/스펙(specifications) 등등, 학문/기술의 결과물(products)이라 할 수 있는 텍스트를 읽고 이해하고 실천하지 못하면서, 그 문명의 과실(fruits)을 탐하는 것이다. 그러다가 그러한 프로세스에서 불거진, 그러나 스스로는 원인을 규명하기 힘든, 이방(foreign)의 언어를 온전히 이해 못해 생긴 트랩에 걸려 서서히 가라앉고 있는 것이다. 하룻강아지의 얕은 지식으로 범을 상대하다가 화(misfortune)를 당하고 있는 것이다. 그러나 하룻강아지의 시각으로는 스스로 그 원인을 파악하거나 자각하지 못하는 것이다.

각자의 전문적인 분야에서 절대적으로 필요한, 위에서 언급한 부류의 전문적 텍스트를 읽지 못하였다면, '하룻강아지의 시각' 을 벗어났다고 말할 수 없는 것이다.

한국어로 된 텍스트는 진품(genuine)이 아니고 일방적인 모조품(imitation)에 불과한 것이다. 국내에서도 잘 쓰이지 않는 비논리적(illogical) 먹통(non-viral)의 지식인 것이다. 영어의 언어적 논리성을 무시하고 한자를 동원하여 임기응변(adaptation to circumstances)식 번역으로 생성된 일회성 지식을 신봉(trust)하고 교육(educate)하는 것이다.

- 이 얼마나 말이 되지 않는 기막힌 현실인가?
- 영어로 된 텍스트를 읽어야만 생존의 지식(vital knowledge)을 취득할 수 있는 것이다.
- 이제 한국어/한글로 된 텍스트는 버려야 한다. 한국은 지식 부족(lack of knowledge)으로 침몰 중이다. 청년은 무식(illiteracy)으로 인한 무력감에 방황하고 절망하고 있다.

우리가 애초에 의도한 것은 아니지만, 결과적으로 작은 문명의 언어인 한국어로 거대한 문명의 언어인 영어를 상대하고 있는 무모함에 대한 벌(negative response)을 받고 있는 것이다. '무식(illiteracy)하다'는 말은 우리가 제일 싫어하는 말이다. 우리는 한국사회의 최대의 모욕인 무식하다는 관념을 탈피하기 위해 대학까지의 과정을 대부분 마쳤으나, 글로벌(global)한 관점에서 보면, 우리는 실제적으로 무식할 뿐이고, 때로는 무모(irrational)해 보이기까지 하는 것이다.

우리의 대학은 한국에서만 통용되는 최고의 학부(academy)이지, 실상 세계적으로는 별 볼 일 없는 지식을 전수(transfer)하는 장소인 것이다. 단적으로 말해, 한국에서의 지식은 세계에서 통용되는 참된 지식이 아닌, 한국 내에서 임의로 가공된 실용성 없는 지식인 것이다. 문명을 영위(orient)할 지식이 아니라, '도토리 키 재기'식 시험문제에나 필요한 일회성(one-time) 지식인 것이다. 이러한 몰락(downfall)은 영어문맹[EiL]으로 인해 유발된 현상이다.

- 이것이 세계에서 영어를 제일 열심히 공부하는 나라에서 벌어지고 있는 어이없는 역설(nonsense)이다.

작은 한반도에서 65년 전에 태어난 필자가 이러한 한국의 한심한 사회적 현실을 깨닫게 되는 데 무려 50년에 걸친 영어를 접촉하는 세월이 소요되었다. 한때는 한국어가 영어보다 나은 세계 최고의 언어일 것이라고 잘못 생각한 시절도 있었다. 이는 오로지 문명의 소통 언어인 영어로 기술된 제반 기록물(texts printed in English)을 이해하지 못하는 영어문맹[EiL]에서 비롯된 것이다. 우물 안 개구리의 시각(vision)으로 거대한 우주의 세계(universe)는 상상도 못하면서 달나라 토끼를 동경한 것이었다. 영어문명의 지식의 깊이를 헤아려보지 못한 좁은 식견에서 비롯된 섣부른 생각이었다.

- 인터넷(internet) 세상이 오지 않았다면, 나의 정신세계는 계속 그 상태로 머물 수밖에 없었을 것이다.

이 얼마나 황당한 상황인가! '우리는 한국어라는 언어에 의해 세계와 단절된 상태에 있다'라고도 표현할 수 있는 것이다.

우리의 생존에 필요한 지식을 누군가의 생각을 거쳐서 전해

한국의 침몰

주는/번역해주는 지식에 의해 우리는 판단할 수밖에 없는 것이다. 오늘날 같이 글로벌(global)한 세상에서 누군가에 의해 가공(second-hand)된 지식만을 믿을 수밖에 없는 종속(enslaved)된 처지에 놓여 있는 것이다.

세계 최고의 정보통신(ICT; Information and Communication Technology) 네트워크(network)를 구축한 노력으로, 우리 눈앞에 펼쳐지는 광대한 양의 정보/지식이 별 소용이 없는 무용지물(useless)인 것이다. ('번역/번안된 지식으로는 21세기를 살 수 없다' 섹션 참조)

우리는 우리의 생존에 관한 지식을 누군가가 변환해주는 왜곡(biased)된 지식으로 흡수할 수밖에 없다는 것이다. 그것은 지식을 가공하는 번역가(interpreter)의 문제가 아니라, 번역가도 어쩔 수 없는 언어적 문제(linguistic affairs)라는 것이다. 우리가 알아야 할 지식이 번역가에 의해서 나온 임의적(arbitrary)인 것이 되어서는 안 되는 것이다.

- 그러므로 번역에 의존하는 것은, 결과적으로 개인 고유의 감수성(sensitivity)/통찰력(perceptions)을 번역자에게 종속(sub-ordinate)되게 하는 행위가 되어버리는 것이다.
- 우리의 부모 세대가 한글을 깨우치지 못해 한탄하였듯이, 우리는 영어문명[EL]을 깨우치지 못한 영어문맹[EiL]인 것이다.

무려 50년의 걸친 영어를 접촉하는 세월을 통해, 나는 영어라는 언어를 온전히 안다는 것은 쉬운 일이 아니며, 한국처럼 영어를 알려고/배우려고 하는 짓은 너무나 잘못된 모델(folly model)이라는 것을 깨닫게 되었다. 영어는 전념해서 배워야 한다는 우리의 자세는, 쉽게 그 끝을 상상할 수 없는 무한한 세계를 가진 현대문명의 언어를, 마치 태평양을 헤엄쳐 건너려는 모양새를 하고 달려드는, 성공할 수 없는 무모한 도전에 불과한 몸짓이며, 끝이 어디인지도 모르고 무작정 가야만 되는 나침반(compass) 없는 항해와 같은 것이다.

좁은 한반도에 갇혀 있는 우리는, 이와 같은 과정의 영어공부를 통해서만 영어를 이해할 수 있다고 철석같이 믿고 따르고 있는 것이다. 결국은 잘하지도 못하면서 다른 생각은 할 여지도 없는 것이다. 대한민국 전체가 마비된 것이다. 아무도 이의를 제기하지 않는다. 누군가가 가리키고 시키는 데로 따라갈 뿐이다. 국가적으로 엄청난 시간/돈/정력의 국력이 소모되는 것이다. 그런데 결과는 미미한 것이다.

영어라는 언어를 배우려고 하는 것은 평생이 걸릴 수도 있는 무모하고 어리석은 행위라는 것이, 나의 인생 경력에서 깨달은, 영어라는 언어의 철학적 세계가 주는 곤혹스럽기도 하면서, 한편으로는 최고문명의 언어의 깊이에서 우러나오는 전율의 감동을 받기도 한 깨달음이었다.

- 나는 50년의 세월을 바친 영어라는 언어에 대한 깨달음(real-ization)을 이 글로써 기술하고 있는 것이다. 이 글은 오늘날

한국의 침몰

이 땅에 태어난 인간의 존엄성(dignity of the human being)에 절대적인 영향을 미칠 수밖에 없는 최고 문명의 언어인 영어에 대한 메시지(message)이다.

인간은 자신의 언어(own language)로 사고(think)하는데, 영어로 사고하는 그들은 한국어로 사고해야 하는 나보다 훨씬 넓은 우주관(universe)을 갖고 있음을 인정하지 않을 수 없었다. 우리가 서양의 철학자들(philosophers)의 저서를 번역하지 못하는 절대적 이유는 우리가 사고하는 언어(한국어)로 그들의 사고의 언어를 따라갈 수 없기 때문이다. 그것은 철학(philosophy)의 세계가 다르다고 하기 이전에 우리 언어의 세계가 엄청 작고 좁다는 역설(paradox)임을 깨달았다. 그것이 인간의 행복(happiness)을 가져다주는 요소(resource)는 아니지만 '세월호의 침몰'과 같은 비극(tragedy)을 잉태(breed)하는 씨앗(seed/root cause)이 될 수는 있는 것이다.

서양의 선진(advanced)문명이 만들어낸 '세월호'와 같은 문명의 하드웨어(hardware)를 운행하면서, 그것을 운영하는 데 요구되는 규제(regulatory)인 소프트웨어(software)를 이해하고 실행하지 못하고, 대충 적당히 나름의 생각(통밥)으로, 중고(used)의 선박(boat)을 구입하여, 수익성(profitability)을 올릴 수 있게 적당히 개조(renovate)하고, 허술한 안전규정(poorly enforced safety standards)에 맞춰 운영하다가 '침몰'이라는 어이없는 비극을 불러온 것이다. 이것은 인간의 부조리/비리에 따르는 행위 이

전(beyond)에, 국가 시스템 전체 과정에 걸쳐 있는 국가적 무지 (nationwide overall ignorance)의 문제인 것이다. ('세월호 침몰; 역사적 경고' 편 참조)

한국어/한글은 우리에게는 목숨과도 같은 소중한 언어일 수 있다. 그것은 과거 일본제국주의 시대를 겪으면서 형성된 불행한 역사의 치욕(ignominy)으로 인해 생성된 인식(perception)이다. 그러나 이제 우리는 우리의 언어를 지켜야 한다는 고정관념(stereotype)에서 벗어나야 한다.

언어(language)는 소통(communication)이 생명(vital)인 것이다. 소통이 안 되는 언어로 된 지식은 죽은 지식일 뿐이다. 아름다운 우리말은 우리끼리의 자화자찬의 미사여구(self-flattery rhetoric)일 뿐이다.

- 우리는 지금 어이없게도 생존의 지식(vital knowledge)을 외면하고 있는 것이다. 우리의 말과 언어를 지키기 위해서 생존의 지식을 외면하고 있는 것이다.

글로벌 경쟁시대에 들어선 오늘날, 우리는 국지적/지엽적인 우리의 언어(local language; Korean language)와 세계적 언어(global language; English)의 관계에서의 불협화음을(dissonance from linguistic mismatch) 국가 생존의 문제(national survival issue)로 직시(face)하여야 한다.

세계적으로는 소통(communication)이 안 되는 먹통의 언어인 한국어로 만들어진 지식을 고집하여 국제적 고립(international isolation)을 스스로 자초(self-induced)하지 말고, 이 민족의 번영을 위하여 일정 부분을 적극적으로 양보(compromise)하여야만 한다. 그래야만 이 나라가 번영을 지속할 수 있고, 이 땅의 젊은이들이 세계적으로 소통되는 생존의 지식을 갖추어 세계를 무대로 활기(energetic)차게 살 수 있다.

- 오늘날 한국 젊은이들의 고통과 무기력함은(suffering and empty) 전적으로 먹통의 언어로 이루어진 교육에서 비롯된 것이다. 산업경제의 침체 또한 이로 인한 영어문맹[EiL]에서 비롯된 것이다.
- 이것은 사실상 선택의 문제가 아닌 절대적인 문제인 것이다. 그렇지 않으면 우리는 점점 더 불행해지고, 결국은 치욕의 역사를 되풀이할 가능성이 높아질 뿐이다.
- 오욕(shameful)의 현장에서 저항한 역사를 교훈(lesson)으로 삼기 이전에, 그러한 상황을 사전에 예방하고자 하는 노력이 부족했던 원인을 분석하고, 이것을 우선적인 역사적 교훈으로 삼아야 한다. 그래야만 민족의 불행을 반복하지 않는다.
- '세월호의 침몰' 현장은 치욕적인 역사적 현장이었다. 어찌 이런 엉터리 나라가 있을 수 있는가?
- 나는 60살이 넘도록 도대체 이 나라에서 무엇을 하였는가? 나는 어찌할 수 없는 각성(realize)/반성(regret)의 마음으로 간절한 대책(countermeasure)의 글을 쓰고 있는 것이다.

나의 주장은 영어는 다음과 같이 하여야 알게 된다는 것이다. 이것은 영어를 잘하는 모든 나라가 당연히 하고 있는 방법이다.

현재 우리가 생각하고 실행하는 '영어라는 언어 자체를 배우려고 시도하는 행위'는 아무리 하여도 효과가 나기 힘든 잘못된 행위이다. 언어 자체를 배우려고 언어를 공부하는 행위는 언어학자(linguist)에게나 어울리는 행위인 것으로, 우리는 처음부터 방향 설정을 잘못한 것이다. 우리는 온갖 행위(activities)와 상황(situation)에 따라 작성된 텍스트(text)를 가지고 영어를 배우려고 하는 것이다. 그래 봐야 극히 일부분에 지나지 않는 텍스트로 끝나는 것이다. 해변가(beach)에서 조약돌(pebble) 몇 개를 주워 담은 것에 불과한 학습 방법인 것이다.

'우리가 얼마나 열심히 영어를 배웠는가?', '우리는 얼마나 배운 효과를 보고 있는가?', '우리의 영어능력은 왜 이렇게 한심스러운가?', '우리가 영어를 배우는 방법이 문제가 있는 것이 아닌가'를 자문(ask ourselves)해 보면 스스로 짐작할 수 있는 것이다. ('영어 문맹 탈출하기' 섹션 참조)

- 일본과 중국은 인구/경제적으로 세계적 대국이다. 뱁새인 우리가 황새인 그들의 언어정책을 비교하고 모방하는 것은 격(class)이 안 맞는 셈법(comparison)이다. 우리 형편/처지(environment/situation)에 맞춰서 서양의 선진문명(advanced civilization)을 추종(chase)할 수 있는 방안(measure)을 창의적으로(creatively) 모색(invent)하여야 한다.

우리도 대다수의 나라처럼 기초과목부터 영어로 기술된, 즉 영문으로 된 교과서(textbook written in English)로 수학(math)/과학(science) 등의 과목을 배워나가야 한다. 즉, 기초과목(primary subjects)의 초기(beginning)의 낱말(vocabulary)부터 차곡차곡(gradually) 영어로 배워나가는 과정(process)을 밟아야만 되는 것이다. 그래야만 중간(mid-level)/고급(high-level)의 용어(term)를 정확히 이해할 수 있는 능력이 비로소 생기게 되는(build up) 것이다.

이것은 그 자체로 십여 년의 세월을 필요로 하는 학습과정인 것이다. 대한민국은 이것을 생략하고 바로 갈 수 있다고 생각하는 것이다. 이러한 일방적 바람이 영어를 매일 공부하고도 영어문맹[EiL]이 될 수밖에 없는 우리의 현실인 것이다.

한국어로 된 교과서는 사실상 우리를 혼란스럽게 하고 우리가 필요로 하는 글로벌(global) 생존지식(survival knowledge)의 습득을 방해할 뿐이다. 영어로 된 애초의 지식을 어려운 한국어로 전환시켜 배우게 하고, 후에 또다시 영어로 전환하는 어렵고도 수고스러운, 그러나 불가역성(irreversible)의 프로세스(process)를 강요하는 것이다.

한국어로 전환된 지식은 단지 '도토리 키 재기'식의 한국사람끼리의 경쟁시험을 위해서만 필요한 비논리적(illogical)인 먹통(dumb)의 휘발성(volatile) 지식인 것이다. 이러한 먹통의 지식을 노량진 고시학원 등에서 우리의 젊은이들로 하여금 밤새워서 공부하게 만드는 허망한(vague) 형태의 퍼포먼스(performance)를 대한민국은 방치하고 있는 것이다.

- 가히 개탄할 만한 국력낭비의 현실을 우리 모두는 방치하고 있는 것이다. 이것은 국가적 무능(national incompetence)인 것이다.

과거 저임금(low-wage)의 노동력(labor)을 바탕으로 한 경제에서는 숙련된(skilled) 노동력이 우선시되었지만, 지금의 경제에서는 기업들이 먹통의 한국어 지식밖에 없는 고학력(highly educated)의 인력을 고임금(high-wage) 직원으로 채용해야 하는 딜레마(dilemma)에 봉착한 것이다. 당연히 기업의 경쟁력은 감소될 수밖에 없고, 이러한 여파로 양질의 일자리는 감소될 수밖에 없는 악순환구조(vicious circle)에 우리는 빠져버린 것이다.

- 이것이 영어문맹[EiL]에 갇혀 한국이 침몰하고 있는 모습이다.
- 한국어 정책으로 우리의 존엄성(dignity)은 오히려 훼손(disgrace)되고 있다는 것을 깨달아야 한다. 우리가 만든 정책이 우리 스스로의 발목을 잡고 있는 것이다.
- 언어정책이 청년을 절망시키고, 국력을 쇠퇴시키고 있다면 한글 옹호론자(advocate)들은 아마도 놀라서 경기(stunned)를 일으킬 것이다.
- 죽은 세종대왕을 기쁘게 하기 위해 살아 있는 젊은이들을 비참하게 만들고 있는 꼴이다. 국가를 위태롭게 몰아가고 있는 것이다.
- 우리의 교육정책(educational policy)을 반드시 바꾸어야만 한

다. 교육혁명(education revolution)을 하여야만 한다.

- 교사의 문제는 ICT(정보통신기술) 환경으로 해결해야 한다. 한 명의 교사가 전국을 커버할 수도 있다.
- 이것만이 청년을 살리고, 나라를 살리는 길이다. 어쩔 수 없는 필수적인 선택이다.

우리가 영어를 알려고 하는 목적인, 수학/과학/경제(econom-ics)/공학(engineering) 등의 학문/기술을 배우기 위해서는, 우리는 초등학교 때부터 가르치는 국어를 제외한 수학/과학 등의 서양에서 도래한 모든 학과목을 영문으로 기술된 교과서로 배워야 한다. 영어라는 언어를 수학/과학 등의 학과목을 통해, 영어로 된 지식의 학문을 배우면서 영어라는 언어의 쓰임새를 동시에 배워나가야 한다. 이것을 바탕으로 계속해서 나아가야 비로소 수학/과학/경제/공학 등등 전문적인 학문/기술에 관하여 영어로 기술(describe)된 문장(sentence)/텍스트(text)를 이해할 수 있는 수준에 도달하는 것이다. 즉, 영어로 쓰인 글의 이해력과 영어로 된 전반적 지식(overall knowledge)을 동시에 갖춘 상태여야 전문(professional) 분야로 계속 진전(progress)할 수 있는 지적 능력(intellectual ability)이 축적(build up)되는 것이다. ('서양학문은 처음부터 영문 텍스트로 배워야 한다' 편 참조)

이러한 바탕을 닦는 과정(build up process)을 생략(omit)하고, 영어를 따로 배워서 바로 전문서적(professional literature)을 이해하려고 하는 행위가 한국에서 벌어지고 있는 대학과정에서의 전문분야 학습(professional major)이다. 한국어로 어떻게든지 열심히 하면 되지 않겠나 하는 일방적 바람인 것이다. 그것은 영어라는 언어의 전개/진화(linguistic develop/evolution)와 서양의 학문/기술 지식의 연관성(interrelation)을 이해 못해서 시작된 프로세스인 것이다. 한 가지 한 가지를 따로 따로 배우는 것은 물구나무서기를 하고 마라톤 경주를 하는 모양새인 것이다. 하루 종일 사전(dictionary)을 들여다보아도 이해 못하는 텍스트를 들고 다니면서 학문/기술을 전공(major)하였다고 하면 그것은 누군가를 기만(cheat)하는 행위가 될 뿐이다.

- 한국어/한글로 된 먹통의 지식을 통한 전공(major)은 또 하나의 세월호를 출항(departure)시킬 확률(probability)을 높일 뿐이다.
- 우리말을 사랑하는 것과 학문/기술을 연마(study)한다는 것은 병행(abreast)될 수 없는 명제(proposition)인 것이다.

여기서 한 가지 강조되어야 할 점은, 현재 한국어로 번역/번안되어 초/중/고 교과 과정에서 배우는 서양에서 도래한 학과목에서의 지식은 국내에서도 제한적으로 소통되는 반쪽짜리 지식에 불과한 것으로, 대학입시가 지나면 결국 잊혀지게 되는 불통(incommunicative)의 언어로 된 먹통의 지식(dead knowledge)이라는 것이다.

한국의 침몰

- 이러한 현상은 국가의 교육기능이 형편없음(poor)을 대변 (imply)하는 것이다. 그것은 국가를 침몰시키는 행위이고, 그 리하여 한국은 침몰되고 있는 것이다.

이러한 프로세스를 바로잡지(correct) 않으면 국가/사회의 성 장은 더 이상 일어날 수 없고, 노력에 의한 성공 대신, 흙수저 (loser)/금수저(winner)로 회자(most talked-about)되는 사회적 불 평등(social inequality)만 심화(severe)될 것이며, 결국은 국가의 위 기(peril)를 초래(induced)하게 될 것이다.

즉, 불통의 지식으로 인해 사회적인 논리성(social logic)이 사라 지게 되는 것이다. 인간의 사회적 문제라고 총체적으로 두루뭉 술 넘어가려 하겠지만, 한국에서의 문제의 출발은 문명의 언어를 이해 못하는 언어적 불통에서 시작되는 것이다.

- 한국은 세계에서 영어를 제일 열심히 공부하는 나라이지만, 영어를 못하는 국가에 속하는 것이다.
- 한국은 영어문맹[EiL] 상태에 빠져 있는 위태로운(unstable) 국 가인 것이다. 국가적 자립(independency)의 존엄성(dignity)을 지키기 힘든 순간이 올 수 있기 때문이다.
- 문명의 언어를 모르면서, 문명의 이기(facilities of civilization) 를 운영하기 때문이다. 소프트웨어(software)를 온전히 모르 면서 하드웨어(hardware)를 적당히 운영하기 때문이다.

처음부터 영어를 무작정 배우려고 하는 것이 아니라, 초등학교부터 시작되는 수학/과학(mathematics/science) 등의 교과목(subjects)을 영어로 기술된(described) 텍스트(textbook)로 배우기 시작하면서 배우는 교과과목(subject)에 초점을 맞춰 동시에 영어를 배워나가는 것이다. 그래야 영어라는 언어의 기능적 역할을 체득하면서 자연스레 쓰임새를 배우게 되는 것이다.

이렇게 시작해야 기초적인 영어의 단어 하나하나의 쓰임새를 알아가면서 학문의 출발점인 수학/과학 교과목의 기초단계/발아(germinate)단계를 이해하기 시작하고, 계속적으로 이어지는 논리의 전개(evolve)와 새로운 지식이 도입되는 프로세스를 통해 고등학교(high school) 과정까지를 마쳐야, 최고의 학문을 기술하는 전문서적의 기술된 문장(sentence)의 뜻을 온전히 이해할 수 있는, 선진문명의 본격적인 과실(fruit)을 딸 수 있는 언어적 이해 능력(linguistic perception)이 비로소 완성되는 것이다.

그래야만 20대, 30대에 이 사회에 필요한 전문가(professional)가 될 수 있는 공부를 시작할 수 있는 것이고, 전문적 지식(expertise)을 갖출 수 있는 바탕이 마련되는 것이다.

- 현실적으로 우리는 서양인보다 최소 3년 정도의 추가적인 학습노력이 필요하다고 본다. 문명의 혜택을 전수받는 처지에서 당연히 공(effort)을 들여야 하는 시간적 비용(time cost)이다.

한국이 지금처럼 영어를 배워서 서양의 최고 학문을 배우려고 시도하는 행위는 시작부터 크게 잘못된 것이다. 우리가 원하는 영어의 수준은 그렇게 해서는 도저히 도달할 수 없는 경지이며, 열심히 해도 간단히 의식주(basics)를 해결할 수 있는 초보적 수준의 언어를 겨우 이해하는 단계에 그치고 마는 것이다.

목적을 실현시키려면 어떠한 길을 가야 하는지도 모르고, 열심히 하라고 다그치기만 하는 것이다. 결과적으로 우리는 그들의 과실(fruit)을 나눠 먹기를 원하면서, 그들의 텍스트를 읽지 못하여, 그들이 바친 노력의 10퍼센트 정도에도 못 미치는 노력을 하고 마는 것이다. 더하고 싶어도 언어의 벽(linguistic barrier)에 막혀 전진(progress)을 못하는 것이다.

- 청년의 학구열을 북돋워 주어야(encourage desire to learn) 하는 게 국가의 기능(function of government)인데, 영어문맹[EiL]에 갇혀서, 한창 자라나야 할 싹을 시들게 하는 어처구니없는 잘못을 범하고 있는 것이다.

청년들이 대학에서 전문 원서를 읽지 않고, 일찌감치 공무원/대기업 시험공부만 하는 것이 이것을 대변(represent)하는 현상(happening)이다. 이러한 시험공부는 지식을 배우는 과정이 될 수 없고, 도토리 키 재기식의 경쟁만을 유발할 뿐이다. 당연히 이러한 인력은 사회/기업이 원하는 인재가 될 수 없으나 모든 인력이 그러하니, 한국기업의 경쟁력은 갈수록 저하하는 것이 당연한 결말(consequence)인 것이다.

- 이러한 사회적 풍토가 영어문맹[EiL]에서 비롯되었음을 우

리는 깨달아야 하는 것이다. 그래야 교육의 혁신(education revolution)을 가져올 수 있는 것이다.

전진을 하지 못하는 젊은이들의 에너지는 허황되게 소모되는 것이다. 비생산적(degenerative)이라 말할 수밖에 없는 프로 야구장/축구장 같은 곳에서 지식 축적에 쏟아야 할 귀중한 시간을 마구 보내고 있는 것이다. 대한민국의 국력이 허황되게 날아가 버리는 것이다. 그들에게는 이상하게도 유흥으로 소모할 수 있는 시간이 너무나 많은 것이다. 그러나 그 시간은 바로 개인의 존엄한 생존을 위한 전문적인 지식을 축적하기 위해, 전문서적으로 빽빽한 도서관이나, 실험장비 가득한 연구소 등에서 밤새워 노력을 해야 하는, 각자의 생존능력을 갖춰야 하는, 귀중한 젊음의 시간인 것이다. 우리의 젊은이들은 언어의 벽으로 인해서 그렇게 하고 싶어도 못하는 것이다. 이 얼마나 어이없는 안타까운 현실인가? 국가의 무능(government incompetence)으로 젊은이는 길을 못 찾고 좌절(frustrating)하고 방황(wandering)하는 것이다.

우리가 엄청 노력하여 배우고 있는 한국어로 번역된 지식은 대부분 비논리(illogical)적이고 무비판(uncritical)적인 먹통의 일회성(one-time) 지식인 것이다. 우리 사회는 이 글로벌 세계에서 통용되는 참된 지식을 외면하고, 아시아의 작은 나라, 지극히 국지적(local)인 한국이라는 나라에서 배타적(exclusively)으로 모방 생성된 단편적/일회성 지식으로 무장된 보잘것없는 지식인을 배출하

한국의 침몰

는 수준 낮은 교육 시스템을 운영하면서, 세계 최고의 비효율적 (inefficient)이고도 무의미(meaningless)한 교육열(obsession with education)을 자랑하고 있는 것이다.

- 대한민국은 더 이상 성장할 수 없는 언어의 덫(language trap)에 걸린 것임을 자각해야 한다. 이것이 교육의 혁신을 할 수밖에 없는 필연적 동기(imperative motive)가 되어야 한다. 그리고 교육의 혁신은 영어문맹[EiL]을 타파하는 방향으로 목표 설정이 되어야 하는 것이다. ('영어문맹 탈출하기' 섹션 참조)

한국에만 유일하게 존재하는 수많은 영어/수학 학원은, 이 나라에서 진행되고 있는 도토리 키 재기식의 교육열풍은 한마디로 이 나라의 정규교육이 멍청한 짓이라는 것을 말해주고 있는 것이다. 영어도 못하고 수학도 못하는 이러한 현실을 방관하고 있는 이 나라의 정치가(politician)들은 모두 수학/영어에 대한 지식이 별로 필요치 않은 검사/판사/공무원/언론종사자 등등 법을 따지는 법률가(lawyer) 출신이 대부분으로, 그들은 이러한 사정에 더욱 둔감(insensitive)할 수밖에 없는 이력(career)을 소유한 것이다. 그러한 그들에게서 교육의 혁신을 기대하는 것은 더욱 어려운 실정이다. 핵심(core)을 찌르지 못하는 백가쟁명(controversial)의 논쟁(disputing) 속에 결과는 변하지 않는 일시적 처방 (temporary prescription)이 반복(repeat)되고 있을 뿐이다.

- 그러므로 나는 이 글을 읽는 독자들이 이 글을 지침으로 삼

아 스스로 영어문맹[EiL] 상태에서 벗어나가기를 바라는 것이다. 결국은 각자가 노력을 하여 영어 텍스트를 많이 읽어서 이해력을 높여야만 영어문맹[EiL] 상태를 벗어날 수 있기 때문이다. ('영어문맹 탈출하기' 편 참조)

- 이 글을 읽는 독자(reader)는 타인/친구와의 경쟁(competency)을 위한 허망한 공부를 하지 말고, 필요한 지식(vital knowledge for survival)을 습득하는 공부를 하여야 한다. 그것이 자신의 존엄성(dignity)을 지키는 행위(self-discipline)이다. ('번역된 지식으로는 21세기를 살 수 없다' 섹션 참조)

대한민국은 1960~1990년대의 싼 임금을 바탕으로 한 고도성장과 이에 대한 외부세계의 감탄에 가까운 칭찬에 스스로 도취되어, 극히 국지적인(local) 언어에 불과한 한국어/한글을 과신하고, 글로벌(global) 언어인 영어의 상대적 광대(universal)한 세계를 알아채지 못하고 가고 있는 것이다. 사실상 언어장벽에 막혀 선진문명의 정수(essence)를 충분히 습득하지 못하는 것이다. 본의 아니게 '하룻강아지 범 무서운 줄 모른다'는 속담 그대로 진행되게 된 것이다. 세상에 나온 지 얼마 안 되어 범의 정체를 알 도리가 없는 하룻강아지는, 자기 나름의 시각으로 판단하여, 상당한 위험을 초래할 행위를 사전에 인지하지 못하고, 과감하게 시도하게 되는 것이다. 지극히 국지적 언어의 독립된 국가에게 이러한 행위에 대한 위험을 적극적으로 알리고 안내해 줄 보호자 같은 누군가는 사실상 존재할 수 없기 때문이다.

한국의 침몰

그러한 행위에 대한 기술(description)은 상당한 분량의 학문/기술 텍스트에 영어라는 선진문명의 언어로 기재(describe)되어 있는 것이다. 대한민국은 태생적인 영어문맹[EiL]으로 인해 이러한 텍스트를 속속들이 이해할 능력이 결여(lack)될 수밖에 없는, 문명권이 다른 아시아 변방에 위치한 작은 나라에 불과한 것이다. 그러나 이 나라에서 이룩한 급진적인 경제발전은 문명의 모든 분야에 대한 디테일(detail)을 자세히 알기도 전에, 일단 도전(challenge)하고 보는 무모한(reckless) 자신감(self-confidence)을 갖게 한 것이다.

그러한 위험한 행위에 대한 대표적인 결과로 출현한 것이 한국전력산업기술기준(Korea Electric Power Industrial Codes; KEPIC)이라는 기술기준(technical standard)이다. 이것은 미국의 ASME라는 세계적 기술기준을 번역을 통하여, 프레임(frame)을 모방(imitate)하여 만든 한국의 기술기준이다. 한국보다 뛰어난 기술을 가진 일본, 프랑스 등의 선진국(developed country)도 감히 만들려고 시도하지 않는 것을 신생국(developing country)인 한국은 서슴없이 번역만으로 모방하여 만들고, 우리는 세계적인 기술기준을 가지고 있다고 과시하는 것이다. 한국인이 한국어로 자기나라의 기술기준을 만들어 운영하는 것에 어떤 나라가 쓸데없이 시시비비(complain)를 하겠는가? 그러나 한국의 문명을 대변하는 한국어는 그럴 만한 능력을 가진 언어가 아닌 것이다.

수출을 하려면 세계적 기술기준에 맞춘 제품을 생산하는 게 당연한데, 세계적인 무역국가를 자처하는 한국이 영어를 외면하고, 아시아 신흥국의 언어인 한국어로 기술기준을 만들고 이것이 세계적 기술기준과 같다고 하면, 그 자체로 모순(inconsistent)되는 주장이고, 나아가서는 세계인의 논쟁을 유발할 여지가 있는 행위인(controversial topic) 것이다. 아프리카나 동남아시아의 국가가 자국의 언어로 기술기준을 만들었다면, 한국의 기술기준과 비슷한(indifference) 경우가 될 것이다. 과연 선진국들이 이러한 기술을 신뢰할 것인가? 한국은 선진문명으로 갈 때 지불하여야 할 당연한 비용(cost)을 아끼려고 자가당착(contradictory)의 악수(bad hand)를 두고 있는 것이다.

- 이것이 결국 지금의 한국을 침몰시키는 커다란 요인(factor)이며, 영어문맹[EiL]을 심화(exacerbate)시키는 적폐(indictment)로 작용하고 있는 것이다.

선진문명의 학문/기술을 번역을 통해 전수(transfer)하는 행위는 성공할 수 없는 퍼포먼스(performance)인데, 한국은 KEPIC을 통해 그것이 가능한 일이라고 주장하는 것이다. 말도 안 되는 어불성설(illogical)의 행위를 국가적으로 시행하고 있는 것이다. ('한국어와 영어의 괴리; 번역으로 인한 문명의 불일치' 편 참조)

세월호가 바다 한가운데서 홀로 침몰하였을 때, 세계는 격앙(stunned)하였다. 우리가 원자력발전소를 수출한 UAE도 당연히 경악하였다. 세계적인 기술기준을 보유하였다고 자랑하는 원자력발전소 수출국에서 운영하는 대형 여객선이 균형을 잃고 몇 시간 만에 스스로 침몰하다니, 이러한 나라가 만든 기술기준을 신뢰할 수 있겠는가? 그들이 만드는 원전이 과연 안전하겠는가? 이러한 사실에 대해 그들 나름대로의 의문을 품지 않을 수 없었을 것이다.

영어로 기술된 현대문명의 산물인 학문과 기술을 제대로 이해하지 못하여, 이를 온전히 받아들이지 못하고 있을 뿐만 아니라, 경우에 따라서는 왜곡해서 코리안 스타일(Korean style)로 제멋대로 받아들이고 있는 것이다. KEPIC의 경우가 대표적인 것으로 결과적으로 한국의 산업 경쟁력을 스스로 저하시킨 어이없는 실책(misconduct)인 것이다.

오늘날 세계 어느 나라도 세계적인 기술기준(codes and standards)을 자기 나라 고유의 기술기준으로 만들려고 시도하지 않을 것이며, 번역을 하면 똑같아진다는 당치도 않은 주장을 하지도 않을 것이다. 다른 언어도 마찬가지겠지만, 한국어로 영어의 기술 기준을 똑같은 의미로 기술한다는 것은 더욱 불가능한 것이다. 이것은 번역을 해보면 누구나 쉽게 깨달을 수 있는 사실이다. 오늘날 세계 어느 나라도 이러한 국내적(domestic) 기술기준을 가지고, 첨단의 제품/설비를 생산하고 관리하는 어이없는 짓을 시도하지 않는다. 세계로 원자력발전소를 수출하겠다고 노력하는 나라가 앞뒤가 안 맞는 모순된 행위(contradictory behavior)를 하고 있는 것이다.

- 이것을 정부가 판단해서 폐지를 단행하지 못한다면, 국가의

산업경제가 세계적인 수준으로 도약하는 것을 스스로 저해하는 적폐(indictment)로 계속해서 남아 있을 것이다.

스스로 보통 이상의 학습 능력을 가졌다고 생각하는 필자가 이 점을 깨닫는 데 50년 이상의 세월이 걸렸다. BBC/CNN 방송과 기사를 이해할 수 있는 능력이 예순이 넘는 나이가 되어서 비로소 완성되었다. 어찌 보면 대단하다고도 할 수 있으나, 기실 민망한 노릇이기도 한 것이다.

- 이러한 민망함(cringeworthy)이 이 글을 엮어나가는 모티브(motive)인 것이다. 더 이상 우리가 영어문맹[EiL]에 갇혀서 살 수는 없으며, 이토록 긴 시간의 노력을 묵과(overlook)할 수 없기 때문이다.

영어라는 언어는 오늘날의 문명을 말하여 주는 언어인 것이다. 그리고 우리가 우리의 언어인 한국어로 영어를 상대한다는 것은 계란으로 바위를 깨려는 행위와 같이 성립될 수 없는, 말도 안 되는 행위라는 것을 비로소 깨달았다. 즉, 한국어는 영어에 비하면 그야말로 왜소한 언어에 불과한 것이다.

- 영어만을 아는 사람, 한국어만을 아는 사람은 영어와 한국어라는 두 가지 언어의 상대성에 대해서 알 수가 없는 것이다. 이제야 그 상대성에 대해서 나는 깨달았고, 작은 언어인

한국의 침몰

한국어로 끝을 알 수 없는 거대한 언어인 영어를 상대하고자
할 때에 생기는 부작용에 대해서 두려움을 느꼈다.
- 그간 한국에서 발생한 수많은 대형 사고는 몇몇 인간의 잘못
으로 인해 발생된 것이 아니라, 선진문명에 대한 무지/무식에
서 비롯된 것이라는 것이, 나의 인생 역정에서의 깨달음인 것
이다. ('나의 학력/경력에서의 랩소디' 편 참조)

즉, 영어로 기술된 문명의 상세함(detail)을 모르면서, 한국어를
통해 영어로 이룩한 현대문명의 혜택을 누리고자 한다면, 이는
현대문명의 속모양인 소프트웨어(software)를 온전히 모르면서
겉모양인 하드웨어(hardware)만을 탐하는 위태한(dangerous) 행
위인 것이다.
　문명의 혜택에 따른 주의점을 자세히 알지 못해서, 결국은 '성
수대교 절단', '삼풍백화점 붕괴', '세월호 침몰' 등과 같은 어이없
고 예측 불가능한 사고를 당한 것이다. 이러한 참사는 한국 특
유의 재앙(disaster)인 것이다. 전 세계 어디에나 존재하는 인간의
부정/비리 같은 부조리(corruption)에서 출발한 것이 아니라, 한
국어와 영어라는 언어적 불통(linguistic incommunicative)에서 발
아(induced)된 한국형 참사(tragedy)인 것이다. 그런데 이러한 사
유(cause)를 한국인 스스로 파악하지 못하고, 애매하다고 볼 수
밖에 없는 사고 관련 책임자 색출과 처벌에만 몰두하고 끝나는
것이다. 기실 처벌받는 그들도 나름의 억울한 피해자인 것이다.
　코리아/한국이라는 작은 문명국의 언어인 한글을 사용하여

영문(English literature)의 학문/기술(studies/technology)을 번역 (translation)으로 배우려고 시도하는 행위는 무지몽매(benighted) 하고 위험하기도 한 퍼포먼스이다. 한글로 번역되어 출현하게 된 것은, 한국 안에서만 제한적으로 통용되는 모조품(dummy)에 지나지 않는 쓸모없는 것에 불과하다는 것을, 용두사미(anticlimactic)로 조금 공부하다 끝나는 번역 편집된 대학교재를 읽어 본 사람이면 누구나 느꼈을 허망한 현실이다. 그런 한글 텍스트로는 전문적인 지식을 쌓을 수 없으며, 따라서 전문가가 될 수 없는 것이다.

이러한 허망한 시도로 인해 성수대교 절단, 삼풍백화점 붕괴 등등 수많은 사고를 겪어왔고, 결국은 세월호의 침몰이라는 형언할 수 없는(indescribable) 비극(tragedy)까지도 초래했다. 그리고 이러한 연장선에서 벌어지고 있는 불완전한 행위들에 의해 초래되는 그 원인과 처방을 명확하게 하기 어려운 뒤엉킨 상황에서, 한국의 산업경제는 침체되고, 청년들은 절망/방황하고 있는 것이다.

지금 이 나라에는 가당치도 않은 영어학습법이 온 나라를 휘감고 있고, 서양의 'mathematics'가 한국 고유의 기형적이고 난해한 '한글수학'으로 전환되어, 이 어려운 수학을 배운다고 전국적으로 수천(thousands) 개는 될 것 같은 황당한 개수의 먹통의 수학을 가르치는, 문제풀이 요령 위주의 수학 학원으로 학생들이 유인(enticed)되고 있는 것이다. 하지만 정작 이 땅에 수학자 (mathematician)라고 할 만한 이는 한 명도 없는 것이고, 영어를 잘하는 이도 미국/영국을 거쳐 오는 것이다.

대학입시 후에는 더 이상 전개도 못하는 수학을 단지 시험을 통과하기 위하여 열심히 하고 있는 것이다. 대학부터는 할 수 없이 영어로 된 'advanced mathematics'을 해야 되는데 영어로 된 텍스트 내용을 이해 못하여 대충하고 마는 것이다. 국가 전체가 현대문명의 핵심인 수학이라는 학문에 대해 마비된(paralyzed) 것이다.

- 수학은 처음부터 영어로만 진행될 수 있는 학문인 것이다. ('수학은 영어의 개념으로 성립된 학문이다' 편 참조)

현대문명의 과실을 누리려 하면서 그 문명을 실현하는 데 들어간 인류의 땀의 노력을 이 동방의 작은 나라는 간과하는 것이다. 거기에 들어간 깨알 같은 노력의 과정을 일일이 알아내지 못하고, 대충의 노력만으로 문명의 과실을 향유하려는 것이다. 결과적으로 배우는 입장에서 우리는 그들의 노력보다 몇 배 이상의 정성을 기울여야 하는데 실제로는 십분의 일도 기울이지 못하고 마는 것이다.

이는 고의적(deliberately)으로 그러는 것이 아니다. 언어의 장벽에 갇혀 그 실상을 알아채지 못하고 적당히 넘어가고 마는 것이다. 즉, 소통을 하기 위해서는 필수적으로 알아야 하는 영어라는 언어를 이해 못하는 영어문맹[EiL] 상태를 스스로 벗어나지 못하는 것이다. 즉, 헤어나기 힘든 영어라는 '언어의 덫'에 걸린 것이다.

우리는 모두 한국어라는 언어를 뛰어난 언어라고 착각하고 있는 것이다. 이 언어는 우리의 인근인 인도네시아, 필리핀, 베트남, 태국 등과 같은 수준이거나 조금 나은 수준의 언어에 불과한 것이다. 중국과 일본은 제외되어야 한다. 우리의 언어는 유감스럽지만 그들과의 비교대상이 못 된다. 오늘날 우리의 문명을 그들의 문명과 비교하는 것은 무의미(nonsense)한 착각(illusion)을 낳을 뿐이다. 그러한 착각은 오늘날의 대한민국 영어문맹[EiL] 상태를 더욱 심화(worsen)시킬 뿐이다.

  - 임진왜란, 병자호란, 조선/대한제국 말기의 무기력(lethargy)했던 상황은, 자신의 지정학적 입지(geopolitical standing)를 오판(misjudge)하고 대비를 못하면, 치욕(disgrace)을 겪게 된다는 역사적 교훈이다.

학교를 비롯해서 한국에서 실행되고 있는 영어라는 언어를 배운다는 수많은 방법은 하나같이 수십 년을 공들여 하여야만 겨우 터득할 수 있는, 또는 지쳐 포기하는 주먹구구 방식이다.

영어라는 언어 자체를 배우려고 하여서는 결코 영어를 잘할 수 없다. 즉, 너무 오랜 세월이 걸린다는 뜻이다. 잘해도 수십 년이 걸리고, 가다 지쳐 포기하기 십상이다.

 - 즉, 영어를 공부하려 하여서는 영어를 잘할 수 없다. 그것은 너무 맹목적인 도전으로 태평양을 헤엄쳐 건너려고 하

는 것과 같다. 영어의 언어적 세계와 논리를 깨우칠 수 있는 mathematics/science를 기초부터 영어로 공부하라.

한국에서 가르치는 수학은 잘못된 mathematics이다. 그것은 기본적으로 영어라는 언어의 개념으로 성립된 최고의 학문인 mathematics를 한국어로 전환(transform)하여 가르치겠다는 시도에서 비롯된 것이다. 그러나 그것은 결국 mathematics라는 학문의 논리를 엮어나가는 영어라는 언어 자체에서 나오는 언어 고유의 논리(logical narrative vocabulary in English)를 동원한 기술을 무시(neglect)하고, 학생의 관점에서는 암호와 같은, 한자(Chinese letter)를 동원한 낯선 단어를 만들어서, 그때그때의 단계마다 수학의 개념 전개를 설명하려 시도하는, 요령부득(mysterious)의 설명(explanation)을 강요하게 되고 마는 것이다.

한국에만 존재하는 수많은 수학 학원(tuition class for math)은, 도대체 논리적으로 이해할 수 없는 요령부득의 수학문제를 헤쳐나가는 비법(secret method)을 전수하는 도장(studio)인 것이다. 그 비법은 오로지 학교에서 시행하는 시험만을 위한 것으로 대학입시를 마치면 쓸모가 없어지는 문제풀이 방법으로, 휘발성 지식(volatile knowledge)인 것이다. 문제풀이 요령의 습득으로 수학 문제를 잘 풀어내니까, 한국의 교육이 수학을 아주 잘 가르치는 것으로 오인(misperceive)하고 마구 몰아가고 있는 것이다. 그러나 수학은 주어진 문제를 무작정 풀어내는 것이 아니라, 문제를 생각해내고 해결하는 과정이 생명인 것이다.

한국의 수학은 오로지 주어진 문제를 풀어나가는 과정만이 있는 것이다. 그러므로 한국어로 기술되는 수학은 도저히 고급의 논리를 이끌 수가 없다. 고등학교 과정까지 억지를 쓰며 끌고 가서는, 결국 대학의 학문과정에서는 더 이상 못하고 내팽개치고 돌아서는 것이다. 한국어로 학문을 하게 되면 결국은 봉착(reached)하게 되는 한계(limit)인 것이다. 한국어는 고등학문(advanced study)을 수용할(accommodate) 수 없는 언어인 것이다. 이것은 너무나 당연한 결말(consequence)이지만, 문제는 한국의 지성(intelligence of Korea)이 더 이상 진전 못하고 여기서 끝나버리게 되는, 국가적 발전을 가로막는 난관을 스스로 초래하게 만든다는 것이다.

대학에 가면 한글로 된 수학은 더 이상 기능을 못하고, 영어로 된 수학인 advanced mathematics로 다시 책임을 전가하는 것이다. 이것은 학생으로 하여금 수학이라는 학문을 더 이상 못하게 하는 프로세스이다. 이 단계에서 학생은 영어로 기술되는 수학적 용어(mathematic vocabulary)와 개념(concept)을 도저히 이해할 수 없는 것이다. 이것은 학생으로 하여금 영어를 몰라서 그렇다고 생각되게 하는 것이 아니라, 마치 한 번도 가본 적 없는 낯선 세계에 와 있는 외계인의 언어(alien language)를 마주하고 있는 기분이 들게 하는 것이다. 아예 포기(give up)할 수밖에 없는 지경(barrier)에 도달하게 되는 것이다.

처음부터 영어로 공부하여야만 이러한 세계를 지속적으로 이해하고 개척해 나갈 수 있는 것인데, 도중에서 알아서 하라고,

한국의 침몰

한 번도 가본 적 없는 낯선(unfamiliar) 곳까지 데려다 놓고 돌아서는 것이다. 결과적으로 현대(contemporary)의 학문을 기초(fundamental)하는 수학이라는 학문을 먹통(dummy)으로 만들어서 학생의 능력(capability)을 조기(early stage)에 무장해제시켜버리는(neutralize) 무책임한 행위를 국가가 방치하는 꼴이다. 이러한 과정으로 인해 한국에서는 직업적 수학교수(mathematics professor)는 있어도 수학자(mathematician)는 도저히 나올 수 없는 것이다.

- 수학을 이용하는 현대의 모든 학문/기술의 도약(advance)을 모두 막아버리는 것이다. 이것이 '한국의 침몰'을 만들어내는 영어문맹[EiL]이라는 덫(trap)으로, 벗어나야만(overcome) 하는 국가적 과제(task)인 것이다.
- 한국어/한글 위주의(Korean language oriented) 교육정책을 폐기해야 하는 것이다. 먹통(dummy)이 된 한글로 된 지식을 교육(educate)하지 말고 살아 있는 생존(vital)의 언어로 된 지식을 터득할 수 있는 능력을 부여하여야 한다.

수학은 기초단계부터 영어로 배워야 한다. 그래야만 수학과 영어를 동시에 깨달아 나갈 수 있다. 수학의 논리를 깨닫고 문제를 풀어나간다는 것은 영어를 이해한다는 말이고, 영어를 이해한다는 뜻은 수학의 논리를 이해하고 문제를 풀어나간다는 것이다. 즉, 언어를 이해하고 언어가 제시하는 논리와 문제를 이해하고 풀어나가는 과정에서 우리는 영어를 실질적으로 배울 수 있고, 수학의 전개과정(evolving process)을 추적(trace)할 수 있는 것이다. 이러한 과정이 진짜 수학을 배울 수 있는 과정이다. 즉, 수학적 개념(concept)과 논리의 전개(develop) 과정을 통해 진정한 학문으로서 수학을 포용할 수 있는 것이며, 영어를 자신과의 소통의 언어(communication language)로써 직접 체험하게 되고, 이후로는 자신의 언어로써 스스럼없이 이용하게 되는 것이다.

- 즉, 모든 서양문명에서 비롯된 학문기술은 기초과정에서부터 영어로 배워야만 하는 것이다. 그래야만 각자의 언어로써 정착되고, 이를 바탕으로 고급의 학문/기술의 도야(build-up)로 나아갈 수 있다.

한국어로 된 학문은 국사(Korean history)나 판소리와 같은 한국고유(Korea's traditional)의 학문에만 국한되어야 한다. 수학을 비롯한 화학/물리/경제/공학 등에서의 한글로 된 지식은 모두 한국화(Koreanize)가 된 왜곡(biased)된 지식으로, 한국 내에서의 도토리 키 재기식의 시험에나 필요한 일방적인 지식인 것이다. 한국을 벗어난 글로벌 세상에서는 쓰이지 않는 불통(useless)의 지식인 것이다. 한국어로의 번역은 이러한 숙명을 기본적으로 가지고 있으므로, 애써 영어를 번역을 한다는 것은 절대 바람직한 일이 아닌 것이다. 번역을 하는 행위는 그것을 보는 누군가를 자신의 정신세계로 옭아매려(enslave)하는 무책임한(irresponsible) 행위가 될 수 있는 것이다.

한국어로 영어를 번역하는 행위는, 거대한 문명의 세계를 작은 문명의 세계로 속박하는 기본적으로 진실을 왜곡할 수밖에 없는 행위이다. 이것이 번역을 하지 말고, 또한 번역물을 신뢰하지 말라는 필연적(inevitable)이고 심각한(critical) 메시지이다. 다시 말해 한국어는 영어를 대신하여 학문/기술을 전달할 수 있는 언어가 아니다. 따라서 번역에 의지하는 것은 스스로 누군가에게 정신적으로 속박되는 노예(slave)가 되는 길이다.

사실상 어떤 언어도 오늘날의 영어로 된 문명의 산물을 옮겨 담을 수 없다고 생각한다. 현대 영어 문명에 의해 새롭게 탄생한 말은 영어라는 언어적 논리로 이 세상에 처음으로 등장하는 말인 것이다. 그것의 의미를 온전하게 변환/번역하여 옮긴다는 것은 태생적으로 불가능한 것이다. 그러므로 한국은 번역/번안하는 행위를 멈추어야 한다. 가상현실(virtual reality)/증강현실(augmented reality)/사물인터넷(IoT; Internet of Things) 같은 경우처럼 갈수록 낯선 언어가 등장할 것이며, 더욱 우리를 멍텅구리로 만들 것이다. ('오늘날 한국어로 된 학문/기술은 먹통의 우물 안 지식에 불과하다' 편 참조)

대한민국 국민의 영어문맹[EiL] 탈출

이 명제(proposition)는 근본적으로 국가가 나서서 실현시켜야 하는 과제이다.

국가를 운영하는 관리들이 어떻게 이를 깨달을 수 있겠나 하는 생각이 나의 솔직한 심정이다. 내가 이것을 깨닫는 데까지 겪은 나만의 인생역정을 생각하면, ('나의 학력과 경력에서의 랩소디' 편 참조), 일반적인 오늘의 한국인들이 인식하기 어려운 명제인 것이다. 그러므로 나는 이 글을 쓰면서도 '계란으로 바위치기'를 시도하는 듯한 기분을 지울 수가 없는 것이다. 실질적으로 그들이 현실을 인정한다는 것은 참으로 어려운 일이라 생각한다. 그리고 현실을 인정한다고 하여도 내가 이 글에서 주장하는 바와 같이 영어로 된 교과서로 모든 서양학문을 하여야 한다면 경악(astounding)을 할 것이다.

- 그러나 오늘날의 정보통신기술(ICT)의 인터넷(internet)을 활용한다면 이를 극복할 수 있는 절호의 기회가 우리에게는 이미 마련되어 있다는 사실을 깨닫기 바란다.
- 국가발전의 진정한 가치를 가져올 교육의 장마당/인프라가 우리의 노력(endeavor)으로 이미 세계 최고수준으로 펼쳐져 있는 것이다.
- ICT(정보통신기술)세상으로 대변되는 현실의 도래는 우리의 교육혁명(educational innovation)을 실현시킬 수 있는 최적의 기회(proper opportunity)를 마련해준 것이다.

- 영어문맹[EiL] 탈출을 위한 교육혁명을 하겠다는 당국(government)의 의지(will)와 결단(decision)만이 남아 있는 것이다.

근본적으로 나의 메시지는 교육부가 교육의 방향을 전환하여 상기의 주장처럼 영어로 된 수학(Mathematics in English)을 처음부터 이 땅의 젊은이들에게 가르쳐 주어, 이 시대를 살아갈 영어라는 언어와 관련 학문을 확실하게 주입시켜 주고, 젊은이에게 활력을 주는 문명의 살아 있는 지식을 찾을 수 있게 하여, 그들에게 더욱 가치 있는 인생을 선택할 수 있는 기회(opportunity)를 부여하는 것이다. 즉, 영어라는 언어로 프린트된 매체(materials printed In English)를 읽고 이해할 수 있는 능력(English literacy)을 심어주는 것을 교육의 최우선 목표(top priority)로 두고 이를 달성시키는 데 총력(focusing)을 기울이는 것이다.

- 이를 위해 한국 학생들의 학업기간을 선진국보다 몇 년 더 길게 가져가는 학구적인 노력(studying hardship)을 하여야 한다.
- 이 글을 읽는 독자는 영어문맹[EiL]에서 벗어나 생존의 지식(vital knowledge)을 추구(initiate)하여야 한다. ('영어문맹 탈출하기' 편 참조)

이 나라에서 오직 나만이 특이한 경력으로 인해 현대의 학문과 기술을 경험하고, 최고의 경지에 도달하는 데 필수적인(essential) 언어인 영어와 지식을 어떻게 하여야 습득할 수 있

는지를 깨달은 것 같은 기분이다. 그리고 이것이 착각(delusion)
이 아니라는 확신을 현실에서 깨닫는 데 65세 나이에 함축된
(condensed) 50년의 세월이 소요되었다. '세월호 침몰'의 충격은,
거대한 선진문명의 언어를 미처 해독하지 못한, 작은 나라 한국
에서의 멈출지 모르는 선진문명으로의 도전은, 계속되는 무리수
(overdo)를 예상케 하는 것이고, 그것은 곧 또 다른 재앙(tragedy)
을 낳게 될 것이라고밖에 예상할 수 없는 것이다.

　한반도(Korea peninsular)의 지정학적인 역학관계(geopolitical
dynamics)에서 겪게 된 이 땅의 역사를 통해, 지금의 한반도의
한 시대를 살아온 나의 깨달음은, 이 세상 최고의 학문과 기
술(contemporary art in studies and technology)은 지극히 국지적
(regional)인 한반도의 언어인 한국어로는 도저히 가능할 수 없는
(indescribable) 대상이라는 것이다. 이러한 사실은 한국인의 의
사소통 매개체(communication media)를 모국어(mother language)
인 한국어(Korean words)에만 의지한다는 것은, 결국에 가서는
국가의 안위(security)를 위태롭게 한다는 경고(warning)이다.

　그간 우리 사회에서 일어났던 숱한 비극적인 사고(miserable
accidents)는 그 현장에 있었던 몇몇 인간의 탐욕(greed)에서 비
롯되는 비리(corruption)/부조리(absurdity)이기 이전에, 이러한
선진문명의 언어를 이해하지 못하는 언어적인 불통(linguistic
misunderstanding)에서 비롯되는, 이 나라의 무지(ignorant)/무식
(illiteracy)할 수밖에 없는 민중(people)의 우행(misconduct)으로
겪고 있는 국가적 고난(hardship)과 재앙(disaster)임을 일깨워 주
고 있는 것이다.

이 만각(belated realization)의 깨달음을 절대 사장(abandon)시킬 수 없음은, 세월호의 비극(tragedy)을 지켜만 볼 수밖에 없었던, 한 인간의 절박한 사명감(desperate mission)으로 다가온 것이다. 나는 이 땅에 태어나 최고의 학문과 기술을 온몸으로 겪으면서 살아왔다. 그런데 한국이라는 동방의 작은 나라는 현대 문명의 단맛(flesh)을 즐기면서 이러한 학문과 기술에서 오는 규율(discipline)을 충실히 따르지 않는다는 것이 나를 항상 당황스럽게 하였고, 그것은 결국 영어문맹[EiL]에서 원천적(originated)으로 비롯되고 있다는 의미심장(meaningful)한 결론(conclusion)을 내릴 수밖에 없게 된 것이다.

- 한국은 침몰하고 있고, 그 원인은 영어문맹[EiL]에 갇혀서 선진문명의 학문/기술을 받아들이지 못하기 때문이다.
- 오늘날의 글로벌 세상에서 한국어로 된 지식으로는 현대의 문명(contemporary civilization)을 이어나갈 수 없다. 한국어/한글을 수호하는 정책을 지금처럼 유지한다면, 한국은 무지/무식에서 벗어날 수 없다.
- 개방된 문명세계에서 좁은 한반도에서만 겨우 통하는 지식으로만 살라고 하는 것은 청년을 무기력하게 만드는 것이다. 그것은 국가의 무능(incompetence)이요, 청년의 불행(misfortune)이다. 한국의 청년은 절망(despair)하고 있다.
- 지금의 한국교육방식으로는 영어문맹[EiL]을 치료할 수 없다.
- 청년에게 생존의 지식을 흡수할 수 있는 영어문맹[EL]의 바탕

을 제공하여야 한다. 그것은 영문 텍스트를 사용한 교육으로
만 실현될 수 있다.

- 우리가 가진 세계최고의 ICT 네트워크를 활용하여 먹통의
  한국어 지식이 아닌, 현대문명의 언어인 영어로 된 지식을 교
  육시켜 세계와 소통할 수 있게 하여야 한다.
- 인프라(infrastructure)/텍스트(text)는 모두 준비되어 있다. 국
  가의 의지만 있으면 바로 실천할 수 있는 것이다.
- 이것만이 영어문맹[EiL]에 갇혀 침몰하는 한국을 구조(sal-
  vage)할 수 있다.

원자로조종감독자(senior reactor operator)의 고백(confession)
_실수(misconducts)는 무지(ignorance)에서 비롯된다

- **영어문명[EL]:** English Literacy: 이 말은 영어로 쓰인 학문/기술의 텍스트를 읽을 수 있는 상태를 말한다.
- **영어문맹[EiL]:** English illiteracy: 이 말은 영어로 쓰인 학문/기술의 텍스트를 읽을 수 없는 상태를 말한다.

- 나는 왜 한국 원자력의 진화(evolution)를 두려워하는가?
- 나는 미국의 원자력은 두려워하지 않는다. 그러나 한국 원자력의 진보(progress)는 두려워한다. 특히 해외(overseas)로 수출(export)하겠다는 의지를 만용(reckless courage)이라고 본다.
- 소프트웨어(software)가 뒷받침하지 못하는 하드웨어(hardware)는 겉보기에는 그럴듯하지만 사실은 대단히 위험한 불장난(fire work)이다. 원자력발전에 있어 소프트웨어는 하드웨어에 비해 백 배는 더 중요하지만, 이것을 알고 있는 사람은 나라 전체를 통틀어 몇 명이 안 된다.

- 우리의 보잘것없는 기술로 원전의 해외수출을 추진하고, 세계로 확대하여야 한다고 주장만 한다면, 장차 이러한 무지함(ignorant)이 초래할 국가적 결손(national damage)을 어떻게 감당할 수 있는 것인가가 나의 두려움(dread)이다.
- 내가 고백(confession)을 하는 것은 나의 두려움(fear)을 전파(propagate)시키려 하기 위함이고, 그 두려움의 진원지(epicenter)에 대해 말하고 싶기 때문이다. 그리하여 이 땅에 사는 사람들이 어떠한 변화를 택해야 하는가를 설득(persuade)하기 위함이다.

2016년 3월에 다음과 같은 해프닝이 있었다.

환경운동단체에서 제시하는 유엔보고서에 의하면 1993년 고리원전에서 엄청난 양의 방사능 가스(radioactive gas) 요오드(Iodine) 131 방출(release)이 기재되어 있었다. 한수원(한국수력원자력)에서는 제한치(limit) 이내라고 하지만 일반적인 방출량의 비하면 기록적인(record-breaking) 수치이며, 그 원인에 대해서는 확실히 밝히지 않고 있다.

다음과 같이 상당한 양의 방사능을 환경에 방출하였고, 그 원인에 대한 추정이 기사화되었다.

한국의 침몰

국내 원전 방사성물질 과다 배출, UN 자료 통해 확인
고리원전 방사성물질 요오드 131,
선진국 대비 최대 1천3백만 배 이상 배출로 세계 최고치

환경운동연합과 국회의원 최원식은 UN과학위원회의 2000년 방사능 피폭 보고서(United Nations Scientific Committee on the Effects of Atomic Radiation Vol 1 UNSCEAR 2000)와 한국수력원자력(주)(이하 한수원)의 제출자료를 통해서 고리원전 1~4호기 1993년 기체 요오드 131의 배출량이 13.2기가베크렐(GBq)로 미국, 일본, 스위스 등 선진국에 비해 최대 1천3백만 배 이상 높았던 사실을 확인했다. 1990~1997년 전 세계를 통틀어 가장 높은 수치다. 요오드 131은 갑상선암 발생에 직접적인 영향을 미치는 방사성 물질이다.

최원식 의원실이 한수원으로부터 받은 자료에서는 고리원전 1호기의 1979년 액체 요오드 131 배출량이 1993년보다 6배 더 높았다. UN 과학위원회 자료와 한수원 제출자료를 비교하는 과정에서 UN에 1992년 요오드 131 배출량이 잘못 보고된 것도 확인했고 요오드 131 배출량이 많았던 시기에 거주했던 주민들의 갑상선암 발병률이 상대적으로 높게 나오는 양상을 확인했다.

1993년 고리원전 1, 2호기 고장사고 기록으로는 방사성 요오드가 다량방출된 원인을 확인할 수 없었으나 한수원 제출자료를 통해서 핵연료봉손상의 원인으로 추정할 수 있었다. 그런데 핵연료봉 손상정도가 가장 보수적인 가정인 핵연료 다발의 0.1% 손상률보다 10배 높다.[1]

---

1) 국회의원 최원식·환경운동연합, "[기자회견] 고리원전 방사성물질 요오드 131, 선진국 대비 최대 1천 3백만 배 이상 배출", 2016.3.9. 일부 발췌.

이러한 현상의 원인에 대해서 정확히 보고된 것이 없고 추정만 있을 뿐이다.

이 기사를 접하면서 나는 나의 과거 직장, 즉 원자력발전소 운전원(operator)으로서 겪은 과거의 해프닝(happening)이 이 일이 일어나게 된 원인과정에 상당히 개입되어 있음을 자각(recognize)하게 되었다.

당시 어처구니가 없었던 해프닝은 나로 하여금 깊은 고뇌에 빠지게 하였다. 왜 그들은 하지 말아야 할 행동을 서슴없이 감행하는 것인가? 거기에는 세상에 흔한 욕심에 의한 비리가 작용한 것도 아니고, 열심히 일하고자 하는 의욕만이 있었다. 잘못될 줄 알면서도 열심히 일하는 사람은 없는 것이다. 그런데 곰곰이 생각해 보면 이러한 점이 어떠한 의도적(intentional)인 비리에서 발생하는 것보다 몇 배는 더 심각한(more severe) 문제인 것이다.

고민스러운 현상은, 이 사회에는 잘못될 줄 모르면서 (열심히) 일하는 (착한) 사람들이 너무나도 많다는 것이다. 그것은 1995년 전직(job change)으로 현장을 떠난 후 오늘날에 이르기까지 20여 년의 세월을 겪으면서 숱하게 마주하였던 군상(personalities)이었다.

그런데 나만 그렇게 생각하고 있는 것 같은 동떨어진 기분은 뭐라 설명하기 힘든 곤혹스러움(embarrassment)의 연속이었다. 그러나 세월호 참사의 충격의 고뇌 속에서 이러한 상념의 파노라마(panorama)에서 내포하고 있는 공통점이 결국 '영어문맹으로 인한 무식에서 비롯된다'라는 한 가지 결론에 도달하게 만들

한국의 침몰

었고, 그 결론은 각성과 신념이 되어, 한국인을 설득시키고자, 이렇게 과거의 치부를 드러내는 고백을 하기에 이른 것이다.

* "우리의 현실은 이러하다. 이제는 방향전환을 해야만 한다!"

아래의 글은 이 '방향전환'에 대한 논리를 강조하기 위해서 동원된, 25년이 지난 과거 경력에서 필자가 원자력발전소의 운전을 책임지는 교대근무조의 조장(shift manager/supervisor)인 원자로조정감독자(SRO; Senior Reactor Operator)로서 겪었던 해프닝에 대한 나름의 기술이다.

최고 압력을 치고 내려오기를 반복하고 있는 원자로냉각재계통(Reactor Control System) 압력

　교대 근무조 중 한 조(shift crew)의 조장인 발전 과장으로 교육훈련 기간에 발전소 운영 담당 사무실에서 일상 근무 중이었던 나는 발전소 중앙제어실(Main Control Room)의 호출 전화를 받고 사무실에서 하던 일을 긴급히 마무리 짓고 MCR로 직행하였다.

　핵연료 교체(refueling)를 위해 원자로계통 냉각(cool down)을 완료한 직후여서, 25bar 정도의 상대적으로 낮은 단계의 압력을 유지해야 할 원자로냉각재계통(RCS) 압력이, 출력 운전 시에나 유지되는 압력(154bar)보다 높은 160bar 정도에서 5bar 정도를 오르내리고 있었다. 사건의 발단인 유출수유로(letdown flow path)의 밸브(valve)가 예기치 않은(inadvertently) 비정상적 신호(abnormal signal)를 받고 동작하여 유출수유로가 차단되었다. 이러한 상태에서 화학 및 체적 제어계통(Chemical and Volume Control System)의 충전 펌프(charging pump)가 계속 운전되고 있었으므로, 펌프의 충전 작용에 의해서 RCS의 압력은 계속 상승하게 되고, 이로 인

해 자동압력 방출(relief)밸브가 열리는 압력 160bar 정도에 도달하게 되면 계기신호에 의해 밸브가 동작한다. 이로 인해 RCS 압력이 하강하면 신호에 의해 밸브가 닫힌다. 그러나 충전펌프는 계속적으로 운전되고 있으므로, 압력은 다시 상승하게 되고, 이로 인해 밸브는 다시 열리게 되는 사이클(cycle)을 반복하고 있었다. 충전펌프는 운전 중인 원자로냉각재펌프(Reactor Coolant Pump)의 밀봉수(sealing water)를 공급하고 있고, RCP는 원자로심(reactor core)을 냉각(cooling)시키는 기능을 담당하고 있었으므로, 운전원은 펌프를 정지할 엄두를 못 내고 지켜만 보고 있었다. (그러나 이때는 RCS의 온도가 상온 상태로 내려온 냉각 상태였기 때문에 펌프를 정지할 수 있는 여유가 있었을 것이다.) 근무 중인 운전원을 비롯한 관계자들은 모두 어찌할 줄을 모르고 있었다.

사태를 파악한 후 나는 RCP를 정지시키고 이어서 충전펌프를 정지시킨 후, 수동(manually)으로 압력방출밸브를 조작하여 계통 압력을 서서히 25bar 정도로 낮추었다. 계측기기 보수부서의 작업 중에 비정상적인 신호발생으로 동작되었던 원자로냉각재계통(RCS)과 잔열제거계통(Residual Heat Removal System)을 연결하는 차단밸브(isolation valve)를 다시 열어 RCS의 유출수 유로를 정상화(normalize)시켜 정상적인 운전 상태로 만들었다. 수 분 만에 발전소 상태는 이전의 모습으로 되돌아갔다.

외형상 눈에 띄는 이상현상은 발생하지 않았지만 이것은 '저온도 고압력(Low Temperature Over Pressure)'이라는 저온상태에서 압력이 심하게 높아져 금속재질에 악영향을 미칠 수 있는 운전 중 발생하지 말아야 할 격변상태(transient)가 발생한 것이었다. 계통을 형성하는 기기 재질 등에 과도한 응력(stress)을 주는 사고가 발생한 것이었다. 이것은 어이없는 행위가 겹쳐 일어난 현상이었고, 그 결말(consequence)을 예측하기 힘든 엄청난 해프닝

한국의 침몰

이었다. 한마디로 상상할 수 없었던 기가 막힌 일이 벌어졌던 것이다.

책임자들이 감당하기 힘든 사고의 원인에 대하여 더 이상 캐묻는 것조차 부담이 되었고, 책임선상에서 벗어나 있었던 나는 식사시간도 되어 현장을 나왔지만 무거운 마음을 털어낼 수는 없었다. 그 이후 어느 누구도 이 사건에 대해 공개적으로 이야기하지 않았으므로 모든 것은 없던 일처럼 되어버렸다.

그로부터 약 2년 후에 나는 회사를 옮기게 되었지만, 이 사건은 나의 기억에서 지워질 수는 없는 충격적인 장면이었다.

퇴직 후 수년 만에 우연히 만난 직장 후배는 자기가 겪은 이해하기 힘든 원자로 핵연료의 황당한 손상(damage)에 대해 얘기하였고, 직감적으로 이 사건으로 인한 결말의 하나라는 생각이 들었다. 그는 내가 겪은 사건을 전혀 모르고 있는 것 같아 나는 과거의 기억을 잠시 말해 주었다.

그 해프닝이 원인이었을 것이다. 급격하게 증가한 원자로의 압력은 핵연료봉 피복재(fuel cladding)에 엄청난 압력차로 인한 스트레스를 주었을 거고, 이로 인해 정상적으로는 이해하기 힘든 메커니즘(mechanism)에 의한 손상이 발생할 수 있었을 것이다.

왜 이러한 일이 발생하였을까? 어떤 한두 사람의 잘못을 지적할 수도 있지만 그 당시의 현장에 있었던 인간의 단순한 잘못(error)만이 원인이 아닌 것이다. 뭐라고 특정 지어 말할 수 없는 전반적인 지식의 결여(overall knowledge deficiency)에서 발생되는 것이다. 그런데 왜 지식이 부족한가? 공부를 안 해서, 직무를

태만하게 하여서 그런 것이라는 너무나 당연한 논리의 설파를
하려고 하는 것이 아니다.

- 너무도 어처구니가 없는 이 민족의 과실을 깨우치려고 하는
  나의 시도는 글을 쓰고 있는 이 순간에도 마음 한쪽 구석에
  약간은 절망감으로 똬리를 틀고 있는 것이다. 되든 안 되든
  이 민족의 운명에 나의 의지가 작용할 수 있도록 나는 나의
  외침을 가능한 써 내려갈 뿐이다.

아이러니하게도 잘못을 저지르게 되는/실수를 하게 되는 많은
경우의 인간은 대개 열심히 일을 하는 평범한 사람이다. 그리고
이러한 일은 열심히 함에도 불구하고 사실은 어딘가에 실제적인
지식이 부족하여 일어나는 것이다. 그런 이유에서 잘 하는 짓은
아닐지라도 차라리 가만히 있었더라면 하는 자탄(regret)을 하게
되는 일이 종종 발생하는 것이다.

이벤트(event)의 발단(outset)

1993년쯤에 나는 원자력 발전소에서 발전과장(shift supervisor) 원자로 조종 감독자(SRO)로서 교대 근무(shift)를 하고 있었다.

어느 날인가 야간 근무를 수행하게 되었는데, 앞선 근무조에서는 아주 사소한 원인을 찾고자 하는 의도로, 비정상 시 원자로계통을 위험에 처하게 할 수도 있는, 해서는 안 될 일을 하였다. 중요한 기능을 지닌 CVCS의 유출수 유로의 릴리프밸브(letdown relief valve)를 원자로냉각수의 내부 누설이 의심된다는 이유로 필요시 정상적인 동작을 못 하게 되는 것을 감수하고, 즉 스프링(spring)의 작동(actuation)을 무력화(disable)시키는 동작방지 조치인 개깅(gagging)을 시도한 것이다.

그 당시 냉각수의 누설량(leakage rate of coolant)은 약간의 증가를 보였지만 그 자체가 일상적인 수준에서 미미한 정도의 변화였다. 그것을 우려해 원자로 건물(containment vessel) 내에 있는 주요 압력방출밸브의 기능을 마비시킨다는 것은 위험을 초래할 수도 있는 해서는 안 되는 행위였다. 나는 정비업체 야간보수요원에게 지시하여 다시 원상태로 복귀시켰다. 그런데 그다음 날의 근무에서 앞선 근무조는 다시 똑같은 조치를 시도한 것이다. 나는 당혹스러웠다. 다시 한 번 똑같은 원상복귀 지시를 하기에는 여러 가지로 망설여질 수밖에 없었다. 그리하여 더 이상의 조치를 취하지 않았다. 또 한 번 어제처럼 복귀시켜 앞 근무조가 애써 시도한 행위를 무력화시키면 상대방의 업무행위를 방해하는 것처럼 보여 업무상의 문제가 생길 수 있었고, 이 정도의 행위를 재시도한 경우라면 해당 근무조가 알아서 적절한 책임 있는 조치를 취하겠지 하는 생각을 할 수밖에 없었다. 그리고 이러한 행위들은 최종적으로 발전소 운전에 총괄책임이 있는 상급자가 근무일지를 검토해서 판단할 문제이기도 하였으므로, 동등한 직무를 수행하는 입장에서 나의 생각만을 고집할 수 없는 일이기도 하였다.

이후 보름 정도의 시간이 흐른 후, 핵연료교체와 계획예방정비를 위해 발전운전을 정지하고 상온정지(cold shutdown) 상태로 진행되는 원자로 냉각과정이 끝나가는 시점에서 또 다른 모양의 이해하기 힘든 해프닝이 발생하면서, 잘못에 잘못을 더하여 예기치 않은 돌발상황으로 이어지는 사고의 단초(thin end of the wedge)를 제공하였다.

수많은 계측제어 카드를 정비하는 과정에서 카드 하나하나의 기능을 검토하면서 운전에 미치는 영향을 검토하고 필요한 안전상의 조치를 사전에 취하고 작업을 진행하여야 하나 그들은 그러하지 못하였다. 기능이 살아 있는 제어회로의 카드(Printed Circuit Board)를 뽑아내면서 고장신호(fail safe signal)가 발생하였고, 이 신호는 RHRS의 모터구동 밸브(motor operated valve)를 동작시켜 RHRS로 통하는 유출수 유로(letdown flow)를 차단시켰다. 예기치 않은 밸브의 동작을 막기 위해 본 밸브의 전원을 끊어놓아야(power off) 하였지만 그들은 그러하지 못하였다. 밸브의 동작으로 후단 유로가 차단되었고, 압력전달이 안 되므로 RHRS 유로의 압력방출밸브(relief valve)는 작동하지 않았고, 위에서 언급한 RCS압력의 상승을 막을 수 없었다. 이러한 경우에는 위에서 말한 CVCS의 유출수 유로의 릴리프밸브(letdown relief valve)가 동작되어야 하나, 한참 이전에 개깅(gagging) 상태로 만들어 놓았기 때문에 구조적으로 작동할 수 없었다. 이러한 상태에서는 압력상승을 막는 펌프정지 등의 조치라도 취하여야 하였으나, 원자로냉각과 관련된 여러 가지 주의사항이 선입견으로 작용하여 결국은 아무런 조치도 못 취하고 위에서 기술된 상황을 맞이한 것이다.

위 상황은 몇 가지의 잘못된 행위가 복합적으로 작용하여 발생된 것이다. 그것은 모두 나태한 행위에 의한 것이 아니라, 누구보다도 열심히 업무를 수행하다가 발생한 것이기에 사실상 문제의 심각성을 더하는 것이다. 부정한 이득을 위해 한 행위가 아닌데, 열심히 하려다 잘못한 사례는 우리 주위에서 흔하게 접할 수 있는 것이기도 하기에 굳이 글의 소재가 아니다. 그러나 그 잘못의 근원이 어떤 근본적인 문제에서 비롯된 것이고, 그것이 이 나라 전체에 영향을 미치고 있다면 어찌할 것인가?

나는 위와 같은 해프닝이 원자력발전소에서 다시는 발생하지 않을 것이라고 생각한다. 지금의 운영기술은 많이 진전되었기 때문이다. 그럼에도 이런 고백을 하는 이유는 이러한 일련의 과정에서의 실수(error)의 유형이 이 사회 전반에 잠재되어 있기 때문이다. 외국인이 보는 것처럼 대한민국은 모두가 열심히 일하는 사람들로만 채워졌다. 위 사례에 관계된 사람들 모두가 열심히 일하는 사람들이었다. 그러나 무식하고 무지한 사람이 열심히 일한다고 그 결과를 보장받을 수 있는 것이 아니다. 그들은 또한 우리의 어처구니없는 업무형태를 보고 의아해하고 있지 않은가?

촉매형수소재결합기(PAR; Passive Automatic Recombiner)라는 설비를 후쿠시마 원전사고의 첫 번째 후속대책으로 원전마다 설치하고 있다. 핵연료 냉각실패로 인한 핵연료봉 손상 시 발생하는 수소가스로 인한 원자로격납용기 내의 수소폭발을 막기 위한 설비로, 전원이 필요 없이 설비에 내장된 촉매만을 사용하여 원자로를 상부로 모이는 수소를 산소와 조기에 결합시켜 물로 전환되게 하여, 원자로건물 내부의 수소농도를 감소시켜 수소폭발의 가능성을 낮추기 위한 설비이다.

그러나 이미 40여 년 전에 미국 웨스팅하우스(Westinghouse)가 건설 시에 제출한 고리 2호기 최종안전분석보고서(Final Safety Analysis Reports)에는 본 설비의 작동방식에 대해, 핵연료용융사고 시에 수소가스와 같이 분출하게 되는 핵분열물질(radical fission products)로 인해 촉매작용이 방해되어 본 설비는 효용이 없다고 기술되어 있다.

본 설비는 한국이 독자적으로 생각해낸 새로운 개념의 설비가 아니다. 핵연료손상사고(LOCA; Loss of Coolant Accident) 모의실험(simulation test)을 통해 본 설비는 고려될 수 없는 설비로 판명난 것이었다. 그리고 고리 2호기 최종안전분석보고서(FSAR)에는 (영어로) 설치되지 않는 사유를 기술해 놓았다.

미국의 원전에는 설치되어 있지 않고 설치할 계획도 없다. 사고 당사국인 일본도 사고 후에 설치하지 않았다. 한국만이 후쿠시마 후속조치로 열심히 설치한 것이다.

참으로 뭐라 설명하기 힘든 난감한 현상이고, 방관만 할 수 없는 현실이다.

내가 소리 높여 외치고 싶은 것은, 내가 이러한 고백을 하는 이유는 다음과 같은 의문이고, 거기에 대한 나의 깨달음(recognition)에 대한 동의(agreement)를 구하기 위함이다.

- 열심히 공부/일/노력 하는 사람들이 왜 무지(ignorant)/무식(illiteracy)한가?
- 그들은 영문해독(EL; English Literacy) 능력결핍으로 영문으로 된 매뉴얼/텍스트를 소화하지 못하는 영어문맹(English illiteracy)의 기술자(engineer)들인 것이다.

이 말은 고도(advanced)의 문명이 요구하는 필수지식(essential knowledge)을 제대로 흡수하지 못한 온전치 못한 상태에서, 그러나 열심히 소신껏 현장에서 일하는 어찌하기 힘든 아슬아슬한 상황을 초래하는 것이다. 고도한 문명이 만들어낸, 쉽게 터득할 수 없는 기술의 복합체(technology complexity)에서, 그들은 부족한 기술능력(technical skills)을 스스로는 인지 못하고 열심히 일하고 있는 것이다. 그 결과 엄청난 결과를 초래하는 부적절한 행위임을 알지 못하고, 위험을 초래할지도 모를 행위를, 선(goodness)한 마음으로 열심히 수행(due diligence)하고 있는 것이다. 이것은 게을러서 초래하는 것보다 훨씬 더 큰 위험성(risk)을 안고 있는 것이다.

- 그로 인해 초래(incur)될 수 있는 부정적 결말(negative conse-quence)은 사전에 예측(predict in advance)될 수 없기 때문이다.

'한수원 비리' 사건에서의 아픈 진실(painful truth)
_무지(ignorance)는 영어문맹(English illiteracy)으로부터
기인(originated)한다

> - **영어문명[EL];** English Literacy: 이 말은 영어로 쓰인 학문/기술
>   의 텍스트를 읽을 수 있는 상태를 말한다.
> - **영어문맹[EiL];** English illiteracy: 이 말은 영어로 쓰인 학문/기술
>   의 텍스트를 읽을 수 없는 상태를 말한다.

- '한수원 비리'가 시사(suggest)하는 '아픈 진실', 그러나 그것을 깨
닫지 못하고 있는 둔감한 사회, 우려되는 현실이 아닐 수 없다 -

후쿠시마 원전사고(nuclear accident)의 충격으로 온 국민의 주
목이 우리의 원자력발전소로 쏠린 상태에서 한수원 직원들의 비
리가 드러나고 주목받기 시작했다. 사실 돈에 대한 욕심으로 인
한 범죄(corruption crime)는 어디에서나 발생하는 것으로 인간이
존재하는 한 어떠한 형태의 비리가 발생한들 새삼스러운 해프닝
이 아닐 것이다.
비리의 내용을 들여다보면, 소위 '갑질(power trip)'을 비롯하여

다양한 형태의 비리가 발생하였는데, 그중에서 가장 큰 피해액을 초래한 범죄는 기실 욕심에 의한 범죄가 아니었다. 돈이 오고 간 것도 아니고, 누구의 형편을 임의로 봐준 것도 아니면서, 관련자들 모두가 업무를 제대로 할 줄 몰라서 저지른 것으로 드러난 범죄가, 추산하기도 힘든 사상 최고액의 피해를 가져다준 것이었다. 이미 포설된 케이블을 교체하는 등 1400MW급의 발전소가 1년 넘게 준공이 지체되면서 발생된 손실액은 상당할 것이다.

이 사건은 품질보증(quality assurance) 업무에서 비롯된 것이다. 원자력발전소에서 품질보증이란 그야말로 시작과 끝이라고 보아야 하는 중요한 업무이다. 이러한 업무에서 비리가 생긴다는 것은 여기에 관련되는 조직 전체가 추구하는 목적이 원만히 달성될 수 없다는 우려(concern)를 내포(imply)하고 있는 것이다.

그러면 왜 우리는 '아픈 진실'을 갖게 된 것일까? '한수원 비리'의 아픈 진실은 무엇을 말하는 것인가?

우리는 흔히 쉽게 이해되지 않는 깊은 생각을 하여야 하는 상황에 대해서 '철학(philosophy)'이라는 말을 사용한다. '정치철학(political philosophy)', '교육철학(educational philosophy)' 등과 같이 쓸 수 있다. 그런데 기술(technology)에 있어서는 '철학'이라 하지 않고, 깊이 있는 기술일수록 그것을 코드(codes), 스탠더드(표준 standards), 스펙(사양서 specifications) 등의 텍스트(text)를 통해 요구되는 조건(requirements)을 기재하여, 기술이 실현(realize)시켜야만 되는 기준(standard)을 제시(suggest)한다.

철학은 사람마다 생각을 달리할 수 있지만, 기술에 있어서는 모두에게 절대적인 기준이 되어야만 요구되는 가치(value)를 실현시킬 수가 있으므로, 이 기술을 실현하려면 관련된 모든 행위를 구속하는 기술적 내용을 온전히 이해하고 실현시킬 수 있는 능력을 갖추어야 함이 당연한 것이고, 이를 이행해야 하는 것이다.

원자력발전소 건설/운영에 요구되는 시작과 끝에 이르는 전 과정(overall process)에 걸쳐 이를 적절히 확인하고 그 기록(record)을 남기는 과정이 품질보증을 하는 행위인 것이다. 그것은 기획(planning), 설계(design), 제작(fabrication), 건설(construction), 운영(operation) 등 전 과정을 망라하여 적용되는 것이다.

이러한 품질보증 행위는 특정한 하나의 주체만이 하여서는 안 되고 관련부품을 만드는 자, 이것을 갖다가 제작(manufacture)/조립(fabricate)/설치(install)하는 자, 이러한 행위를 규제하는 자(regulator) 등 여기에 개입할 수밖에 없는 모든 주체가 시행하여야 하고, 또한 이에 따른 책임을 지게 되는 것이다. 책임을 진다는 것은 사고가 나면 자리에서 물러나란 말이 아니고, 적절한 품질보증 행위를 강제하는 규정인 것이다. 여기서 말하는 '적절(adequate)한 품질보증 행위'야말로 그 사회의 고도화(advanced)/선진화(developed)/문명화(civilized)를 가름하는 척도(barometer)가 되는 것이다.

경제의 발달은 산업의 발달을 의미하는 것으로, 갈수록 고도(advanced)해지는 산업은, 이것이 잘못되었을 때 곧 큰 위험(peril)을 감수(endanger)하게 되므로, 위에서 나열한 절대적인 기준을 바탕으로 하여야만 온전하게 실현될 수 있다는 것을 보증(assurance)할 수 있는 것이다. 원자력발전소가 그렇고 세월호, 성수대교, 삼풍백화점, 대구지하철, 경주 마우나리조트 등등 또한 당연히 그러하여야 하는 것이었다.

여기까지는 모두가 알고 있는 당연한 사실이라고 볼 수 있다.

'아픈 진실'은 모두가 실현해야 하는 '절대적인 기준'을 실현하지 못하는 사연에 있는 것이다. 현재 인류가 가지고 있는 '절대적인 기준'은 영어로 기술(written in English)되어 있다. 이러한 텍스트를 이해하려면 해당 분야의 기술기준(codes and standards)을 이해할 수 있는 지식(background knowledge)을 갖추어야 가능한 것이다. 담당자나 감독을 하여야 할 관련자가 이러한 지식이 없다면 어떠한 일이 벌어질 것인가?

- 품질보증은 원자력산업의 핵심(key)이고, 원자력발전소의 안전(nuclear safety)을 보장하는 보루(fundamental)이다. '노심손상(reactor core damage)이 일어날 확률(occurrence probability)이 연간 몇십만 분의 일이라서 안전하다고 볼 수 있다'라고 하는 주장은, 이것에 걸맞은 품질보증 활동(QA activities)을 기록한 서류가 있어야 객관적인 증거(objective evidence)로써 뒷받침이 되는 것이다.

여기서 아픈 진실이라고 하는 것은, 한편으로 충격적이기도 하고 절망스럽기도 한 것으로, 우리가 게으르지 않고 열심히 해대면서 제대로 하지 못한다는 현실인 것이다.

산업의 핵심적인 품질보증 행위를 하면서 일 처리를 잘못하고 있었다는 것은 충격이다. 단적으로 말해 담당자(person in charge)와 감독자(supervisor)가 자기가 수행하여야 하는 행위를 적절하게 할 줄 몰라서 벌어진 일인 것이다.

실무적 지식(practical knowledge)을 갖추고 있지 못하다는 것을 방증(imply)하는 것이다. 그리고 그 주된 원인은 영어로 된 기술된 텍스트(English text)를 이해 못하는 '영어문맹[EiL]'에서 비롯된 것이다. 영어문맹[EiL] 상태를 벗어나지 못한 상태에서 벌어지는 모든 행위는 신뢰할 수 없는 행위가 되고 마는 것이다.

- 사실상 이것은 대한민국 전체의 아킬레스건(Achilles tendon)인 것이다.

그러한 실상을 보여주는 사건이 그 이후에도 또 드러났다.

그것은 어느 한 발전소의 원자로 용기(reactor vessel)를 검사하는 데 사용된 도면(drawing)이 타 발전소의 원자로 도면을 가지고 수십 년간 검사(inspection)를 수행하였다는 어처구니없는 오류가 드러난 것이다. 도면에는 이 도면이 그려지게 된 대상의 명칭(object's name)을 포함한 모든 사항(details)이 자세하게 기술(describe)되어 있는데, 상관도 없는 타 발전소 설비의 도면을 가지고 검사업무를 수행한 것이다. 미국인이 작성한 도면(drawing)과 사양서(specification)에 기술된 영어를 이해하지 못하여 벌어진 어이없는 일이다.

검사를 수행하는 과정에서 드러난 오류가 집단적인 무지(collective ignorance)로 인한 것이었다는 것은 대단한 충격으로, 우리가 현실을 직시하지 못하고 겉모양만을 추구하는 것은, 현실/현장을 너무나 잘 알아서, 또는 현실/현장은 별것 아니라서가 아니라, 잘 몰라서 그런 것이라는, 결국은 드러나고 마는 숨길 수 없는 치부(weakness)인 것이고, 심각하게 인식해야 하는 것은 고도(advanced)의 국가산업(national industry)에서 그러하다는 것이다.

대한민국은 크게 잘못되어 가고 있는 것이다. 이러한 형태로 오늘도 나아가고 있는 것이다. 손쉬운 땜질식 각성만을 하고 돌아서버리는 것이다. 언론/학계/정부를 망라하여 근본적인 원인을 파악할 능력이 대한민국 스스로에게는 없는 것이다. 국가 스스로 깨닫지 못하고 있는 것이다.

따지고 보면 오늘날의 산업의 침체로 인한 경제침체, 이로 인한 청년백수의 증가는 모두 한 가지 공통점(common mode)에서 시작하는 것이다. 그것은 한수원 비리에서 보여진 아픈 진실과 일맥상통(correspond)하고 있는 것이다.

영어라는 최고 문명의 언어로 기술된 최고의 테크놀로지(technology)의 텍스트를 이해하지 못한다면 미래의 코리아(Korea)가 할 수 있는 능력/역할은 점점 제한되고 위축될 것이다.

영문으로 작성된 규제와 기술을 이해하지 못하는 상태에서 나오는 아웃풋(output)이 현재/미래의 문명이 원하는 스펙(specifi-cation)을 만족시키고 가치를 창출할 수 있겠는가?

- 인간의 욕심에서 비롯된 비리는 기실 일상적인 사회적 인간의 문제이다. 그러나 '한수원 비리'에서 우리는 국가적 문제를 직시해야만 하는 것이다.
- 언어의 문제로 인해 이러한 결말이 초래되고 있다고 하는 사실을 인정하게 만들어야 하는데, 이에 대한 설득 또한 쉽지 않은 것이다. 이러한 현실이 더욱 아픈 현실인 것이다.
- 한국이 침몰할 수밖에 없는 근본적 이유는 '영어문맹[EiL]' 상태에 갇혀 있기 때문이다. 선진문명의 영양분을 제대로 흡수하지 못하고 고사(wither)하고 있는 것이다.

한국의 침몰

후쿠시마 원전사고와 한국의 원전
_문명의 역습(inverse civilization), 그리고 그 과정(trail)

- **영어문명[EL]:** English Literacy: 이 말은 영어로 쓰인 학문/기술의 텍스트를 읽을 수 있는 상태를 말한다.

- **영어문맹[EiL]:** English illiteracy: 이 말은 영어로 쓰인 학문/기술의 텍스트를 읽을 수 없는 상태를 말한다.

2011년 3월 일본 동쪽 해안을 강타한 지진(earthquake)과 쓰나미(tsunami)는 자연의 엄청난 위력(catastrophic display of natural forces)을 보여주었다. 원전 운영 15년을 포함하여, 전력 산업 30여 년의 경력을 가진 나는, 그것이 원전의 운전정지(plant shut-down) 외에는 어떤 영향을 미치리라고는 예상치 않았다.

나는 일본이라는 나라를 실체적으로 접해보진 않았어도, 그들의 기술력과 관리 능력은 항상 빈틈이 없을 것이라 여겨 왔고, 경외심(awe and respect)도 가지고 있다.

그러나 지진과 쓰나미로 인한 정전(black-out) 발생과 이후로 이어지는 폭발현상을 보는 순간, 머릿속이 하얗게 되는 충격을 받을 수밖에 없었다. 비상 발전기(emergency diesel generator), 배터리 설비(battery power supply system's facility)가 침수(flooded)

되어 발전소 내부의 전력공급 기능이 완전히 상실되고, 원자로 핵연료(reactor core)가 냉각불능(loss of cooling)으로 용융(meltdown)되다니, 믿어지지가 않는 일이었다.

더구나 폭발(explosion)까지 발생하다니, 어떻게 이런 실제 상황이 가능한 것일까? 왜, 그들은 쓰나미에 대비하지 않았을까? 태평양(Pacific Ocean)이라는 어마어마한 바다를 곁에 두고서, 2004년 인도네시아에서 발생한 쓰나미의 위력(power of tsunamis)을 보고서도, 그들은 어떻게 대비를 안 할 수가 있었나? 거대한 대양(ocean)의 바닷물이 넘쳐 들어오는 상황을 염두에 두지 않다니 도무지 이해가 안 가는 일이었다.

일본 의회 진상조사 위원회(The National Diet of Japan - Fukushima Nuclear Accident Independent Investigation Commission) 기요시 구로가와/Kiyoshi Kurokawa 회장은 보고서 서두(prefatory)에서 다음과 같이 소감을 피력하였다.

Following the 1970s "oil shocks," Japan accelerated the development of nuclear power in an effort to achieve national energy security. As such, it was embraced as a policy goal by government and business alike, and pursued with the same single-minded determination that drove Japan's postwar economic miracle.

With such a powerful mandate, nuclear power became an unstoppable force, immune to scrutiny by civil society.

한국의 침몰

Its regulation was entrusted to the same government bureaucracy responsible for its promotion. At a time when Japan's self-confidence was soaring, a tightly knit elite with enormous financial resources had diminishing regard for anything 'not invented here.'

This conceit was reinforced by the collective mindset of Japanese bureaucracy, by which the first duty of any individual bureaucrat is to defend the interests of his organization.

Carried to an extreme, this led bureaucrats to put organizational interests ahead of their paramount duty to protect public safety.

Only by grasping this mindset can one understand how Japan's nuclear industry managed to avoid absorbing the critical lessons learned from Three Mile Island and Chernobyl and how it became accepted practice to resist regulatory pressure and cover up small-scale accidents.

It was this mindset that led to the disaster at the Fukushima Daiichi Nuclear Plant.[2]

위 글의 내용은 즉, 그간 이룩한 업적에 대한 자기 확신이 지나쳐서 타국의 사고로부터의 교훈(lessons learned)을 얻지 못하

---

2)   The official report of The Fukushima Nuclear Accident Independent Investigation Commission_'Message from the Chairman'에서 일부 발췌.

는 집단적인 사고(collective mindset)의 경시 현상(diminishing regard)을 가져왔다는 것이다.

나의 의견은 일본의 원전 산업 관계자들이 해외 정보에 약해서 문제가 발생했을 거라는 것이다. 그것은 영어문명[EL] 능력 부족에 기인한 현상이라 할 수 있다.

영어문명[EL] 능력이 부족하면 해외 정보를 적극적으로 읽고 분석하고자 하는 마인드(mind)가 결여(lacking)될 수밖에 없는 것이다. 이것이 다양한 정보의 취득을 방해하여 무지(ignorant)해지는 것이고, 사고(way of thinking)의 유연성(flexibility)을 가로막는 것이다.

 - 복지부동의 자세는 이러한 약점(weakness)에서 기인하는 것이고, 결국에는 어처구니없는 결말(consequence)을 초래하는 것이다.

'안전을 지키는 것'은 것은 세상 주위의 모든 동태를 살펴보고, 그것을 자신에게 반영(reflecting)하는 것을 망설이지 않아야 달성할 수 있는, 쉽지만은 않은 경지이다.

그러나 타국(foreign country)의 동태를 살피는 일을 누군가가 번역해서 전달해주는 것이라거나, 직접 보더라도 그것을 이해하려면 한참의 독해(reading comprehension)를 위한 노력을 하여야 되는 것이라면, 적극적으로 보지 않게 되는 것이고, 결국은 빈약한 지식(knowledge)/정보(information)를 갖게 되는 것이다. 외부로부터 얻을 수 있는 소중한 교훈(lessons learned)을 지나치게 되는 것이다.

판단(judgement)의 유효성(validation)은 지식과 정보가 생명(vital)이다. 필요한 지식을 갖추고, 얼마나 많은 정보를 접하는가에 따라 옳은 판단을 하고, 재난(disaster)/실패(failure)를 피해 갈 수 있는 것이다.

후쿠시마 원전사고는 지진(earthquake)과 이로 인해 유발된(induced) 쓰나미(tsunami)로 발전소의 전원공급설비(power supply facilities)가 침수되어(water immersed) 발생하였다. 발전소 내부 정전(loss of on-site power supply)으로 인하여, 노심냉각 시스템(core cooling system)의 기능(function)이 상실(failure)되었고, 이로 인해 원자로 핵연료의 온도 상승을 막지 못하여 발생한 사고이다. 냉각기능 상실로 인해 핵연료에서 발생한 고열의 에너지는 연료봉 피복재(fuel rod cladding)를 녹이면서 물과의 반응을 촉발하여, 수소가스(hydrogen)의 발생을 유발하였고, 발생된 수소가스는 원자로건물 상부에 모여 수소폭발을 일으켰다.

그러나 후쿠시마원전 3호기에서는, 미국 전문가에 의하면, 폭발(deflagration)보다 강력한 폭굉(detonation)이 발생하였다. 폭발의 메커니즘(explosion mechanism)을 설명하기 힘든(unexplainable) 현상의 폭발로, 이때 발생된 폭발력으로 검은 연소재(plume)가 발전소 건물 상공으로 치솟은 것이었다. 이것은 핵연료저장건물(fuel storage building)에 저장되어 있던 사용 후 핵연료(spent fuel)가 폭발한 것으로 플루토늄(plutonium)에 의한 폭발이라고 분석(diagnosis)하였다. 그는 1950년대 미국에서 있었던 플루토늄 폭발실험의 영상도 폭발장면의 비교 영상으로 유튜브(youtube)에 올려놓았다.[3]

이러한 폭발로 인해 광범위한 지역의 토양이 오염(contaminated)되었고, 결국은 체르노빌 원전사고를 능가하는 심각한 사고로 기록된 것이다.

어떻게 뛰어난 기술 수준을 가진 일본이, 50개가 넘는 원자력 발전소를 운영하면서, 왜 쓰나미에 대비하지 않았는지 의문을 갖지 않을 수 없었다.

원전설비(nuclear power plant' facility)는 최고(state-of-the-art)의 엔지니어링(engineering)으로 만들어진 복합체(complex)이다. 당연히 안전을 최우선(safety first)으로 하여, 설계(design)/건설(construction)/운영(operation)한다. 상업운전(commercial operation)을 하면서는 새롭게 돌출된(issued) 위험 요인에 대비하여 대책을 수립하고 이에 따른 설비를 보강(enforcement)한다.

2004년 인도네시아에서 사상 최대의 피해를 가져온 쓰나미가 발생하였을 때, 그들은 왜 대책(countermeasure)을 수립하지 않았는지 모르겠다. 태평양이라는 거대한 대양(ocean)을 마주하고 있는 나라에서, 최고의 안전의식을 내세우는 국가에서, 발생

---

3) 　출처: Arnie Gundersen, Fairewinds.com, youtube "FUKUSHIMA explosion unexplainable", 2011.8.31.

한국의 침몰

할 확률(probability)이 낮은 냉각재상실사고(LOCA; loss of coolant accident)라는 가상사고(postulated accident)까지 대비하는 원자력 발전소 운영에 있어서, 상대적으로 발생 확률이 엄청 높은 쓰나미의 위협(threat)을 왜 고려(consider)하지 않았는지 이해가 안 가는 일이었다.

만일 고려를 하였는데 사고가 난 거라면, 실제 상황에 대한 적절한 대책이 이루어지지 않았다는 점에서 더욱 충격적이라 할 것이다.

일본 의회 진상 조사 위원회 Kiyoshi Kurokawa 회장은 보고서에서 뼈아픈 원자력 산업계에서의 일본 문화의 약점을 지적하였다.

- 최고의 위치에 있다는 자신감은 스스로를 기만하여 자신만의 기술을 과신하였고, 이것이 방심을 초래하여 나락으로 빠졌다는 것이다. 천려일실(A slip of a wise man; 아무리 잘해도 한 가지 실수를 범할 수 있음)의 실수라 할 수 있지만 그 결말은 감당할 수 없을 정도로 참담한 것이다.

한 사회를 구성하는 개개인의 능력이 모여, 한 국가의 명운(doom)이 갈릴 수 있는 분기점(watershed)을 피해 갈 수 있는 것이다. 이것을 한 나라의 문화(culture)라고 할 수 있다. 그런 점에서 그의 반성(reflection)은 수긍(understood)이 가는 것이고, 돌이켜서 우리의 현실을 생각하지 않을 수 없는 것이다.

후쿠시마 원전 사고 이후 우리의 원전에 대한 관심(concerns)과 우려(issues)가 고조(ran high)되었다. 한국이 일본보다 원전운영을 안전하게 잘할 거라고 생각하는 국민은 아마도 드물 것이다.

우리의 원전을 운영하는 한수원은 많은 비리 형태를 선보이며 우리에게 충격을 가져다주었다. '한수원 비리'로 불리는 사건 하나하나의 원인은 따져보면, 포장만 그럴듯한, 사실상 한국 사회/산업, 특히 원전 산업의 기술력 부족의 현장을 그대로 보여주고 있는 것이다. ('한수원 비리 사건에서의 아픈 진실' 편 참조)

2014년 8월 비가 기록적으로 많이 왔을 때, 고리원전은 침수(flooding)로 인해 발전을 정지하였다. 아무리 사상 최대 폭우라 할지라도 발전소에 물이 빠지지 않아서 주요 설비가 침수되었다는 것은 말이 안 되는 어불성설(illogical)의 충격이다. 그 원인을 따져보니 후쿠시마 원전사고의 후속대책의(post-accident countermeasure) 일환으로, 바다로부터의 쓰나미를 막겠다고 설치한 해안가 방수벽(water barrier)이 발전소 내로 유입된 물이 외부로 넘쳐나가는 것을 막아서, 방수벽 안쪽에 물이 차오르게 되었고, 30여 년 전 초기 건설 때 부실시공(poor construction)된 후 30여 년간 방치되어 온 케이블 트레이(cable tray) 지하 관통부(underground penetration)를 통해 물이 유입되어 시설물이 침수되었다는 것은, 많은 점을 시사(imply)하는 것으로 가히 개탄(deplorable)할 만한 상황인 것이다.

원전은 다양한 안전 개념을 반영하여 설계된 복잡한 플랜트이다. 원전의 특성상 원전 근무를 제대로 거치지 못한 사람은 현장 견학(walk down)과 학습(study)만으로는 원전의 전문가(expert)가 될 수 있는 지식(knowledge)을 갖추기가 힘들다는 것이 그간 나의 경력에서 얻은 결론이다.

우리나라에서 후쿠시마 원전 3호기 폭발에 대해 의문을 제기하거나 설명을 한 전문가는 아무도 없다. 미국 전문가의 의견을 듣고 전해줄 만한 전문적인 안목(insight)을 가진 전문가도 없다. 대부분 원전에 대해 경외심(awe)만을 가지고 있으며, 실제적인 원전 현장에 대해서는 상세히 알지도 못하면서 대부분 원론적인 안전논리만을 피력하는 탁상공론(impractical)의 대학교수를 한국사회는 전문가로 인정할 수밖에 없는 것이다.

- 이 나라의 시스템은 많은 원전을 건설하였지만 원전의 문제점을 찾아낼 수 있는 식견(expertise)을 가진 전문가를 필요로 하지 않는 것이다. 그것은 시스템을 구성하는 주체가 무지/무식하기 때문이며 더 나아가서는 나라 전체가 취약하다는 역설이다. 이것이 오늘날 이 시점의 대한민국 문명의 어쩔 수 없는 현실이며, 역사로부터의 당연한 귀결점(consequence)인 것이다.

우리에게는 한국원자력안전기술원(KINS)라는 규제기관(regulatory authority)이 있다. 원전비리 사건들을 살펴보면, 많은 사건들이 이들의 규제가 제대로 작동되지 못하여 발생한 것들이다. 그들의 책임(responsibility)이 상당한 것이다. 그러나 누구도 그들의 책임을 묻지도 않고, 스스로 책임을 통감하지도 않는 모습이다. 스스로 자기부정(self-denial)을 하고 있는 것이다.

- 이들을 어찌 한 나라의 원자력 안전을 책임지는 규제기관이라고 볼 수 있는가라는 의문을 가질 수밖에 없다.

우리나라에는 원자력 관련 규제 법령이 있다.

'원자력안전법 시행규칙 제4조 ③ 6항 바'를 보면, 원전 사업자가 원전의 건설 허가를 신청하는 서류에, '주증기계통의 격리밸브 누설제어계통'에 대하여 기술(describe)하라는 규정이 있다.

본 계통은 우리나라 원전 노형인 '가압수로형(PWR; Pressurized Water Reactor)' 원전에는 필요도 없고 설치되지도 않는 계통인데, 버젓이 법령에 나와 있는 것이다. 이것은 우리나라에는 없는 후쿠시마 원전과 같은 '비등수로형(BWR; Boiling Water Reactor)' 원전에 필수적인 계통이고, 여기에 요구되는 기술규제(technical regulation)인 것이다.

즉, 우리나라에는 존재하지도 않는 노형(reactor type)의 계통(system)을 구별해내지 못하고, 국내에 존재하지도 않는 설비를 법으로 규제하고 있는 것이다.

이 법령의 원본(origin)은 미국의 연방 규제법(10 CFR PART 50)에 나오는 규정(regulation)이다. 미국/일본은 PWR/BWR 노형의 원자력발전소를 모두 운영하고 있으므로, 규제 사항에 모두를 기술하고 있고, 각 사업자는 해당되는 항목만을 적용하면 되는 것이다. 그런데 한국은 오직 PWR 노형만 건설 운영하고 있으므로, BWR 설비는 아예 규제대상에 포함될 이유가 없는 것이다. 그런데 등재된 것은 이것이 BWR만의 설비인 것을 몰라서 발생한 것이다.

이러한 오류(mistake)를 만들어낸 원인은, 텍스트 자체는 인지(recognize)하였으나 관련 지식의 부족으로 세부내용(detail)의 적용(application) 여부를 판단(judge)하지 못하고, 원본에 있는 그대로를 번역하여 등재한 것이다. 즉, 영문 자체는 해독하였으나, 관련 지식의 부족으로 무슨 내용인지를 정확히 모르는 것이다.

- 영어문맹[EiL]으로 인한 지식 부족(lack of knowledge)이 한국이라는 나라의 전체 시스템에 광범위하게 영향을 미치고 있는 것이다. 그런데 스스로는 모르고 있다는 것이 큰 두려움(misgiving)이다.
- 영어문맹[EiL]으로 인한 무식(ignorance)은 한 나라의 입법(legislation)까지도 그르치는 것이다.

원자력안전법 시행규칙

제4조 건설허가의 신청
③ 6. 다음 각 목의 계통 등의 공학적 안전설비 등에 관한 사항

가. 공학적 안전 계통
나. 격납 계통
다. 비상 노심 냉각 계통
라. 제어실 안전보장 계통
마. 핵분열생성물의 제거 및 제어 계통
바. 주증기 계통의 격리밸브 누설 제어 계통
사. 가목부터 바목까지에 대한 가동 중의 검사

출처: 원자력 안전법

우리의 규제기관은 후쿠시마 원전 사고 후 수십 개의 사고후 대책(post-accident preparation)을 수립(establish)하였다. 나의 의견으로는 5가지 정도의 대책 외에는 실효성이 없는 것이다. 우리보다 후에 나온 미국에서의 대책을 비교해보면, 미국은 우리와 동일한 대책을 수립한 것이 하나도 없다. 이러한 현상이 무엇을 의미하는지를 잘 생각해볼 일이다.

미국에서 실효성이 없어 이미 몇십 년 전에 용도폐기(useless)된 설비(PAR; Passive Automatic Recombiner)가 버젓이 등장하여 마치 새로 만든 설비인 양 현장에 설치된 것도 있다. 미국/일본

한국의 침몰

에서 보면 어떻게 생각할까? 한국의 선진성(forwardness)인가, 후진성(backwardness)인가? ('원자로조종감독자의 고백' 편 참조)

- 이러한 현상이 영어문맹[EiL]으로 인한 기술력/정보력 결핍(deficiency) 현상인 것이고, 이 글을 쓰게 된 모티브(motive)인 것이다.

전문가(expert)가 앉아 있을 자리에 초보(beginner) 수준의 지식을 가진 이가 앉아 직무를 계속 수행할 수밖에 없는 것이 우리의 현주소이다. 영어문맹[EiL]으로 더 이상의 지식을 쌓지도 파악하지도 못하는 상태에서 한 나라의 명운(fate)이 걸린 직무를 수행하고 있다면, 결국은 위태롭고(unstable) 부정적인(negative) 결말(consequence)이 올 수밖에 없는 것이다.

설익은 수준(immature)의 지식으로 무장한 집단의 오만(arrogance)은 매우 위험한 것이다. 그들의 무지는 더 이상의 전문성을 파악하지도 못하고, 본능적으로 무엇보다 그들만의 안위를 최우선시하며, 자기를 견제하고 감시할 무언가도 없으므로, 진정한 전문성을 알아보지도, 필요로 하지도 않는 독점적 지위(monopoly status)를 누리는 것이다.

- 이러한 현상이 후쿠시마 원전 사고 진상 조사 위원회 Kiyoshi Kurokawa 회장의 자책감(remorse)과 맥락(context)을 같이하는 것이다.

- 나의 견해이지만 후쿠시마 원전 사고는 천재지변(convulsion of nature)이 원인이 아니라, 일본 원전 관련 시스템의 안일한 (lackadaisical) 운영 수준이 원인이라는 것이다.
- 우리의 경우 유사한 징조(omen)를, 위에서도 언급한, 2014년에 발생한 기록적인 폭우(record-breaking rainfall)가 원인이라고 하는 고리원전 침수사고에서도 보여주고 있는 것이다.

우리나라의 입장에서 원전은 필수적인(indispensable) 선택이다. 그럼에도 불구하고 나의 우려는 우리의 원전 건설 운영을 둘러싼 산업계의 수준이 높지 않다는 것이다.

원전에서 같이 근무했던 동료들(co-workers) 중에는 암(cancer)으로 인해 일찍 세상을 떠난 이들이 있다. 내가 보기에 그들은 대부분 본인들의 부주의에 의해서이기도 하지만 업무 수행을 통해 받은 방사선 피폭(radiation exposure)의 영향을 받았을 것이라고 추정한다.

- 그러나 누구도 원전 자체를 반대하지는 않았다. 원전은 한 개인의 생계수단(means of living)이기 이전에 대한민국이라는 국가의 핵심시설(fundamental)이기 때문이다.

신고리 3~6호기는 우리가 설계한 1400만MW급의 원전이다. 동일한 노형(reactor type)의 원전이 아랍에미리트(UAE)에 수출되어 건설되고 있는 원전이다. 나는 우리의 기술력을 높이 평가하지

한국의 침몰

않는다. 그러므로 당연히 이 프로젝트에 대하여 엄청 우려하고 있다. 하룻강아지가 범 무서운 줄 모르고 덤벼드는 형상이다. 무지와 무식이 하룻강아지에게서 분출되는 용기의 근원인 것이다. 은연중에 나는 내가 잘못 생각하고 있기를 바라고 있다. 기호지세(호랑이를 타고 달리는 형세로, 이미 시작한 일을 중도에서 그만둘 수 없는 형세)라는 말이 딱히 이러한 경우를 두고 하는 말이다. 누군가 말려주기를 바랄 뿐이지만, 그럴 가능성은 없다. 결국 큰 수모(humiliation)와 손실(loss)을 감수해야 하는 결말을 보지 않기를 바랄 뿐이다.

- 우리는 원전 수출국인 UAE에서 심각한 도전(serious challenge)에 직면(face)할 것이다.

원전을 포함한 우리의 원자력 산업계의 기술력은 높지 않다. '한국전력산업기술기준(KEPIC; Korea Electric Power Industrial Code)'이라는 것이 있다. ASME라는 미국의 기계공학협회의 코드(American Society of Mechanical Engineers code)를 번역만을 통하여, 한국의 원자력을 근간(fundamental)으로 하는 전력산업의 기술기준(code)을 만든 것이다. 기술력의 차이는 논외(out of the discussion)로 하더라도, 그들은 성립하기 힘든 등식(equation)을 가정(suppose)한 것이다. ASME와 KEPIC이 번역(translation)을 통해 완전한 대칭성(symmetry)을 갖는다는 것은 애초(inherently)에 불가능(impossible)한 전제(proposition)인 것이다. 영어와 한국어의 언어적 차이점(linguistic difference)을 이해하지 못하는 사람들이 벌이는 무모한 도전(reckless challenge)인 것이다. ('한국어와 영어의 괴리; 번역으로 인한 문명의 불일치'. '번역/번안된 학문/기술은 먹통의 우물 안 지식에 불과하다' 편 참고)

외국에서 효율적인 원전의 검사 방법론(inspection methodology)을 개발(develop)하였다. 이를 국내에 적용하는 것은 당연한 시도이다. 그런데 심각한 문제는 실무자들이 이 방법론이 적힌 영문의 텍스트를 보고 그 내용을 이해하지 못한다는 것이다. 텍스트에서 요구하는 방안대로 시행하면 대략 150개 정도로 검사대상을 분할하는 게 적정한데, 나름대로의 기준을 세워 무려 1,000개가 넘는 분할을 하는 것이었다. 영어문맹[EiL]에 갇혀서 관련된 지식을 갖추지 못한 그들은, 영문 텍스트에서 제시하는 방법을 이해 못하는 것이다. 집단적인 무식(collective ignorance)은 오히려 한 사람의 전문가(expert)를 바보 상태(idler)로 몰아가는 것이다.

결국은 사업기간이 만료될 즈음에, 이리저리 나름대로의 억지 논리를 만들어 보고서를 내고 프로젝트(project)를 종결(complete)하였다. 그 어느 누구도 잘못된 점을 지적하지 않는다. 왜냐하면 이 방법론을 이해하고 그 과정을 추적하고 감히 토를 달 수 있는 전문가는 국내 어디에도 없기 때문이다. 외국의 전문가는 한국어를 몰라 원천적으로 접근 불가이고, 평가를 할 수도 없다. 그들의 일도 아니다. 그들은 속으로는 한심해하지만, 책임지지 않는 적당한 선에서 자문료(consultancy fees)를 챙기고 철수하는 것이다. 이 프로젝트 실행(performance)의 타당성(validity)/적합성(conformity)을 판정해야 하는 감독자(supervisor)도 똑같은 사정을 안고 있으므로 결국은 유야무야(languish) 끝나는 것이다.

어쨌든 애초에 기획된 계획서에 맞춰 프로젝트는 종료되고, 사업보고서(project report)는 감사(audit)를 대비하여 캐비닛(cabinet)에 보관된다. 이후 이런저런 사유를 들어 용두사미(Starts off with a bang and ends with a whimper)로 소멸(dissipate)되는 것이다. 우리나라의 수많은 연구개발(R&D) 보고서(reports)는 구석진 캐비닛(cabinet)에 보관되어, 감사기관(auditor) 외에는 누구도 거들떠보지도 않는, 예산집행(budget)의 증거물(evidence)로써 제 역할을 다하고 있을 뿐이다.

이러한 일은 어째서 발생하는 것일까? 이러한 것들이 애초에 생성되는 배경에는 공통적으로, 영어문맹[EiL]에서 비롯된 모래 위에 성을 쌓은 듯한 허술한 기술력이 자리 잡고 있는 것이다.

- 우리는 영어문맹[EiL]으로 인해 제대로 된 기술 지식을 충분하게 습득하지 못한 상태에서, 하룻강아지의 지식만을 가지고, 범의 흉내를 내고 있는 것이다. 이러한 행위가 대한민국에는 만연(widespread)되어 있는 것이다. 이러한 행위에서 비롯되는 부작용의 최고 정점이 '세월호 침몰'이고, 또한 이러한 행위는 계속 진행될 수밖에 없다는 것이 나의 두려움이다.

- 하룻강아지는 자신이 하룻강아지인지를 모르기 때문에 위태로운 것이다.
- 영어문맹[EiL] 상태에서는 선진국에서 새로 개발된 기술을 완벽하게 이해하여 온전하게 실행하지 못하고, 제 나름대로의 잣대(통밥)로 실행하게 되는 것이다. 즉, 자기 나름대로의 기술(요령)을 펼치는 것이다. 이런 형태는 잘못될 확률이 대단히 높으며, 위험한 결말을 초래할 가능성이 상당한 것이다.
- 후쿠시마 원전 사고의 원인이 자연재해만이 아니고, 끼리끼리만 모여 모든 것을 재단하는 폐쇄 문화에서 비롯된 것이라는 게 Kiyoshi Kurokawa 회장의 자책감이다.
- 우리의 경우는 절대 일본보다 나을 수 없다는 것을 나는 여러 가지 예를 들어서 강조하고 있는 것이다.

국가 차원에서 연구개발 사업(R&D)에 투자를 하게 된다. 영어문맹(EiL)에 갇혀 있는 우리의 연구는 별 능력을 보여주지 못한다. 실무자 그룹은 함량미달(poor contents)의 프로젝트 결과를, 이미 충분한 예산이 집행되어 더 이상의 예산을 타낼 수 없으므로, 대단한 것이라 미사여구(rhetoric)를 동원하여 그럴듯하게 포장하여 마친다. 정치적 그룹은 그 말만을 듣고, 맞는지 그른지는 그들의 능력 밖의 일이고 또한 그들의 책임도 아니므로, 최고 지도자에게 그대로 보고한다. 최고 지도자는 자신의 치적(achievement)과 국가 발전을 위해 외국에 가서 몸소 세일즈 외교(sales diplomacy)를 펼치고, 과거의 경험을 바탕으로 획기적인 조건으로 계약을 추진한다. 그러므로 그것은 다시 실무자에게 돌아올 것이다. 실무자는 그 공로로 진급을 하게 되고, 어찌되었든 그 프로젝트를 수행하여야 하는 사명을 가지게 되는 것이다.

- 시작부터가 허술하게 이루어진 것이 좋은 결말을 기대할 수 있겠는가?

유독 많은 우리의 기업들이 외국의 프로젝트에서 큰 손실을 보고, 도산(bankruptcy)하거나 부실의 구렁텅이로 빠지는 것이다. 영어문맹[EiL]으로 인한 무식(illiteracy)이 그들의 판단력(judgment)을 무력화(neutralize)시키는 것이다.

- 모든 일은 '확인과 검증(Verification and Validation)'이 제대로 이루어져야 한다. 우리의 시스템에서 제일 취약한 부분이다. 이것이 제대로 이루어지지 않으면 어떠한 것도 성공을 보장할 수 없는 것이며, 높은 실패확률(chances of failure)을 가질 수밖에 없는 것이다. 확인과 검증의 모든 상세한 사안(detail)은 오직 영어로만 쓰여 있다. 그러므로 영어문맹[EiL] 상태에서 도전하는 것은 무모할 수밖에 없는 것이다.

한국어를 사용하여 갖출 기술력은 저급(low quality)의 기술 수준밖에 될 수 없다는 것이다. 그것은 누구의 탓도 아니다. 한국어는 이 땅의 역사의 산물(products of history)로서의 언어일 뿐이다. 우리가 짧은 시간에 이룩한 오늘의 기술력은 어찌되었든 대단한 것이다. 그렇다고 앞으로도 대단할 것이 될 거라고 생각하는 것은 환상(illusion)인 것이다. 우리는 노력하여 단기간(short-term)에 산업화(industrialization)를 달성하였다. 그러나 여기까지인 것이다. 단기간에 도달하였지만 그 기본(basis)을 다지지 못하였기 때문에 오늘날은 사상누각(house of cards)의 형상(figure)을 곳곳에 드러내고 있는 것이다.

한국이라는 작은 나라에서 사용하는 한국어라는 언어로서는 영어라는 언어로 작성된 기술(technology)의 기본(basis)을 더 이상 이해하고 따라갈 수 없는 것이다.

- 즉, 코리아라는 작은 나라의 언어인 한국어(Korean language)로는 국제적 공동체(international community)의 언어인 영어(English)로 기술된 학문(studies)/기술(technology)을 따라갈 수 없다는 메시지(message)을 주고 있는데, 우리는 인지(recognize)하지 못하는 것이다.

세월호 침몰; 역사적 경고(historical warning)
_한국어는 현대문명을 감당할 수 없다

- **영어문명[EL]:** English Literacy: 이 말은 영어로 쓰인 학문/기술
의 텍스트를 읽을 수 있는 상태를 말한다.
- **영어문맹[EiL]:** English illiteracy: 이 말은 영어로 쓰인 학문/기술
의 텍스트를 읽을 수 없는 상태를 말한다.

세월호가 가라앉은 지 1년이 지나고 있다 - 이 글을 쓰기 시작
하면서 -

참으로 부끄러운 우리의 치부(dark side)가 어린 생명들을 바닷
속으로 속절없이 가라앉히고 말았다. 이 얼마나 치욕스러운 일
인가. 나는 한동안 이러한 현실을 인정할 수가 없었다. 거의 두
달간에 걸쳐 방송 뉴스를 볼 수 없었다. 얼마나 속이 상하고 어
처구니가 없는지, 얼마나 수치스럽고, 한심스러운지, 옆에 있는
동료들과도 서로 화제로 삼을 수조차 없는 민망함(embarrassing)
이 있었다. 매일 마주치는 UAE에서 온 청년들은 여기에 대해 일
언반구(single word) 말도 걸지 않았다. 그들도 우리의 아픔을 알

것이다. 저들은 얼마나 한심스럽게 생각할 것인가! 세계는 우리를 얼마나 한탄스럽게 볼 건가! 한 사람의 기성세대로서 책임감을, 죄스러움을 두고두고 떨쳐 버릴 수가 없을 것이다.

세월호가 어느 날 갑자기 침몰한 것이 아니라는 사실은 기성세대(older generation)로 일컬어지는, 이 사회에 존재하는 이들은 모두 짐작하고 있을 것이다. 이 사회에서 존재한 세월이 많을수록, 연륜(years)이 많을수록 마음의 죄는 무거워질 것이다. 성수대교 절단사고, 삼풍백화점 붕괴사고 등 되뇌고 싶지 않은 참사(disaster)가 한둘이 아니다.

우리의 과거 정부는 무던히도 부정부패와 싸워 왔다. 얼마나 많은 구호(slogan)와 실행(practice)이 있었던가? 그러나 그것으로 인해 깨끗해지고 있고, 앞으로 깨끗해질 것이라고 믿는 사람은 아무도 없을 것이다.

잠깐의 입막음, 귀 막음이 될 수 있겠지만 부패(corruption)의 영원한 추방(perpetual banishment)은 불가능(impossible)할 것이다. 전 국민이 그것의 주체(main agent)/조력자(assistant)/방관자(bystander) 역할을 하게끔 이 사회는 생성되어 왔고, 앞으로도 그렇게 가기 십상(easily)으로 형성되어 있다는 점이 그것을 보여 주고 있다.

국가 고위직 공무원인 장관(minister)을 임명하는 인사청문회(hearings)를 보면, 이러한 현실은 더욱 적나라한 것이다. 소위 콩가루 한 줌 안 묻히고 이 세상을 살기란 쉬운 일이 아니다. 이 사회의 시스템이 그렇게 만들었다고 볼 수도 있는 것이다.

소위 깨끗한 사회가 되려면 얼마나 많은 세월이 더 필요할 것인가? 솔직히 계산이 서지 않는다. 왜 우리는 모두가 탄식을 하면서도 어쩌지를 못하는가? 그것은 우리가 몸담고 있는 이 사회의 시스템이 전반적으로 허술하다는 것을 누구보다도 우리 스스로가 인정하고 있기 때문이다.

- 세월호 참사를 만든 것은 한두 사람의 부정(illegality)이 아닌 이 사회의 무지(ignorance)/무식(illiteracy)의 야만(barbarous)의 결말(consequence)인 것이다. 창피하게도 이 사회는 세월호와 같은 대형 여객선을 운영(conduct)할 자격(qualities)을 갖추지 못한 것이다. 놀랍기도 한 것은 우리가 그 정도도 안 된다는 것이고, 두려운 것은 우리가 스스로 깨닫지(self-recognize) 못한다는 것이다.
- 2015년 12월 3일, 서해대교를 지탱하는 케이블(supporting cable)에서 화재가 발생한 뉴스를 보았을 때, 나는 순간적인 트라우마(trauma)를 겪었다. 이것은 아마도 세월호 참사(ferry boat disaster)/메르스 사태(MERS outbreak)에서 이어지는 후유증(aftereffects)일 것이다.

결국 이것은 우리의 수준으로는 시대상황(current situation)에 맞는 적절한 논리성(logic)을 갖춘 사회적인 시스템(social systems)을 스스로 구축(establish)하지 못한다는 것이다.

과거 우리가 개발도상국(developing country)의 수준일 때는 주로 눈에 보이는 1차적인 시스템의 단순하다고 할 수 있는 문제가 태반이었으나, 현재에 이르러서는 1차적인 단순한 문제는 투명한 유리로 갈아 끼우면서, 즉 사회규범(social discipline)으로 투명한 절차를 도입함으로써 사라졌다. 전 국민의 지식 수준이 그 점을 커버할 수 있는 상태에 이른 것이다. 이것은 우리 교육의 성과라 볼 수 있는 것이다.

사회구조가 훨씬 복잡해지면 이에 따라야 할 사회규범도 복잡해질 수밖에 없는 것이다. 우리는 여기서 헤매고 있는 것이다.

우리의 교육이 이것을 커버하지 못하는 것이다. 도토리 키 재기/우물 안 개구리/개가 자기꼬리 무는 식의 자학적(irritate)인 교육(education)을 하고 있는 것이다.

세계가 인정할 만큼 열심히 하는데, 그 과정은 고통스럽기만 하고, 그 결과는 형편없는 것이다. 마땅한 답을 못 찾고 있는 것이다.

이삼십 대 청년(20s and 30s youth)의 생계형 범죄(petty crimes)가 출몰하고, 빚에 내몰려 막다른 선택을 하고, 모르는 젊은이들끼리 임의로 만나 동반자살을 시도하고, 젊은이가 아예 겁을 먹고 3포 세대/5포 세대/N포 세대(n points give-up generation)가 되는 등의 이 사회현상들은 현재의 교육 시스템이 사회적 책무(social liability)를 다하지 못하고 있다는 무능(incompetent)의 단면을 보여주는 것이다.

교육현장과 사회현상은 동떨어진 것이 아니다. 당장은 거리감이 있어 보일지 모르지만 결국은 연결되어 있는 것이다. 교육이 실패하면, 사회는 바로 서지 못하고, 국가는 추락을 거듭할 것이다. 교육의 수준이 국가의 수준이 되고, 또한 국가의 수준이 교육의 수준인 것이다. 이 두 가지 요소는 병행하는 것이지 동떨어져 가는 것이 아니다.

- 교육의 수준이 높지 않은데, 사회/산업이 발달한 것처럼 보이면 큰 위험에 노출될 수 있는 것이다. 뒷감당이 안 될 수 있는 것이다.

어떠한 행위를 받쳐줄 충분한 지식/시스템이 결여된 상태에서, 감당할 능력 이상의 행위를 도모할 수 있는 것이다. 무지/무식의 소치이기 때문에 정작 이 사회는 자신의 무지함을 알아채지 못하는 것이다. 단지 몇 사람의 잘못으로 세월호 참사와 같은 엄청난 사고가 발생할 수 없는 사유(reason)인 것이다. 세월호는 단순한 한 순간의 과실(mistake)로 침몰한 것이 아니라, 이 사회의 누적된 무지/무식으로 인한 야만의 소산(daughter of barbarism)으로 인한 것이다.

- 한마디로 이 사회는 대형 여객선을 운항할 능력이 안 되는 사회인 것이다. 높은 사고 확률(high probability of causing an accident)을 갖고 있는 사회인 것이다.

앞으로 다시는 이러한 사고가 발생하지 않아야 하는데, 이 점이 자신(confidence)이 없는 것이다. 어느 순간에 또 다른 무언가가 닥칠 수 있다는 불안감이 드는 것이다. 왜냐하면 우리는 온전(completely)하게 원인을 파악하고 제거할 능력이 없기 때문이다. 이것은 이 사회의 무지/무식이 빚어낸 현상(happening)이고 결말(consequence)인 것이다. 이것은 정치(politics) 이전에 이 사회가 품고 있는 문제인 것이다. 정치가 바뀐다고 풀 수 있는 문제가 아닌 것이다.

- 이것이 지금의 대한민국이 처한 위기(crisis)인 것이다.

그 위기의 결과가 이미 현실화되어 곳곳에서 출몰하였으며, 또한 곳곳에서 등장할 차례를 기다리고 있는 중이다. 한마디로 대한민국의 시스템은 불안정(unstable)/불완전(incomplete)한 상태이다. 그 위기의 기저(base)에는 무지/무식으로 무장한 야만이 자리 잡고 있는 것이다. 그리고 이것은 무능력한 교육의 결말일 수밖에 없는 것이다.

- 오늘날의 교육은 왜 무능력(incompetent)해졌는가?

과거의 국가교육 시스템은 이 나라를 떠받쳐주는 힘이었다. 그래서 이 나라의 산업은 급성장하였다. 과거의 교육은 백지상태(zero based)의 사회보다 앞선 수준에 있을 수밖에 없었다. 이후

한국의 침몰

사회는 외형적으로 급성장하였는데, 급성장한 나라의 기틀(foundation)/내실(substance)을 다져주는 교육은 실질적으로 성장하지 못하고 모양만 그럴듯한 것이다.

- 급성장한 나라를 받쳐주지 못하는 교육으로 인해 이 사회 곳곳에 괴리(discrepancy)/부작용(side-effect)/불합리(irrationality)/부패(corruption)가 출몰(haunt)하였다.

교육의 무능력을 보여주는 교육현장의 대표적인 현상이 수업 중에 잠을 자는 학생이고, 수학 포기자이고, 학업 중퇴자이고, 성적저하(lower school performance)로 자살(suicide)하는 학생이고, 중국/인도에 이어 세계 3위의 미국 유학생(students studying in the USA)이고, 이도 모자라 조기 해외유학생(early students studying abroad)의 출현(emergence)이다.

과거의 교육 현장에서 한국어/한글은 효율성을 발휘하였다. 한국어/한글은 필요한 지식을 용이하게 전파하였다. 아무것도 없었던 사회 현장에서 한국어/한글로 된 지식은 그 자체가 전부였고, 그야말로 피가 되고 살이 되었다. 그러나 그때의 기술 수준은 지금의 비하면 초보적인 수준이었던 것이다. 그 당시 우리는 별다른 기초공사 없이 건물을 손쉽게 짓고 있었던 것이다.

이후로 자신감이 붙은 대한민국은 세계적으로 견줘도 손색없는 상당한 높이로 건물을 올리고 있는 것이다. 그런데 오늘날에 이르니 이것은 사상누각(a house of cards)의 형세를 하고 있는 것이다. 교육은 제자리에서 맴돌고 있고, 한국어/한글로 된 지식은 더 이상 고급 기술을 담을 수 없었다. 교육은 앞으로 나아가지 못하면서 억지로 선진국과 동일한 모양새를 유지하려는 흉내만 내고 있다.

- 학문/기술이 논리성(thematic coherence)을 상실한 것이다.
- 교육의 무능력을 감지하면서도 그 원인을 찾지 못하고 있다. 교육시스템 자체의 논리성도 아주 빈약한 것이다.

무능력한 교육은 학문 성취 과정의 무모함/불협화음을 유발하여, 이 사회에 논리성 상실을 유포시키는 결말을 초래하는 것이다. 우리나라에서 최고의 학문을 수료해 보았자 그것은 대한민국 학위 증명서라는 인쇄물의 초라한 가치에 불과할 뿐이다. 수많은 가짜/함량 미달 논문(thesis)이 이것을 대변해주고 있는 것이다.

우리의 언어는 한국어이고, 문자는 한글이다. 우리는 한국어로 서양의 선진 학문/기술을 교육/답습하는 것이다. 우리 사회의 문제는 여기에서부터 발아(evolve)되는 것이다. 한국어/한글로는 이러한 학문을 완성(complete)시킬 수 없는 것이다. 이 말은 이러한 학문에 대한 논문을 한국어로 완료시킬 수 없다는 뜻이다.

한국어/한글로 고급의 서양 학문을 하면 논리성(logicality)이 사라지는 것이다. 현대의 고급기술(high technology)을 서술(describe)할 수 없는 것이다. 그런데 우리는 한글로 서양 학문을 하고, 논문(paper)을 만들고, 박사(doctor)를 만들고, 고급기술을 실현하였다고 과시(show off)하는 것이다. 최고의 학문/기술에서의 논리성 상실은, 이 조그만 나라에서는 어느 누구도 시시비비(right and wrong)를 가리지도 못하고, 눈치 채기도 어려운 잠재된 위험요소(potential risk factors)를 내포(contain)하는 것이다.

　외부인(foreigner) 입장에서는 한국인들만의 언어인 한국어로 작성된 학문/기술을 시비할 수도 없고, 시비할 필요도 없는 것이다. 우리만의 리그(league)에서 감시자(supervisor)/심판관(judge)이 없는 것이다. 단지 갑(boss)의 주장(assertion)만이 지배(govern)하는 것이다.

　변방에 위치한 이 조그만 나라에서 우리만의 독립된 작은 언어인 한국어로 인류 최고의 문명을 구가(enjoy)하려 하고 있는 것이다. 영어라는 언어로써 이룩한 문명을 한국어로 대체할 수 있다고 보는 것이다. 이것이 얼마나 아슬아슬하고 위험스러운 발상(idea)인가를 우리 스스로는 모르는 것이다.

- 이 점이 이 사회에 근본적인 혼란을 가져다주는 것이다. 역부족의 언어(소프트웨어)로 거대한 문명의 산물(하드웨어)을 다루고(manage) 있는 것이다.
- 방향이 잘못되었을 때 이를 지적해줄 수 있는 제3자(third party)/심판(judge)이 없는 것이다.
- 이 점이 우리만의 언어인 한국어로 서양의 학문/기술을 실현시킬 때 그 속에 잉태(ill-conceived)되는 가시(flaw)인 것을 우리는 스스로 알아채지 못하고 있는 것이다.

경찰의 추격을 피해 도망 다니다가 끝내는 들판에서 죽음을 맞이한 사람을 포함하여, 회사 운영 이익의 수혜자로 주범급으로 지명된 사람들, 선체 개조에 관계된 민관인(public and private sectors)들, 화물 적재에 관련된 민관인들, 승객을 외면한 선장을 비롯한 승무원들, 구조를 쉽게 포기한 구조 관련자들, 그 외에 그날의 현장에 영향을 미쳤던 관계자들은 모두 양심의 심판을 받아야 마땅하다. 하지만 그들도 할 말은 있을 것이다. 이러한 참극이 벌어지는 원인을 제공할 줄 알았으면 그리하지 않았을 것이다. 누구나 이러한 사태가 벌어질 줄은 진정 몰랐다고 할 것이다.

돈을 벌려고, 편하게 살려고 뭔가 올바르지 못한 일을, 고의적(deliberately)으로, 관행적(routine)으로, 또는 시키는 대로 하였지만, 그것이 이러한 결말(consequence)을 가져오리라고는 상상도 못했다고 할 것이다. 성수대교 참사, 삼풍백화점 참사 등등의 원인이 어떤 개인의 욕심보다는 관리(government official) 등 관계자의 무지/무식에 있는 것이다. 아무리 돈이 좋다고 해도 알고서 할 짓이 아니라는 것이다.

이들이 무지하지 않았다면 비극을 초래하지 않고서도 부정한 이득을 올리는 방법을 얼마든지 찾아낼 수 있었을 것이다. 탐욕은 인간의 기본적인 품성으로 언제 어디서나 작용하므로 새삼스러운 것이 아니다. 그러나 무지/무식이 탐욕과 결합하면 그 결말은 예측할 수 없는 무서운 것이다.

한국의 침몰

한마디로 결론을 내리자면 관계자들의 무지/무식의 소치로 참사가 벌어졌던 것이다. 그리고 앞으로도 벌어질 것이다. 왜냐하면 그들은 모두 이 사회의 평범한 구성원들이기 때문이다.

여기서 제일 무서운/엄중한 것은 결정권을 가진 관리의 무지/무식이다. 그러나 전 국민이 그러할진대 그들만 특별히 예외적일 수는 없는 것이다. 따라서 이것은 이 사회가 근본적인 문제점을 잉태하고 있는 것이다.

- 이러한 현상이 오늘날 대한민국의 정신(spirit)을 심각하게 손상(detract)시키고 있는, 한국병(Korean ailment)의 근본 원인으로 작용하고 있는, 한국병의 바이러스(virus)인 것이다.
- 전체 국민이 오염원(pollutant)에 노출(exposed)되어 있는 것이다. 참사에 노출되어 있고, 무지/무식/무능에 의한 부정/비리에 노출되어 있는 취약(vulnerable)한 모습이다. 모두가 범죄자(criminal)가 될 수 있고, 또 피해자(victim)가 될 수 있는 경계(watershed)에 서 있는 것이다.

이러한 형편없는/어처구니없는(absurd) 비극(tragedy)/비참(shame)의 반복(repetition)을 끝내야 한다. 왜 우리는 스스로의 힘으로 스스로를 바로 세우지 못하는가?

그것이 무엇 때문인가?

그것은 전 국민을 대상으로 하는 우리의 학문/교육이 부실(poor)/부족(short)하다는 결론이다. 더 이상 함량 미달(insufficient)의 학문/교육을 인내(bear)할 수는 없다. 현재처럼 교육이라는 미명(slogan) 아래 억지로 들이미는 무지막지(irresistible)한 학문/교육이 아니라, 처음부터 끝까지 논리성을 갖춘 일관성 있는 체계적인 학문/교육을 받아야 한다. 그러나 그것을 어떻게 이루어낼 수 있겠는가?

우리의 기술력은 전반적으로 대단한 것이 아니다. 반도체 같은 일부 분야를 제외하면, 전반적인 기술 수준은 뛰어난 것이 아니다.

세계적인 기술력의 산물(products)을 도입해서 전시하고, 빌려서 사용하고 있는 것이다. 우리나라 기술력은 상승되지 않았으며, 그것은 우리의 학문/기술이 뛰어나지 않다는 것을 의미하고, 근원적으로 보면 영어문맹(EiL; English illiteracy)으로 인해 서양의 첨단기술(advanced technology)을 온전히 받아들이지 못하여 확실한 기술적 기반을 갖추지 못하고 있는 것이다.

왜 우리는 그간의 노력에도 불구하고 진전(advanced)된 기술력을 보유하지 못하는가? 그 근본 원인을 생각해보아야 한다. 그것은 우리의 의사 전달 매체(communication agent), 즉 우리가 사용하는 말과 글, 언어(language)에서 비롯되는 문제인 것이다. 다름 아닌 한국어/한글의 문제인 것이다.

한글 전용(pivot) 교육으로는 우리의 문명을 더 이상 발달(develop)시킬 수 없는 것이다. 서양의 선진문명(advanced civilization)을 추적(trace)할 수 없는 것이다. 우리 스스로 이룰 수 있는 자체적인 문명의 진보도 더 이상 기대할 수 없는 것이다.

한글로 된 학문/기술의 논리성은 진작 한계(limit)에 다다른 것이다. 국가산업의 위기, 청년실업자 증가, 세월호 참사, 원전비리, 방산비리 등등의 문제는 논리성이 결핍된 한글전용 교육의 결말을 보여주고 있는 것이다. 이 사회에 잠복(latent)해 있는 많은 암적(cancer)인 문제로 인해 앞으로 마주할 사건/사고 역시 논리성이 결여된 교육의 산물(results)일 수밖에 없는 것이다.

논리성 부재의 교육/학문이 무지/무식의 야만이 지배하는 사회를 만들고, 우리는 모두 그 영향 아래 놓여 있는 것이다.

- 세월호의 침몰은 이 사회집단의 무지/무식으로 인한 것이다. 무식한 사람이 용감하다는 말이 있다. 일본에서 중고(used) 선박을 구입하여, 가장 기본적인 규제인 설계기준(design criteria)을 무시(neglect)한 체 임의로 개조(arbitrary refurbish)를 하고, 대충의 요식행위(mere formality)만으로 운항(operation)을 허가하였을 것이다. 귀중한 생명들을 오로지 경제를 활성화(activate)시키기 위한 계수(coefficient)로만 여기고, 심해(deep sea)를 떠다니게 방치한 야만(barbarism)은, 몇몇 개인의 일시적 과실(temporary mistake)에서 비롯된 것이 아니라, 오랜 시간을 거침없이 쌓아온 대중(people)의 누적(accumulated)된 무지/무식에 의한 결말인 것이다.
- 국가는 사회 전반에서 펼쳐지는 경제를 비롯한 모든 활동(activities)에 대해 학문적/기술적 논리성이 확보된 규제지침

(regulation)을 확보하여야 한다. 그러나 시도 때도 없이 밀려오는 선진문명의 문물을 토착(indigenous)의 언어인 한국어/한글을 사용하여 이해(understand)하고 규제(regulate)하려는 발상(idea)/정책(policy)은 곳곳에서 비논리적 행위(illogical behavior)를 유발(induced)시킬 수밖에 없는 것이다.

- 국가는 이 사회를 지탱하고 진화시킬 수 있는 논리적인 교육을 시행하여야 한다. 그것은 오로지 영어문맹[EiL]을 탈피하고 영어문명[EL]을 실현시키는 교육으로만 달성될 수 있다. 그래야만 현대문명 속에서 살 수 있는 것이다. ('번역/번안된 지식으로는 21세기를 살 수 없다' 섹션 참조)

- 영어문명[EL]은 기초부터 영문 텍스트(English textbook)로 현대문명의 기틀(discipline)인 학문(studies)/기술(technology)을 배워야만 실현될 수 있다. 영어는 수박 겉핥기로 끝날 수밖에 없는, 대한민국에서 시행되고 있는 온갖 형태의 영어교육처럼, 영어라는 언어 자체를 공부해서 알 수 있는 언어가 아니다. 영어는 현대문명의 깊이(depth)와 궤(trail)를 같이 하고 있는 현대문명의 소프트웨어(software)인 것이다. ('영어문맹 탈출하기' 섹션 참조)

세월호 참사, 이 비극은 역사적(historical)인 경보(alarm)이자 경고(warning)인 것이다. 우리는 이 역사의 경고를 제대로 분석하고 해결하기 위해 노력하여야 한다. 이는 성수대교 절단, 삼풍백화점 붕괴 등으로 인한 참사와 같이, 우리가 비교적 용이하게 누리(enjoy)고자 하는 문명으로부터의 역습(inverse civilization)으로, 문명의 충돌(clash of civilizations)로 겪어야만 했던 이 땅의 굴욕의 역사(disgrace in Korean history)로부터 전파되는 엄중한 메시지(stern message)인 것이다.

번역/번안된 지식으로는
21세기를 살 수 없다

- **우리의 현실 문제는 어디에서부터 비롯되는 것일까?**
  _한국어는 현대문명의 학문/기술을 수용할 수 없다
- **한국어와 영어의 괴리; 번역/번안으로 인한 문명의 불일치**
  _이로 인한 결핍과 위험
- **오늘날 한국어로 된 학문/기술은 먹통의 우물 안 지식에 불과하다**
  _21세기 문명의 소프트웨어는 영어이다
- **번역/번안된 학문으로 인한 교육의 실패; 무기력한 한국의 청년**
  _영어문맹으로 인해 한국 청년은 우물 안 개구리 신세

우리의 현실 문제는 어디에서부터 비롯되는 것일까?
_한국어는 현대문명의 학문/기술을 수용(harness)할 수 없다

> - **영어문명[EL];** English Literacy: 이 말은 영어로 쓰인 학문/기술
>   의 텍스트를 읽을 수 있는 상태를 말한다.
> - **영어문맹[EiL];** English illiteracy: 이 말은 영어로 쓰인 학문/기술
>   의 텍스트를 읽을 수 없는 상태를 말한다.

- 세월호 침몰/원전비리/방산비리/메르스 사태 등등 우리 사회
의 싱크홀(sink hole)은 어째서 생겨나는 것일까?

'세월호 침몰'은 전대미문(unprecedented)의 충격이었다. 황당함
과 수치스러움이 좀처럼 사그라지지 않았다. 어떻게 이런 사고까
지 날 수 있을까? 그간의 우리 사회의 문제점이 축적되어 마침내
는 역사에 남을 초대형 참사(disaster)를 불러왔다. 참으로 수치스
러운 대한민국이고, 이런 나는 어찌 되었든 책임을 느껴야 할 이
나라의 중추적인 인물이 아닌가? 세월호 참사 1주년이 다가오는
2015년 4월 어느 날, 멘토링(mentoring)의 직무를 수행하고 있던
나는, 아랍에미리트(UAE)에서 원자력 발전소 직무교육(OJT; On
the Job Training)을 받으러 온 젊은이들에게 이 사고에 대해 한국
인으로서 고백(confession)하지 않을 수 없었다.

한국의 침몰

"이 참사는 한국의 문화(Korean culture)가 만들어낸 사고이다. 보통의 노력으로는 안 되고, 우리의 문화를 바꾸어야만 이러한 문제점을 없앨 수 있다"고 하였다.

세계 각국에서 발생한 사고들을 예로 들어 가면서, 확률론적 안전성평가(PSA; Probabilistic Safety Assessments)에 관한 멘토링(mentoring)을 수행하던 나는, 우리나라에서 발생한 이 커다란 사고(accident)를 언급하지 않을 수 없었다.

조금은 난감한 표정을 감추고, 그렇다고 유창하지 못한 영어 표현으로, 실타래 같이 엉켜(tangled)있는 참사원인(cause of disaster)을 일일이 설명할 수 없었던 나는, 한국문화에 근본적인 문제점이 깔려 있다는 말로 심각한 표정을 하였고, 내가 무슨 설명(explanation)/변명(excuse)을 할 것인가를 궁금해하던, 물어보지는 못하고 속으로만 상당히 궁금해하였을, 한국 생활을 1년여간 해본 그들은, 이 말이 무슨 의미(meaning)인지를 수긍하는 표정이었다.

하나하나를 바로잡으려면 밑도 끝도 없다는 말이 실감난다. 총체적(holistic)인 문제이지 지엽적(peripheral)인 문제가 아니다. 말이 쉽지, 우리의 문화를 어떻게 바꿀 수 있겠나?

메르스(MERS; Middle East Respiratory Syndrome)가 발생하였다. '전염병이 창궐하였다(epidemic broke out)'라는 표현은 이럴 때 쓰는 것 같다.

우리의 문화가 대혼란(chaos)에 기여하였다. 이 문화가 나쁘다고는 할 수 없는 것이다. 우리의 정서(emotion)가 이렇게 작용하는 것이다. 저절로 병원 방문을 할 때의 생각이 바뀌게 될 것이다. 그런데 그 이전에 근본적인 문제는 왜 우리는 메르스에 대해 무지한 보건담당공무원(public health officials)을 가질 수밖에 없게 되었나 하는 문제이다. 더 나아가서 일부 공무원의 문제가 아니라 이 나라 대한민국 전체를 감싸고 있는 불확실성(uncertainty)의 아우라(aura)인 것이다.

이런 계기를 바탕으로 우리의 생각이 변해야 하는 것이다. 변하는 이유는 앞으로 일어날 유사한 곤경(plight)을 피하기 위함이다. 되풀이하는 것은 바보 같은 짓이고, 결말은 망하는 길이다. 오욕(ignominy)의 나락(hell)으로 빠지는 길이다. 당연히 교훈을 얻고 그것을 반영하고 실행하여야 한다. 그런데 어떤 것에서는 우리가 교훈을 얻지 못하는 경우가 있고, 교훈을 얻어도 어쩌지 못하는 경우가 있다. 또한 교훈을 가지고 나름대로 해봐도 별수 없는 경우가 있다. 결과적으로는 모두 다 같은 처지가 될 것이다.

- 우리가 현재 가지고 있는 많은 문제들은 어디서 비롯되는 것인가? 근본 원인이 무엇인가?
- 이런 경우 해답은 아주 먼 데 있는 것이 아닌 것이다. 그렇지만 실행은 불가능해 보일 수도 있다.

우리의 대학생은 대학 가서 취직 공부를 제일 열심히 한다고 한다. 대학이 무슨 취직 공부하는 곳인가? 말 그대로 크게 공부하는 곳이 대학(broad study)이 아닌가? 그런데 작게 공부하는 소학(narrow study)을 하고 있다. 공부를 많이 안 하는 것이다. 무슨 말인가? 열심히 스펙(specification) 쌓고, 학점(credits) 따고 하는데! 그것은 대학다운 학문을 연마(study)하지 않고, 사회를 업그레이드(upgrade)시킬 여력(capability)을 키우지 않고, 현 사회에서 안주할 수 있는, 동승(bandwagon)하여 쉽게 갈 수 있는 방법에만 몰두(focus)하고 만다는 것이다.

'우리의 대학생들이 공부를 많이 안 한다'는 현상을 뒤집어보면, '열심히 공부할 만한 것이 없다'는 것이 될 수 있다. 대학은 교수(professor)가 일일이 가르치는 곳이 아니다. 밤을 새워 전문서적을 읽고 전문지식(expertise)을 섭취하고 정리하여 리포트(report)를 제출(submit)해야 하는 것이다. 오늘날같이 지식/정보가 풍성한 세상에서 공부할 만한 것이 없다는 것이 성립될 수 있는 말인가? 이 현상을 어떻게 수긍할 수 있겠는가? 이 말이 맞는다면, 이 명제(proposition)가 성립된다면, 왜 이런 말도 안 되는 문제가 생겼고, 그 대책은 무엇인가?

- 여기서 말해 두고 싶은 것은 번역된 책, 즉 번역서(translation)는 읽을 만한 것이 못 된다는 것이다. 즉 살아 있는 생생한 지식이 못 되는 것이다. 그것은 역자(translator)에 관계없이 번역으로 인한 문제인 것이다. 우리의 언어적인 문제(linguistic interpretation trouble)인 것이다.

우리는 아래에 열거된 이 시대의 부정적인 정체성(negative identities)에서 뭔가의 근본적인 문제점(innate problem)을 찾아내어야 한다. 문제점을 정확히 인식하고, 개선 방안을 도출하고 실현해야 한다.

- 세월호 침몰 사고를 비롯한 그간의 대형사고
- 원전비리
- 방위산업 비리/엉터리 무기 개발
- 해외 자원 개발 엉터리 인수로 대규모 적자
- 청년 백수 양산
- 수포자/과포자/영포자(수학포기자/과학포기자/영어포기자)
- 헬조선/N포 세대/금수저/흙수저
- 수출 부진 등 경제 부진
- 새로운 성장 산업 부재
- 조선업체 엉터리/저가 수주로 인한 대규모 적자 등

우리말로 서양의 선진 학문(western advanced study)을 번역(translate)하여 나열(narrate)시켜 놓고, 이해하라고 하는 것은 대부분이 불합리(irrational)하고 이해하기 어려운(hard understanding) 기술(description)이 된다. 번역을 해서는 글(text)이 논리적으로 쓰일 수 없다. 그것은 번역의 질(quality)을 탓하기 이전에 동서양 문화의 이질감(cultural difference)에서 초래(induced)되는 문제이다.

- 번역은 말이 갖고 있는 뉘앙스(nuance)를 정확히 전달하지 못하는 것이다.

　이러한 작용이 수학(mathematics)에 적용되어서는 원어(original vocabulary)에 함축(implied)되어 있는 논리성(logic)이 사라지는 것이다. 매끄러운 기술이 안 이루어지고, 투박하고 논리가 심하게 비약하게 되어 이해하기 곤란한 혼돈의 세계로 돌입하게 된다. 읽기는 했는데 무슨 말인지 확실히 잡히는 것이 없는 혼란스러운 현상이 일어나는 것이다. 진도가 나갈수록 자꾸만 앞에서 설명한 것을 돌아봐야 하고, 결국은 대충 넘어가게 되고, 무작정 외워 두게 된다. 논리성의 상실이 일어나는 것이다.

- 이러한 현상을 '번역/번안된 학문의 혼돈(chaos of the translated/adapted studies)'이라 하고, 이것이 '암기식/비논리적 학문의 탄생', '야만적 학습으로 인한 교실 내 학업의 포기' 현상의 모태(matrix)가 되고 있는 것이다.
- 나의 황당한 역설(paradox)은, 이러한 학습 과정에서의 번역된 지식은 국지적 지식(domestic knowledge)으로, 한국이라는 사회구성원(citizen)의 경쟁시험(competitive examination)에만 동원되는 일방적인 지식이라는 것이며, 글로벌 입장(global stance)에서 보면 별 쓸모도 없는(useless) 지식을 얻고자 온 나라가 매달려 있는 바보스러운 모습이라는 것이다. ('오늘날 한국어로 된 학문/기술은 먹통의 우물 안 지식에 불과하다' 편 참조)

지금 우리 주변에 일어나는 많은 부조리한 현상들은 이것을 대변해주고 있다. 수포자(수학 학습 포기자)가 왜 생기는가? 왜 많은 학생/젊은이들이 공부를 더 이상 못 하고 포기하는가? 우리의 뛰어난 학생/젊은이들이 일찌감치 정상적인 학문을 포기하고 예체능계로 유독 쏠리는가?

- 홍미를 앗아가고 고통만을 강요하는, 논리적이지 않은 번역/
  번안된 학문 때문이다.

왜 컴퓨터 게임(pc video game)에는 쉽게 몰두하는가? 거기에는 논리가 끝까지 작용하기 때문에 재미가 있는 것이다. 게임이나 스포츠에 일관성 있는 논리가 없다면 발전이 되고 홍행이 되겠는가?

학문도 마찬가지다. 학문도 논리를 가져야 재미가 생기고, 이로 인해 학문에 정진(devote)하게 되는 것이다. 학문(study)에 홍미를 잃는다는 것은 논리를 상실했기 때문이다. 논리를 상실하면 비약(saltus)을 하게 된다. 비약된 논리는 논리가 아니다. 이것은 순전히 암기식(rote learning)으로 넘어가야 한다. 많은 학생들이 여기서 학문/학습의 홍미(interest in learning)를 상실하게 되는 것이다. 이것은 배우고자 하는 입장에서 보면 고통스러운(painful) 것이다. 왜 이렇게 어려운 고통을 주어야만 하는 것일까? 학문으로서의 기능을 상실한 것을 학문이라고 억지로 주입시키기 때문이다.

한국의 침몰

본래의 학문/서양의 학문/영어로 쓰인 학문은 누구나 납득할 수 있는 명제를 논리적으로 서술해 나간다. 그러므로 이러한 학문을 공부한 그들은 논리적인 사고를 항상 기본적으로 하게 되어있다. 그런데 이러한 학문을 도입하여 한국어로 쓰인 우리의 학문은 논리적일 때도 있겠지만, 논리적이지 아니할 때가 상당하다. 다음의 전개되는 논리의 전개를 따라가기 위해서는 무작정 외워야 되는 경우가 많다.

- 의도하지는 않았겠지만, 결국 이것은 교육 시스템의 무지(unawareness)인 것이다.

왜 방산비리/원전비리 등등 수많은 기술적인 왜곡(distortion) 현상, 즉, 기술적인 검증을 해야 하는 상황에서 비리(corruption)가 발생하는가? 논리가 명확하게 먹혀들지 않은 틈을 노리고 일어나는 해프닝인 것이다.

- 영어문맹(EiL; English illiteracy) 상태에서는 논리를 갖춘 지식을 구비하기 어렵다. 한글로 기술된 문서는 어설픈 흉내 내기에 그치는 경우가 대부분이다.
- 이 세상에 많은 불의(unjust)/비리(corruption)는 그 대부분이 논리가 명확하게 작동하지 않는 빈틈을 노리고 있는 것이다.

더 이상 이러한 현상이 발생하지 않겠는가? 이러한 일들이 어떤 개인의 욕심에서 비롯된 것일까? 나의 대답은 '아니다'이다. 이것은 시스템의 문제이고, 한국의 문화라고 할 수밖에 없는 국가 전체의 문제이다. 그리고 인간의 욕심은 언제 어디서나 누구에게나 비슷하게 작용한다. 그러므로 몇 명의 비리자(corrupter)를 색출하였다고 하여 사라질 수가 없다.

진정한 기술/연구 분야 전문가(expert)를 보았는가? 전문가를 인정할 수 있는 우리의 시스템은 있기는 하고, 제대로 작동하고 있는가? 수많은 논문(papers)에 대한 '표절 시비(plagiarism)/표지 갈이(cover sheet change) 교수'는 무엇을 말해주고 있는가?

은퇴한(retired) 인력은 모두 30여 년의 실무 경력자(career veteran)이다. 고급(high level)의 노하우(know-how)를 갖춘 전문 인력(expert)이어야 한다. 그러나 정년퇴직(retirement) 이후에는 대부분 1, 2차 산업에나 필요한 노동력(labor force)으로 전락한다. 왜 그런가? 그들은 경력을 통해 고급의 지식을 갖추지 못했기 때문이다. 그들의 지식은 고급의 지식이 아니다. 별스러운 경쟁력이 없는 이 세상에 널려 있는 생이지지(know intuitively)의 지식이 대부분이다.

고위직(high-ranking post)에 오르기 위하여 비리를 제공하고, 고위직을 향유(enjoy)하면서 은퇴 이후를 생각하여 비리를 마다하지 않으며, 맡은 직무를 이용하여, 갑(the strong)과 을(the weak)의 사회역학(social dynamics)을 사취(private earning)의 수단으로 전환시키는, 눈치꾼들의 지식으로 무장된 이 야만(barbaric)의 사회가, 오늘날 우리가 이룩한 대한민국 주류를 이루는 부끄러운 민낯(naked face)의 사회 문화인 것이다.

이 사회가 품고 있는 지식 속에는 자화자찬의 칭송으로만 가려진, 쉽게 검증되기 어려운, 그렇지만 후에 어이없는 결말을 가져올, 낯 두꺼운 야만의 얼굴이 수두룩하게 숨어 있는 것이다. 이 어이없는 결말이 그간에 대한민국에서 일어났던 무수한 사고와 사건들인 것이다. 앞으로 일어날 많은 것들이 현재라는 시간 속에서도 잉태되고 있는 것이다. 책임자/관계자 몇 사람을 신병 처리한다고 없어질 일이 아니다. 이것은 이 사회의 문화인 것이다. 즉, 삶의 방식(way of life)이 돼 버린 것이다.

- 처벌을 강화(strengthen the punishments)하면 생존(survive)하기 위해, 카멜레온(chameleon)처럼, 그 모습을 교묘(cunningly)하게 변화(change)시킬 뿐이다.

우리의 언어 한국어는 대부분이 한자(Chinese characters)를 이용하여 조합된 단어(word)를 키 포인트(key points)로 하여 만들어진 글자로, 한글로 표기하지만 그 말의 의미를 한자가 대부분 내포(connotes)하고 있는 한글로 표음(phonogram)된 한자글(Chinese characters' words and texts)인 것이다.

따라서 한국어를 한다는 것은 사용되는 한자(Chinese characters)를 인지하고, 한자의 의미(meaning)를 이해하여야 이를 사용한 언어를 이해하게 되는 것으로, 결코 쉽다고 할 수 없는 이해

과정(understanding process)을 거쳐야 하는 언어인 것이다. 세계적으로도 어려운 언어에 속하는 것이다. 그 속성을 따져보면 문자(letter)로 표기(writing)하기는 아주 쉽지만, 의사소통(communication)에 있어서는 일본어(Japanese language)/중국어(Chinese language)보다 더 어려운 언어인 것이다.

- 우리의 언어인 한국어/한글은 실체적으로 따지면, 대부분이 한자의 우리식 발음을 표기한 '한자글'이라고 할 수 있는 것이다.
- 한국어/한글은 쓰기는 편하지만 현대문명을 수용하기에는 역부족(insufficient)인 작은 문명의 언어에 불과한 것이다.
- 서양의 학문/기술을 번역으로 수용하기에는 그 효용성(availability)이 극히 낮은 언어인 것이다.

이러한 점을 강조하고자 하는 것은, 영문을 한국어로 번역하여 사용하는 데서 비롯되는 영어로 된 원문(original text)에 담긴 논리성의 소멸(vanishing)이 갈수록 심각한 문제를 이 나라 사회 전반에 심어 대고 있기 때문이다.

결론적으로 말하면, 지금의 우리의 언어인 한글로는 이 시대의 대한민국이 요구하는 학문(studies)/기술(technology) 분야의 전문성(expertise)을 담아내고, 전문가(expert)를 탄생시킬 수 없다는 것이다.

우리 사회의 많은 불합리(irrational)한 현상들이 단순히 인간의 탐욕(greed)에서만 비롯된 것이 아니라, 우리의 언어/한국어의 논리성 결핍으로 인하여, 많은 부분에서 빈틈을 제공하면서 발생되는 문제(trouble)이고 결말(consequence)인 것이다.

- 이 시대 한국병(Korea disorder)의 근본원인(root cause)을 제공하고 있는 것은, 문명의 소프트웨어(software)인 언어로써, 바로 이 나라 대한민국에서 사용하고 있는 한국어(Korean language)인 것이다.

한국어와 영어의 괴리(discrepancy);
번역(translation)/번안(adaptation)으로 인한 문명의 불일치(mismatch)
_이로 인한 결핍(deficiency)과 위험(risk)

> - **영어문명[EL];** English Literacy: 이 말은 영어로 쓰인 학문/기술의 텍스트를 읽을 수 있는 상태를 말한다.
> - **영어문맹[EiL];** English illiteracy: 이 말은 영어로 쓰인 학문/기술의 텍스트를 읽을 수 없는 상태를 말한다.

영어로 된 텍스트는 기술/묘사(description)의 수준(level)이 높아져도, 개념적(conceptually)으로 적합(adequate)한 말(words)을 사용하여 논리성(logic)과 의미(meaning)의 연속성(continuity)을 유지함으로써, 전체적인 흐름(overall flow)을 추적(trace)/이해(understand)하기가 용이(easy)하다. 반면 우리의 글인 한국어로 된 텍스트는 상당히 투박(rough)하여 표현의 수준을 논리적으로 높이기 힘들다. 따라서 수준이 높은 글이 탄생되지 못한다. 이것은 우리의 정신세계/철학이 상대적으로 깊지 못하다는 것을 의미한다. 왜냐하면 인간은 결국 자기 자신의 언어로써 생각(think)할 수밖에 없기 때문이다.

한국의 침몰

한국의 언어인 한국어는 한글로 표기되지만, 대부분의 주요 의미를 가지는 말/단어(words)가 중국문자인 한자(Chinese character)의 한국어 발음으로 표기된 '한자글'이라고도 할 수 있다.

우리가 사용하는 한자는 동음이의어(homonym), 고사성어(idiom) 등이 많아 말로만 들어서는 바로 알 수 없는 경우가 많고, 한자를 함께 기재한 글을 보고 뜻을 알아야 비로소 이해할 수 있는 경우가 많다.

이것은 고도(high level)의 기술(description)로 진전될수록 심화(increase)되는 현상인 것이고, 결국은 무슨 의미인지 명확하게 전달되지 않게 된다는 것이다. 3차/4차 산업혁명(industrial revolution)이 진전(progress)될수록 우리는 쫓아가기 힘들어지는 것이다. 이러한 현상은 이미 나타나고 있고 갈수록 심화될 수밖에 없는 것이다. 한국어에는 이러한 기술(technology)을 묘사/서술할 수 있는 어휘가 사전(priorly)에 존재할 수 없기 때문이다. 따라서 서양의 문물(western products)을 수용할 때 한글은 영어에 비해 언어로서의 명료성(clarity)이 떨어질 수밖에 없는 것이다. 이 점으로 인해 서양의 문물을 도입할 때 문제가 생기는 것이다. 하나의 사물(things)/현상(phenomenon)을 지칭하는 영어의 'A'라는 말과 이 말을 번역한 한글의 '가'라는 말이 동일한 느낌(nuance)을 갖지 못한다면, 번역의 시도는 실패한 것이다. 번역은 원문이 함축한 의미의 일부분만을 전달하는 문제가 생긴다. 원래의 뜻하는 바의 100%가 아닌 것이다. 50%가 될 수도 10%가 될 수도 있다. 이것이 반복되면, 즉 쌓이고 쌓이면 결국은 0%

에 수렴(convergent)하게 된다. 그것은 무슨 말인지 도대체 모르겠다고 생략(omit)해버리는 어이없는 결말로 다가오는 것이다. 이것이 번역으로 인한 폐해(harmful consequences)인 것이다. 즉, 소통을 방해하여 의도하지 않은 예기치 못한 부정적 결말(negative consequence)을 가져오는 것이다.

- 그 예기치 못한 결말이 누적되어 어느 날 닥쳐온 불행 중에 하나가 '세월호 침몰'인 것이다. '성수대교 절단', '삼풍백화점 붕괴' 등의 비극적인 참사(tragedy)도 결국은 이러한 결말에 의한 것이다.
- 이러한 사고는 한국인의 욕심으로 인한 비리(corruption)에 의한 사고(accident)가 아닌 것이다. 이것은 번역으로 유발되는 소통의 사각지대(blind spot)에서 발생한 무지(ignorant)가 누적(cumulated)되어 터져버린 문명의 미스매치(mismatch)인 것이다.
- 더욱 두려운 것은 이것이 현재 진행형(ongoing)이기 때문이다.
- 한국이 현재의 문명을 영위(lead)하기 위해서는 교육정책을 바꿔야만 한다. 영어문명[EL]을 달성할 수 있게 교육의 목표를 바로잡아야 한다. 한국어로는 현재와 미래의 문명을 영위할 수 없다.

사전(dictionary)을 보면 영어 한 단어(word)에 대해서 다양한 뜻이 있다. 원어인 영어는 그 개념을 망라하여 쓰인 것이다. 그

한국의 침몰

중에 하나의 뜻으로만 딱 정해서 쓰인 것이라 볼 수 없는 것이다. 그러나 번역은 그중에 하나만을 골라 사용하게 된다. 이러한 선택 과정이 길어지게 되면 결국은 전체 글의 메시지가 혼란스럽게 된다. 이러한 번역 글의 결말은 혼란스럽고 이해 안 되고 난해하고 경우에 따라서 전혀 다른 말이 되는 경우도 있다. 그러므로 이러한 현상을 감수하면서 학문/기술을 번역으로 수용하면 그 결말은 없음(nothing)을 지나 학문/기술에 대한 잘못된 선입견(preconceptions)을 부추겨 아예 기피하는 등의 역효과(backfire)로 이어질 수 있는 것이다.

- 그것이 학문(study)과 기술(technology)에 관한 것이라면 번역을 하여서는 안 되는 이유이다. 그것은 학문과 기술을 망가뜨리는 일이다.
- 이것이 서양 학문을 한국어로 번역/번안(adapt)하여 문명을 영위하고, 문화(culture)의 창달(develop)을 도모하고자 하는 한국에서 벌어지고 있는 기이(unusual)한 모든 현상의 근본원인(root cause)이 되는 것이다.
- 이 점이 언어의 기능성(functionality)을 생각하게 하는 중요한 문제라 아니할 수 없는 것이다. 영어를 그 자체로 수용하지 않고는 견딜 수 없는 이유이다.

극단적인 예를 들면, 현재의 아프리카의 언어로는 수준 높은 수학(mathematics)을 할 수 없다는 것이다. 마찬가지로 우리의 언어 한국어로도 안 되는 것이다. 다시 말해 현 수준의 언어 능력으로로는 도달할 수 없는 분야가 있고, 또 계속해서 생기는 것이다. 언어는 문명/문화를 대변하는 매체이다. 유사한 문명/문화끼리는 번역을 통해도 무리(irrationality)가 없을 수 있으나, 수준 차이가 나는 문명/문화끼리는 번역으로 통할 수 있는 한계가 있는 것이다. 이 점을 무시하고 강행한다면 부작용이 생기는 것이다. 그 부작용이 오늘날 대한민국에 만연된 모순(inconsistency)/비리(corruption)/왜곡(distortion) 등등 비정상적(abnormal)인 현상의 모태(matrix)인 것이다.

그런데 우리는 이 점을 눈치 채지 못하고 있는 것이다. 이것은 마치 스모그(smog)와 같이 온 나라에 퍼져 있는 것이다. 우리는 일상에서 너무나 흔하게 마주하면서 아예 둔감해진 것이다.

나는 65세가 넘는 인생살이를 통해 3군데가 넘는 대기업을 포함하여 10군데가 넘는 기업체를 전전하면서 독특하다고 할 수 있는 학력(academic background)과 한국의 사회 역정(social voyage)을 거치고 나서야 이러한 현상의 진원지(epicenter)를 비로소 찾아낸 것이다. 그리고 이러한 고뇌(agony)/고찰(review)을 시작할 수밖에 없게 된 동기(motive)는, 그야말로 믿을 수 없는, 기가 막히는 '세월호의 침몰' 현장인 것이다.

  - 우리가 은둔(reclusive)의 나라 부탄(Bhutan)처럼 고유(unique)의 문명/문화로만 살아갈 수 있다면, 오늘날 우리의 걱정(worry)/혼란(confusion)은 생기지 않았을 것이며, 이와 같은 글이 등장할 이유도 없을 것이다.

한국의 침몰

한자/한문(Chinese character)은 중국의 문자/글이다. 중국의 문명/문화가 우리를 압도할 때, 우리의 문자/글로 도입하여 사용한, 우리가 숭배한 문명/문화의 전달매체(medium)였다. 우리의 문명/문화는 한자/한문을 바탕으로 하여 이룩되었다. 그런데 서양 문물을 받아들이고 있는 현재도 사실상 한자/한문을 사용하여 만들어진 한자글로 영어로 된 서양 문물을 도입하고 있는 것이다. 한국에 도입된 서양문명의 불일치(mismatch)는 여기에서 발아(germinate)되고 있는 것이다.

한국어는 사상적(ideological)/정치적(political)/문학적(literature) 방면의 다소 추상적인 기술(abstract description)을 하기에는 그런대로 무난하다고 볼 수 있으나, 오늘날 학문(studies)/기술(technology)의 실제적인 기술(realistic description)을 하기에는 상당히 부족하고 곤란한 경우가 너무나 많은 것이다. 현대 서양학문의 치밀한 논리를 기술하기에는 어휘가 부족하고, 최선의 번역을 하여도, 의미의 온전한 대칭성(symmetry)을 이룰 수가 없고, 이로 인해 글과 말이 품고 있는 모든 의미를 그대로 온전하게 전달하지 못하는 것이다. 내가 최선을 다해 번역해 놓은 글도 다시 보면 이해가 안 가는 것이다.

예를 들면, 요즘 서양에서 도입되어 사용하기 시작한 말 중에, 가상현실(virtual reality), 증강현실(augmented reality), 사물인터넷(internet of things) 등이 있다. 위에 예로 든 번역어만 듣고 보아서는 원어인 영어의 개념(concept)을 제대로/온전히 수용하지 못하고 있다. 바로 이해되지도 않으면서, 오류(bias)를 낳는다는 것이다. 물론 영어를 사용하는 입장에서는 바로 이해될 수 있는 낱말(vocabulary)이고 개념이다. 이보다 더 나은 번역을 할 수도 있겠으나, 이것은 번역의 완성도를 문제 삼기 이전에 언어 자체의 문제라는 것이다.

영어로 된 원문과 이를 한글로 된 문장으로 전환시킨 번역문에서 표출되는 메시지(message)의 차이가 만들어낸 혼란이 어떠한 결말(consequence)을 가져왔는지를 알아야 하는 것이다.

번역은 문명의 도입단계(inception phase)의 최일선(forefront)이다. 그러므로 번역의 문제는 문명의 미스매치(mismatch)를 유발하고, 이것은 곧 트러블(trouble)을 의미한다. 그들은 잘하는데 우리는 잘 못한다는 평가는 이러한 트러블을 의미한다. 예를 들어, 그들은 일기예보(weather forecasting)을 잘하는데, 우리의 일기예보는 잘 못한다는 것이 대표적인 케이스(case)이다. 문명의 산물(products)을 도입하는 과정에서, 겉모양의 하드웨어(hardware)는 똑같은 모델(model)을 도입하여도, 이를 운영하는 소프트웨어(software)는 온전히 이해 못 하여 제 기능을 다 활용하지 못하는 것이다. 이러한 미스매치 현상은 새로운 모델이 나올수록 더 심화될 가능성이 높은 것이다. 왜냐하면 기능이 진전될수록 더 많은 소프트웨어의 텍스트(text)가 등장하기 때문이다.

소프트웨어에는 하드웨어를 제대로 동작시키기 위한 참고(reference)/주의(precaution)/제한(limitation)/경고(warning)/요건(requirements)/사용절차(operating procedure)/보고(report) 등등 한국어로는 도저히 추종/전환하기 힘든 말(words)이 마구 등장하는 것이다.

결국 골치 아픈 과정을 생략(omit)하는 단계에 이르는데, 이러한 부작위(nonperformance)적 행위는 반드시 후에 부정적(negative)인 결말을 초래하는 대가(devil to pay)를 치를 수밖에 없는 것이다. 불필요하게 작성된 텍스트는 없는 것이다. 모두가 운영에 필요한 정보가 기재되어 있는 것이다. 이것이 매뉴얼(manual)/보고서(reports)의 볼륨(volume)인 것이다. 여기에 기재된 정보(information)를, 영어문맹[EiL]으로 인해, 온전히 읽어 이해하지 못하고 눈치껏/요령껏 넘어가는 게 한국인의 특성이 되어버린 것이다.

- 이러한 현상이 누적되어 오늘날의 한국병을 불러왔고, 마침내는 풍토병(endemic disease)이 되어 토착화(naturalized)된 것이다.
- 3차/4차 산업혁명(Industrial Revolution)은 이러한 현상이 아예 발을 붙이지 못하게 하는 장벽(barrier)을 가져온 것이다. 더 이상 통하지 않는 것이다.
- 영어문맹[EL]이 안 되는 한국의 산업경제는 침체될 수밖에 없는 것이다. 3차/4차 산업은 구경꾼으로 전락하는 것이다.

아마도 이런 나의 주장에 동의하기란 쉽지 않을 것이다.

40여 년 경력(career)의 엔지니어(engineer)의 유니크(unique)한 인생역정을 통해 비로소 찾아낸 각성(awakening)/깨달음(enlightenment)을 쉽게 긍정할 수 있겠는가?

그러나 현장에서의 어이없는 해프닝(happening), 세월호 침몰로 대변(represented)되는 이 사회의 암적(cancer)인 야만적인 관습(uncivilized manners), 교육 현장을 비롯하여 이곳저곳 오만 데서 마주치게 되는 젊은이들의 좌절(frustration)과 비명(cry)은, 결국은 우리 문명의 미성숙(immature)으로부터 비롯된 것이고, 그것은 선진문명의 급속한 도입 과정에서 비롯된, 영어와 한국어라는 언어 간의 비대칭(asymmetry)으로 인해, 이 작은 나라에서만 벌어지고 있는 인류역사상 한 번도 경험하지 못한 미증유(unprecedented) 문명 충돌(clash of civilizations)의 결말(consequence)인 것이다.

이것이 지금 우리가 처한 딱한 현실 대부분의 근본원인(root cause)인 것이다. 지금 이대로 가면 갈수록 우리의 미래(future)는 더욱 암울(gloomy)해질 뿐이다.

- 이러한 현실을 극복할 수 있는 길은 오직 하나이다. 영어문맹[EiL]을 극복(overcome)해야 하는 것이다. (누군가의) 번역을 통해 정보/지식을 흡수하려고 하지 말고, 영문을 직접 읽고 바로 이해할 수 있게 되어야 한다는 것이다. 사실상 번역을 해줄 누군가는 존재하지 않는 것이다. 설혹 있다고 해도 신뢰하여서는 안 되는 것이다.

한국의 침몰

- 한국병을 치료하기 위해 복용해야 하는 약(cure)은 아주 쓴 약이고, 복용 기간도 짧지 않을 것이다.
- 그러나 이 약만이 한국병을 치료할 수 있고, 젊은이의 삶의 질을 향상시키고 대한민국의 경쟁력(competitive)을 상승시킬 것이다.

한글은 세계에서 제일 우수한 표음문자(phonogram)이지만, 우리의 말과 글인 한국어는 변방의 작은 나라에서 쓰이는, 배우기가 어렵고 까다로운 쉽지 않은 언어일 뿐이다.

즉, 문자가 우수한 것이지 말과 글, 언어가 우수한 것은 아닌 것이다. 어려운 문법(grammar)/어법(usage)을 가진 언어인 것이다. 우리의 문자인 한글 자랑에 너무 현혹되었든지, 아니면 국가적인 자존감(self-esteem)이 도(discretion)를 지나쳐, 우리가 독자적인 문화를 가진, 아시아의 소국(small country)에 불과하다는 객관적인 현실(objective reality)을 아전인수(self-centered)식으로 오히려 대단한 것으로 치장(decorate)하고 스스로 도취(intoxicated)되어 있는 것이다.

우리의 언어인 한국어는 한국의 문화/문명과 동급인 것이다. 겨우 남북한(south-north Korea) 합쳐 칠천만의 인구(70 million's population)가 쓰고 있는 언어에 불과한 것이다. 한국어는 선진문명(advanced civilization)의 언어가 아니고 개발도상국(developing country)의 언어인 것이다. 이 점이 무엇을 의미(means)하는지를 깨닫고, 현실에서의 유용성(usefulness)을 냉정(fair)하게 평가(evaluate)해야 한다.

- 즉, 우리의 언어인 한국어로는 서양의 선진문명을 온전히 묘사/기술할 수 없는 것이다. 한국어로 하는 학문/기술은 결국 먹통이 되고 마는 것이다.
- 이 말은 한국어로 선진문명을 영위하려는 것은 설익은 과실(immature fruits)을 먹게 된다는 것이다. 결국 선진문명을 잘 흡수할 수 없다는 뜻이고, 부작용의 위험을 늘 갖고 살아야 한다는 것이다.
- 영어 자체를 배우려 해서는 도저히 영어문명[EL] 상태에 도달할 수 없다. 그러한 오판(misjudgment)이 영어문맹[EiL]을 초래하고, 결국은 문명의 미스매치(mismatch)를 가져오는 것이다. ('서양학문은 처음부터 영문 텍스트로 배워야 한다' 편 참조)
- 이 점을 무시하고 강행하다가, 온전한 퍼포먼스(performance)는 고사하고, 선진국 흉내 내기만 하다가 원인도 모른 채 '세월호'처럼 침몰(drowning)하고 있는 것이다.

한글을 사용하여 수학(mathematics)/과학(science)을 한다는 것은 무딘 연장을 가지고 목수 일을 하는 것과 같다. 오늘날 곡괭이와 삽을 가지고 건물 지을 터를 닦는 것과 같다.

수학/과학을 배우는 과정에서 등장하는 용어(term)와 기술(description)이 너무 이해하기 힘든 것이다. 영어의 용어를 대치하기 위하여 한자를 동원하여 생성되는 수많은 용어는, 그것이 한글로 표현되었다 뿐이지, 원어인 영어 자체보다 몇십 배는 이해하기 어려운 개념을 던져주는 딜레마(dilemma)인 것이다. 그래

한국의 침몰

서 중도에 공부를 포기하는 학생이 속출하는 것이다. 아무리 수를 써봐야 조삼모사(minor)의 효과(effect)밖에 안 날 것이다. 번역으로 인해 발생되는 난해한 과정은 근본적으로 어쩔 수 없기 때문이다.

- 한국은 스스로 파놓은 함정(trap)에 빠진 것이다. 서양의 학문과 기술이 발전할수록 더욱 난감해질 뿐이다.

오늘날 한국어/한글을 사용한다는 것은 한자로 만들어진 한자글의 용어를 사용하는 것과 같다. 어쩌다 출현/사용하는 '시나브로'/'누리꾼'/'깔맞춤' 같은 순수한 우리말은 그야말로 희귀한 경우이고 대부분이 용어는 대부분 한자글이다. 법률, 기술, 과학 등의 용어는 그야말로 어려운 한자의 집합체이다. 일반인은 이해하기 어려운 용어가 너무 많아, 전문가의 해석을 필요로 하며, 대개의 경우 지레 겁을 먹고, 더 이상의 접근을 망설이거나 포기하게 만든다. 전문가의 해석이라는 것이 더 어려운 경우가 많아 아예 외우게 되며, 이는 곧 논리성을 상실하여 학문의 길을 포기하게 하든지, 아니면 어설픈 돌팔이 학자(charlatan)를 탄생시키는 것이다.

이렇게 어려운 우리의 말과 글/한국어로 오늘날의 서양 학문을 가르친다는 것은 실패할 수밖에 없는 시나리오(scenario)이다. 인내심이 한계에 도달한 학생들의 비명 소리가 도처에서 들린다. 서양의 학문이 발달할수록 성공할 가능성은 자꾸 낮아질 것이며, 교육의 현장은 뾰족한 대책도 없이 학생들에게 무한한 인내심만 요구할 것이다. 결국에는 교육 본래의 목적과는 어긋나는 또 다른 교육/학문의 변질된 모습만이 나타날 것이다.

우리의 교육은 나라의 산업화를 이끌어 근대화에 기여한 교육이었다. 그런데 지금의 현대화의 과정에서는 뒤처지는 것으로 드러나고 있다. 경쟁력과 생활 만족도는 갈수록 저하되고 있다. 우리의 언어/한글이 선도(lead)할 수 있는 한계(limit)까지 도달한 것이다. 이제 논리적이지 못하고 어려운 현재의 우리의 언어를 사용하여, 계속해서 전진하는 선진문명을 흡수하고 경쟁해 나갈 수 있다는 생각을 바꾸어야만 한다. 국한(isolated)된 지역에서 몇 안 되는 사람들이 쓰는 이질(disparate)적 언어를 가지고, 날로 진화하는 현대 문명을 이끌고 있는, 수십억의 인구가 사용하는 선진 문명의 언어를 더 이상 감당해낼 수 없는(unaffordable) 것이다. 이미 능력(capability)의 한계를 넘어선 것이다.

- 우리의 말과 글을 사랑하고 갈고닦는다고 도달할 수 있는 그런 차원의 일이 아닌 것이다.
- 온 나라가 불행해지고 있는 것이다. 제일 먼저 젊은이가 무력해져 버렸고, 그로 인해 가족이 붕괴되고 있으며, 결국은 나라가 가라앉고 있는 것이다.

아프리카의 언어로 현대 문명을 구현할 수 없듯이, 우리의 언어로도 구현할 수 없는 한계에 도달한 것이다. 이 점을 인정하여

한국의 침몰

야 한다. 서양 문물을 우리의 언어로 온전히 묘사할 수 없다는 것이다. 번역을 한다는 것은 물동이의 물을 밥주발에 옮겨 담는 격이다. 옮겨 담는 과정에서 원래의 뜻이 누수되고 그 안에 같이 담겨 있었던 논리가 상실되는 것이다. 학문/기술이 살아서 움직여야 문명이 제 기능을 발휘하는 것인데, 논리가 상실된 학문/기술은 응용될 수 없는 박제(stuff)가 되어 먹통으로 전락하는 것이다.

- 번역은 짧은 기간에 단편적인 퍼포먼스(performance)를 행할 때만 유용할 수 있는 수단이다.
- 번역/번안을 통해서는 긴 과정(process)의 학문/기술을 수용할 수 없는 것이다.

어려운 용어(term)를 사용하여, 수학과 과학 등 서양 학문을 한글로 전환하여 기술하고, 기성세대(older generation)에게도 이해하기 어려운 설명을 통해 교육시키는 행위는 어린 학생들을, 자라나는 세대들을 정신적(mental)으로 힘들게 하는 것이다. 공부는 학문을 배우는 즐거움인데, 우리의 학생들은 배우면 배울수록 어려움(difficulties)이 가중(cumulative)되는 것이다. 이를 벗어나기 위한 몸부림으로 성적(grade)/암기(memorize) 위주의 학습 요령/꼼수가 난무하게 되고, 결과적으로 학문의 길에 본격적으로 들어서기도 전에 문턱(threshold)에서 종말(ending)을 맞이하게 되는 것이다.

배우는 목적은 유용하게 사용하기 위함이다. 우리에게 유용하게 사용한다는 것은 대외적(abroad) 경제활동(business activity)을 위해, 한글로 배운 것을 다시 영어로 표현하는 것이다. 그러므로 결국은 다시 원래(original)의 영어로 전환시켜야 하는데, 여기에서 등장하는 것이 소위 콩글리쉬(Konglish) 영어인 것이다. 이것이 새끼줄처럼 꼬아 놓은 난해한 우리의 교육 과정이고, 더 나아가서는 이 사회의 경제활동인 것이다. 언제까지 우매(silly)하고 비효율적(inefficient)인 이러한 프로세스(process)를 감당해야 하는가?

- 자승자박(cumbersome)의 행위란 이러한 행태를 두고 하는 말이 아닐까?
- 우리는 '국어사랑'이라는 허울뿐인 명분에 집착하여 스스로를 힘들게 하고, 결국은 망치고 있는 것이다.

이러한 과정은 한마디로 우매한 짓이 되는 것이다. 깨닫지 못해서 벌어지고 있는 자아도취(self-satisfied)적 자기학대(self-abuse)라고 말할 수 있는 것이다. 무엇을 위하여 우리는 아이들에게 고통을 주고, 국가적으로는 어마어마한 혼란(chaos)/손실(loss)을 감내(bear)하는 것인가? '국어 사랑, 나라 사랑'이란 하나의 실속(substantive)도 없고, 실효성(effectiveness)도 없는 허울뿐인 구호(slogan)를 위해서인가?

한국의 침몰

- 죽은 세종대왕을 기쁘게 하기 위해 오늘을 살아야 하는 젊은이들에게 고통을 강요하고 있는 것이 아닌가?

이제는 중국도 사용하는 데 불편하여, 사용하지 않거나 간략하게 만들어 쓰는 문자(character)가 많은데, 이렇게 만들어진 문자를 단지 한글로 표기한다고 해서 쉬운 언어가 되는 것은 아니다. 실제로는 중국/일본인들이 쓰는 것보다 더 어려운 방법으로 쓰고 있는 것이다. 중국의 경우는 각 문자마다 고유(unique)의 발음(pronunciation)을 가지고 있으나, 우리의 경우는 동음이의어(homonym), 즉 같은 발음을 가진 한자(Chinese character)가 너무나 많아 혼란을 초래하고, 이해가 안 가는 말도 속출하는 것이다. 명확한 메시지 전달을 위해 한자를 어느 정도까지 병기(denote together)하여야 할 것인가라는 고민을 낳게 하는 것이다.

- 동음이의어가 많다는 것은 언어의 소통 기능을 약화시키는 치명적인 약점이다. 이것이 많다는 것은 다양한 표현력을 갖추지 못했다는 것이고, 각각의 구별을 위해 한문을 병기하지 않을 수 없는 것이다.
- 본 글에서는 글의 목적에 부합되게 영어를 사용하여 이해를 돕고 있는 것이다.

언어와 문화/문명은 뗄 수가 없는 관계이다. 즉 언어가 문화/문명이고 문화/문명이 언어이다. 언어가 문화/문명의 발전을 저해

해서는, 우리의 처지와 국가의 발전을 곤경에 빠트리게 해서는, 그 본연의 목적과 상반된 결과를 낳게 되는 것이다.

- 그런데 서양 문명을 도입하여야 하는 언어 매체로써의 한국어/한글의 사용이 우리를 이러한 트랩(trap)에 빠트리고 마는 것이다. 우리 사회를 혼란스럽게 하고 있는 것이다.

한국어로는 오늘날의 학문/기술을 구현하기에는 논리성이 결여되어 갑갑한 경우가 많다. 전문적인 영역으로 들어가면 대부분의 용어가 한자로 구성된 한자글로 기술되기 때문에, 설명이 매끄럽지 않고 투박하여지기 때문이다. 이런 기술(description)을 읽으면 경력자는 전후 사정(context)을 따져 무슨 말인지를 대충 짐작할 수는 있으나, 초보자인 경우에는 자연스럽게 이해하기 힘들다. 누구에겐가 보충 설명을 들어야 한다는 것은 당사자의 자질 문제가 아니라, 사실상 언어 자체의 문제인 것이다.

이러한 애로(difficulty)가 쌓여서 큰 장애물(obstacles)이 되어 기술력의 저급화로 이어지고, 결국은 국가경쟁력 저하(degrade)라는 결말까지 가져오는 것이다. 이러한 문제는 일반적으로 알아채기 힘든 전문 영역에 속할 수 있어, 문제(issue)가 쉽게 드러나지 않으며, 객관적으로 알아채기도 힘든 것이다. 이러한 현상은 곧 이 사회가 스스로의 비판적 시각을 갖지 못하는 미성숙(immature)의 사회일 수밖에 없다는 것이고, 사고(accident)를 사전 예방(prevent)하는 기능이 작동하기 힘들다는 사회라는 것이

한국의 침몰

다. 이것이 우리만의 독자적인/고유한 언어인 한국어로, 선진문명을 도입하여, 독자적인 문명을 펼칠 때 잉태되는 위험(flaw)인 것이다. 우리는 이러한 위험을 감수해야 하는 불안한(unstable) 경계(watershed)에 서 있는 것이다.

  - 이러한 위험으로 인해 이미 수많은 사고를 겪었고, 잠재적으로 진행 중인 것이다.

  우리의 학문인 수학(mathematics)의 경우는 왜 이슈가 되지 않는 것인가? 그것은 수학을 한국어와 영어로 동시에 배워보고 비교하지 않아서 눈치 채지 못한 것이다. 그러나 오늘날의 수많은 수학포기자(수포자)들이 그것을 대변(represent)해주고 있는 것이다. 필자가 직접 겪게 된 난해한 한국어의 수학과 논리적인 영어의 mathematics(수학)에서 비롯된 괴리감(discrepancy)이 이 글을 쓰고자 하는 하나의 모티브(motive)로 작용한 것이다. 한국어로 된 난해한 수학을 공부하는 노고를 감수해야만 하는 우리 한국인들은 모두 말 못 할 '수포자'이다. 초중고 교과 과정에서 한글로 된 수학의 학습을 고집하는 한 한국은 영원히 수학이라는 학문(study)의 이방인(stranger)이 되는 것이다. ('수학은 영어의 개념으로 성립된 학문이다' 편 참조)

  - 한국어로 된 비논리적(illogical)인 먹통의 수학을 이 세상의 진정한 학문인 양 씨름해야 하는 한국인의 숙명(fate)을 우리

는 감수(suffering)해야만 하는 것이다. 무엇 때문에 그러해야 하는가? 나라 전체가 먹통이 되어 3차/4차 산업혁명은 말잔치로 흉내만 낼 것이다.

영어는 바로 듣고 바로 이해할 수 있는 이 시대 최고의 뛰어난 언어이다. 논리적인 기술을 용이하게 할 수 있게 다양한 어휘(vocabulary)를 가졌고, 배우기도 쉽고 사용하기도 쉬운 언어이다. 반면 우리의 언어는 사상적(ideal)인 면에 치우쳐 있지, 결코 논리적인 귀결(conclusion)을 추구할 수 있는 세밀한 언어가 아니다. 영어로 성립된 논리의 학문인 mathematics(수학)를 한국어로 전환하여 가르치고자 함으로써 수학도 못하고, 영어도 못하는 영어문맹[EiL]에 갇힌 것이다. 수학을 못한다는 현상은 단지 수학에 그치는 것이 아니라, 수학을 응용하는 현대의 모든 학문을 그르치는 결과를 가져오는 것이고, 영어문맹[EiL]에 갇혔다는 것은 모든 학문을 일찌감치 포기하게 하는 것이다.

- 영어는 최고의 문명을 떠받치고 있는 언어이다. 최고의 학문과 기술을 창조해내고, 선도하고 있는 언어이다.
- 싱가포르/홍콩이 우리보다 선진 문명을 누리고 있음을 우리는 간과하여서는 안 된다. 그것은 그들의 언어로써 영어를 사용하기 때문에 가능한 것이다.
- 우리의 조상이 한문을 통해 중국의 문물을 흡수하였듯이, 우리는 영문을 통해 서양의 문물을 흡수하여야 한다.

한국의 침몰

- 언어를 통해 새로운 지식/문물을 흡수하여야 하는데, 우리
  는 우매하게 언어 자체를 배우는 데 시간을 다 소모하고 마
  는 함정(trap)에 빠져 있다.
- 중국에서 도래한 문물인 한자글을 가지고 서양의 문물을 수
  용하는 것은, 서양에서 들여온 하드웨어(hardware)를 동양의
  소프트웨어(software)로 돌리려는 것으로, 원천적으로 불가능
  한 어리석은 시도가 될 뿐이다.
- 시간이 갈수록 선진국으로 도약하고픈 우리의 발목을 잡을
  것이고, 다음 세대에게 끝없는 무력감(helplessness)을 심어주
  게 될 것이다. 이미 대한민국은 이러한 함정에 빠져 고통을
  당하고 있는 상태이다.

 우리는 고유의 한국어를 사용하여 서양의 문물을 흡수하여
지식을 늘리고 있다. 그리고 영어도 배우고 있다. 그러나 효과가
미진하다. 지식도 잘 흡수 못하고, 영어도 잘 못한다. 사실상 한
국어로 전환된 서양의 지식은 글로벌 세상에서 지식이 될 수 없
다. 그것은 좁은 한반도에서 지엽적/제한적으로 유통되는, 주로
시험문제를 맞출 때나 필요한 지식이 될 뿐, 이 세상을 살아가는
데 유용한 지식이 못되는 것이다. 영어문명[EL] 상태에 도달하여
야 영어를 배웠다고 할 수 있는데, 우리의 영어 학습은 시험을
통과하는 데 초점이 맞춰져 있는 것이다. 이것은 크게 잘못된 인
식이고 교육정책인 것이다.

- 영어라는 언어 자체를 따로 배워서는 도저히 영어문명[EL] 상태에 도달할 수 없는 것이고, 한국어로 전환된 서양의 지식은 별 쓸모도 없는 지식일 뿐이다.

우리 민족의 문화(national culture)를 창달(promote)하고자 하는 것과 우리의 언어를 고수(stick)하는 것이 병행(abreast)돼야 하는 것은 아니다. 사회 구성원이 행복해지지 않으면 문화의 창달이 될 수 없으며, 아무 소용이 없는 헛된 구호(empty slogan)가 될 뿐이다. 이대로 가면 갈수록 우리의 처지(situation)는 더욱 곤경(predicament)에 처할 것이다.

특정된 언어인 영어를 사용하여 일관성/논리성 있게 기술하여 완성된 현대문명 최고의 학문/기술을, 일관성/논리성이 결여된 한국어를 사용하여 번역/번안하여 가르치고 배우려고 시도하는 것은 불가능한 일이고, 또한 어리석기도 하다는 것을 깨닫는 것은 쉬운 일이 아닌 것이다. 이러한 시도를 문명의 도입을 위한 시도라고 할 수 있는데, 그 문명의 언어를 통하지 않고서는 온전히 도입할 수 없다는 당연함이다.

- 즉, 조선시대에는 한문(Chinese literacy)을 통해 중화문명(Chinese civilization)을 도입(import)하였듯이 현재의 대한민국은 영문(English literacy)을 통해 서양문명(western civilization)을 도입하여야만 하는 것이다.

이것은 중학교 시절에 완벽하게 잘하던 수학을 고등(high degree) 수학으로 진도(progress)가 올라갈수록 터득할 수 없게 되어, 항상 아쉬움과 의문을 가지고 살았던 필자가, 60세가 되어서야 영어 문명/서양 문명의 세계를 비로소 온전하게 이해하게 되면서, 다시 영어로 기술된 텍스트로 수학을 공부하는 과정에서 깨닫게 된 만시지탄(too late to do)/경천동지(world-shaking)의 깨달음(enlightenment)인 것이다.

나는 그동안 번역/번안의 함정(trap)에 완벽히 갇혀 있었던 셈이었다. 정보기술(information technology)의 발전으로 인한 오늘날의 인터넷(internet) 세상이 나에게 정보를 제공해준 것이다. 무지(ignorance)의 덫(trap)에서 꺼내준 것이다. 일반적인 은퇴(retirement) 나이인 60세를 넘기고 나서야 비로소 깨닫게 되었다. 그러고 보니 그 정도(severity)가 다르지만 이와 비슷한 여러 가지 경우가 벌어졌었고 지금도 대한민국 곳곳에서 진행 중인 것이다. 우리의 교육 현장(school)이 그 정도가 제일 심하게 벌어지는 곳이다. 사실상 모든 출발의 시발점(starting point)/진앙지(epicenter)인 것이다. 우리 아이들의 소리 없는 비명(cry)이 들리는 곳이다.

- 왜 그들에게 고통을 주고 있는 것일까?

기성세대(older generation)로서 책임감을 느끼지 않을 수 없는 것이다. 지금 우리의 교육 현장에서는 어떤 일이 벌어지고 있는가? 교사가 학생들을 열심히 좁은 우물 안에 가두고 있는 것이다.

번역/번안의 덫으로 무장한 교사들은 그들만의 논리로 학생들을 열심히 옭아매고 있고, 학생들은 그들의 세계에서는 특히나 더 어려운 한자말로 이루어진 그 논리성이 좀체 이해가 안 되지만, 다른 선택의 여지가 없는 현실에서 두뇌의 용량(brain capacity)을 최대한 끌어올리고 있는 것이다. 그러다가 결국은 모래 위에 쌓아 올린 탑이 무너지듯이 논리성이 헝클어지면서 두뇌 작용이 정지(trip)되어 수학포기자/과학포기자 등의 학업 포기자로 전락하는 것이다.

공부를 안 해서 그런 것이 아니라, 공부를 못해서 그런 것이 아니라, 잘못 가르쳐서 그런 것이라는 사실을, 교사(teacher)도 교육당국(education authorities)도 인정을 안 한다기보다는 그 이유를 모르는 것이다.

다만 수학(mathematics)은 어려운 학문이라고 자위(self-console)하는 것이다. 수학은 제일 논리적이라 이해하기 쉽고, 재미있고, 또 모든 학문의 기초가 된다는 사실(fact)을 그들은 앵무새처럼 말만 앞세우고 증명해내지는 못하는 것이다. 과학(science)도 포기하는 학생들이 생기듯, 결국은 논리가 작용해야 이해가 되는 학문/기술엔 모두 문제가 생기는 것이다.

한국어로 소개되는 모든 학문/기술은 박제(stuffed)가 될 수밖에 없는 숙명(fate)을 안고 오늘도 서양으로부터 무책임(irresponsible)한 번역을 통해 입양(adopt)되고 있는 것이다.

- 결국 이것은 원인 모를 싱크홀(sinkhole)이 되어 이 사회 곳곳에 출몰하였고 또한 출몰하게 될 것이다.

오늘날 우리가 처한 현실로 결론은 난 것이다.

- 문명의 미스매치(mismatch)로 인한 혼란(chaos)/고통(agony)을 겪으면서, 우리는 한국인의 못난 근성(ugly backbone)을 자책(self-blaming)하는 것이다. 그것이 무엇 때문에 비롯된 것인 줄을 모른 채 한국인의 그릇된 특성(misconduct attributes)으로 치부하는 것이다.
- 한국 문화의 아킬레스건(Achilles tendon)인 한국병(Korean disorder)은 도입(introduced)된 문명의 미스매치(civilization mismatch)로 인해 생성(born)된 것이다.
- 영어문명[EL] 능력을 갖춰야 문명의 미스매치로 인한 불행한 사고(disaster)와 우울한 사회현상(gloomy social situation)을 잠재울 수 있을 것이다.
- 한국인의 정체성(identity), 한국인의 자부심(pride)을 한국어에서 찾는다면, 이는 스스로를 옭아매어 위험에 빠트리는 자해행위(self-harm behaviors)가 될 것이다.

오늘날 한국어로 된 학문/기술은 먹통의 우물 안 지식에 불과하다
_21세기 문명의 소프트웨어(software)는 영어이다

> - **영어문명[EL]**; English Literacy: 이 말은 영어로 쓰인 학문/기술의 텍스트를 읽을 수 있는 상태를 말한다.
> - **영어문맹[EiL]**; English illiteracy: 이 말은 영어로 쓰인 학문/기술의 텍스트를 읽을 수 없는 상태를 말한다.

　번역을 한다는 것은 서로 다른 문화(culture)를 연결하는 것으로 쉬운 작업이 아니다. 비교적 인접한 지역의 유사한 문명권에서 이루어지는 번역은 사소한 에러(error)만을 유발할 수 있으나, 멀리 떨어진 문명권에서 유입된 문물을 번역한다는 것은 상당한 이질감을 가진 타 문화권의 언어를 자기의 언어로 전환한다는 것으로, 상당히 번역자(translator) 개인의 주관적(subjective)인 생각이 반영될 수밖에 없는 행위이다. 더욱이 그것이 학문과 기술에 관한 것이라면, 번역자가 의도하지 않은, 그리고 알 수도 없는 후유증(aftereffects)과 위험성(dangers)을 내포(pregnant)한 행위가 될 가능성이 높은 것이다. 그러므로 학문/기술에 있어서의 번역은 해서는 안 될 행위(performance)인 것이다. 그런데 작은 문화권의 소국(small country) 대한민국에서는 거침없는 번역 행위가 벌어지고 있는 것이다. 영어라는 선진문명의 절대적 지위에 있는 언어에 대해 피상적(superficial)인 이해만을 가진 사람들이 영어사전(English dictionary)에 의지해서, 그러나 소신껏 대칭(symmetric)되는 한국어를 임의(arbitrarily)로 만들어 번역해놓은 학문 (studies)/기술(technology)을 온 나라가 떠받들고 있는 모습은 아찔한 서커스(circus)를 보듯이 위태로운 형상(status)인 것이다. 한마디로 한 국가의 전체적인 무지(ignorance)를 보고 있는 것이다.

현재 우리가 현장에서 잘못 사용하고 있는 몇 가지 용어 (terminology)를 예로 들어 번역을 통해서 전달되는 말의 왜곡 (biased)된 실태를 살펴보고자 한다.

원자력 산업과 원자력 법령에서 잘못 사용되고 있는 몇 개의 용어를 말로 다음과 같은 용어가 있다.

Engineered Safety Features(ESF; '공학적안전설비'라고 번역됨); 원전을 건설 운영할 때, 방사능 누출 등 원전의 특징적인 위험으로부터 벗어나기 위해 어떠한 안전조치를 강화하였는가를 일컫는 말로, 원자력안전법 시행규칙에서 규정한 '예비/최종 안전성 분석보고서'에 기재하여야 할 18개 항목 중 하나이다. (아래의 '발췌' 참조)

이것은 '안전강화특성'(安全強化特性; 일본에서 쓰는 용어)으로 번역하여 사용하여야, 본래의 취지인 미국원자력규제위원회

(USNRC)의 규제 지침이 요구하는 방향과 일치하나, 본래의 의도와는 사뭇 다른 의미를 지닌 '공학적안전설비(工學的安全設備)'라는 용어로 전환하여 사용함으로써, 본의 아니게 한국만이 사용하는 용어가 되었고, 그 기술되는 내용도 본 제목에 갖다 맞추는 왜곡된 형태로 변형되었다. 이러한 원전(nuclear power plant) 설계개념(design concept)상의 불일치(mismatch)는 곧 안전(safety)이 왜곡(distorted)되고 있다는 부정적 결말(negative consequence)로 결론지어지는 것이다.

- 원자력산업에 입문하여 '공학적안전설비'라는 용어를 처음 접하고 나서부터 그 개념이 확실히 이해가 안 되어, 이 용어의 근원지를 추적하고 오류를 찾아내는 데까지 무려 20년이 넘게 세월이 흘렀다. 만일 정보통신기술(Information and Communication Technology)에 의한 인터넷(internet) 세상이 도래하지 않았다면 이마저도 가능하지 않았을 것이다.

공학(engineering)으로 설계되고 건설된 플랜트설비(plant facilities)에서 공학적(工學的)이라는 말은 특별한 의미를 가질 수 없는 무의미한 말이다. 'engineered'라는 말은 '강화(强化)된'이라는 뜻을 가진 말이다. 이것을 '기계(mechanical)/전기(electrical)/건축(architecture) 등의 공학(工學)을 지칭할 때 쓰는 'engineering'이라는 말은 연상케 하는 '공학적'이라는 말로 번역하였다. 사실상 engineering이라는 말도 어떤 대상을 강화시키는 행위를 지칭

한국의 침몰

할 때 동원되는 말이다. 기계/전기/건축/경제/사회/교통 등등으로 구별되는 분야(field)에서 요구되는 제반 사항을 만족시키기 위한 행위로, applied mathematics(응용 수학)을 통한 수학적인 계산(mathematical calculation)을 하여, 이를 산출(calculate)하고 반영(apply)하게 된다. 우리가 이를 '공학(工學)'이라고 통칭하지만 이 말이 엔지니어링(engineering)이라는 말의 의미를 충분히 전달하고 있는 것은 아니다. 그러나 한국어로는 그보다 더 적절한 말이 없으므로 그대로 사용하는 것이다.

- 이것이 원어인 영어를 그대로 써야만 하는 이유이다. 이것이 망설일 것도 없는 최선의 선택이다. 영어와 한국어를 완벽히 알지 못하는 대다수의 사람이 나름대로의 소신으로 번역된 용어를 만들어내어 의도치는 않았겠지만 본래의 의미를 자꾸만 왜곡하는 것이다. 한글을 사랑하는 마음일지 몰라도, 결과적으로 글을 읽게 될 누군가를 혼란스럽게 만드는 바람직하지 않은 행위인 것이다.

'features'는 '조치/특성/대책'의 뜻을 가진 어떤 개념/상징을 아우르는 말인데, 이것을 '설비'(영어에 'facilities'에 해당되는 말)라는 실제적인 형상을 가진 개체를 지칭하는 용어로 사용함으로써, 이후로 이 용어를 연상해서 전개되는 모든 기술내용이, 미국 규제법안의 본래 목적인, 건설하고자 하는 원자력발전소의 '안전강화조치'에 따르는 설계개념과 이를 현장에 적용하여 실현시킬 조치에 대해 기술하지 않고, 한국만의 '공학적안전설비'라는 설비를 작위(arbitrarily)적으로 한정하고 이에 대해 일방적으로 기술하고 있는 것이다. 처음 도입단계에서는 잘 몰라서 약간 방향을 틀어 놓았지만, 이후에도 오역(mistranslate)된 것을 계속 사용함으로써, 다음 세대는 이 오역된 말을 기준으로 하여 본래 취지에 맞지 않는 엉뚱한 방향으로 '조치(action)'가 아닌 '설비(facility)"에 대해 초점을 맞춰 지속적으로 기술하고 있는 것이다. 한마디로 논리가 맞지 않는 방향으로 기술이 왜곡되는 것이다. 이것은 안전 개념이 원래의 의도와는 일치되지 않는 방향으로 흘러감으로써 안전(safety)을 저하(degrade)시키는 결과(results)를 가져오는 것이다.

'Engineered Safety Features'란 일반적인 발전소(conventional power plants)와는 다른 원자력발전소 특유의 위험성을 고려하여, 안전성을 높이는, 어떠한 특성의 설계를 반영(introduce)하였는가에 대한 기술이며, 핵연료 손상(fuel damage)을 방지하기 위한 대책(countermeasures), 방사능물질(radioactive material)/방사선피폭(radiation exposure) 등을 안전하게 관리하기 위하여 강화된 제반 안전 대책을 모두 아우르는 용어로서, 특정된 설비가 아닌 원자력발전소 설비에 반영된 안전조치 특성을 지칭하는 용어이다.

- 위와 같은 현상은 번역에 의해 초래되는 왜곡된 개념이, 번역에 의해 전파되는 기술기준을 자의적(arbitrary)으로 변경시킬 수 있다는 예로서, 진행될수록 예상치 않은 곤란한 문제

한국의 침몰

를 초래하게 될 것이다. 이러한 번역의 왜곡으로 인하여 생기는 후유증은 좀처럼 드러내기 힘들다는 것이 또한 상당히 위험한 속성(attributes)인 것이다. 누가 이것을 추적해서 밝혀낼 것인가?

- 이러한 왜곡을 바로잡을 누군가는 대한민국에 없다는 것이 우리의 실상이고, 결론적으로 번역을 하지 말아야 한다는 당위성이다. 이대로 간다면 대한민국의 기술력은 점점 더 사상누각(a house of cards)을 쌓아 올리는 꼴이 될 뿐이다.

원자력안전법 시행규칙

제4조(건설허가의 신청)
③
6. 다음 각 목의 계통 등의 **공학적 안전설비** 등에 관한 사항
가. 공학적 안전 계통
나. 격납 계통
다. 비상 노심 냉각 계통
라. 제어실 안전보장 계통
마. 핵분열생성물의 제거 및 제어 계통
바. 주증기 계통의 격리밸브 누설 제어 계통
사. 가목부터 바목까지에 대한 가동 중의 검사

출처: 원자력안전법 시행규칙, 제4조, ③ 6

Pre-service Test/Pre-service Inspection, In-service Test/ In-service Inspection['가동전(稼動前)시험/가동전검사, 가동중(稼動 中)시험/가동중검사'로 번역됨]; 펌프(pump)/밸브(valve)/모터(motor)/ 배관(piping) 등 원전의 모든 기기(component)는 사용하기 전에 시험(test)/검사(inspection)를 실시하여 성능(function)에 이상이 없을 시에만 사용하게 된다. 또한 사용 중에는 규정된 시간 안에 시험/검사를 실시하여야 한다. 이것은 발전소의 운전(operation)/ 가동(power operation)/정지(shutdown) 상태에 따라서 요구되는 시간 간격으로 기기의 건전성(integrity)/사용가능성(operability) 이 확인되어야 한다는 규정이다. 따라서 이 말은 '사용전(使用前) 시험/사용전검사, 사용중(使用中)시험/사용중검사'라고 하여야 논 리에 맞는 말인 것이다. 즉, 작은 밸브 하나도 보수(maintenance) 를 수행한 후에는 반드시 '사용전시험/사용전검사'를 수행하여야 하는 건데, 이를 '가동전시험/가동전검사'라고 지칭하는 것은, 발 전소 전체설비(overall plant facilities)를 운전해야 하는 가동(plant power operation)을 연상케 하여 오해를 불러올 여지가 있는, 논리 에 맞지 않게 잘못 사용되고 있는 용어인 것이다.

- 위와 같은 현상은 비논리적(illogical)인 용어를 계속 사용케 하여, 논리적인 사고력의 성장을 방해하고, 전체적인 기술 수준의 답보/저하를 가져오게 하는 것이고, 오해(misunder- standing)/착각(mistake)으로 인한 사고(trouble)를 유발하고, 행정상(administration)의 불일치(mismatch)를 불러올 여지를 내포하게 하는 것이다.

그런데 이러한 용어를 일단 사용하기 시작하면 고치는 것이 쉽지 않은 것이다. 30 년이 넘게 지났지만 고칠 생각 없이 계속 사용하고 있는 것이다. 이러한 용어/말들이 한둘이 아니다. 특히 원자력안전법령은 이러한 것들의 집합체이다. 이러한 현상은 본 법령의 특성상 기술(description)에 요하는 말들이 대부분 번역되어 사용되는 외래(foreign)된 말(words)/용어(term)로 이루어질 수밖에 없기 때문이다.

이것을 방치한다는 것은 말/용어 하나하나의 논리성을 포기하는 것으로 결국은 전체적인 기술력(technology)의 엉성함을 보여주는 것으로, 사상누각의 기술력을 자랑하다가, 결국은 국가적인 손실/낭패를 가져올 결말을 초래할 것이다.

- 작은 문명의 언어로 거대한 문명의 언어를 대치하는 '무모한 행위'가 안고 있는 커다란 위험요소(risk factor)인 것이다.
- 이러한 무모함이 '세월호의 침몰'이라는 비극(tragedy)의 현장에 숨어 있는 '판도라의 얼굴(Pandora's figure)'인 것이다.

경제학 논리에서 'indifference curve'라는 것이 있다. 이를 '무차별곡선(無差別曲線)'이라고 번역하여 기술하고 있다. 이것은 원어(original word)의 개념을 왜곡하는 번역의 어쩔 수 없는 모양새이다. 'Indifference'는 '다르지 않다'라는 말인데 이것을 '차별이 없다'라는 뜻의 '무차별'이라고 한다면 같은 개념인 듯도 하지만 느낌은 상당히 다른 것이다. '다르지 않다'

라는 말은 '같은 가치(same value)를 지닌다'라는 의미를 나타
내는 데 반해, '무차별'이라는 말은 '차별을 두지 않는다'는 의
미를 지닌다. 이것이 어찌하여 같은 말이라고 할 수 있는가?
차라리 '같은 가치'를 표현하는 '등가(等價)'라는 말을 써서 '등
가곡선(等價曲線)'이라 하는 것이, 경제학 논리상 원래의 개념
(original concept)에 더 가까운 말일 수 있는 것이다. 그렇지
만 둘 다 원래의 개념을 왜곡(misleading)하는 말이 될 뿐이다.

- 그러므로 원어인 'indifference curve'란 용어를 그대로 사용
  하는 것이 당연히 최선의 방책(policy)이다. 무엇 때문에 번역
  을 하여 원래의 용어가 품고 있는 논리를 조금이라도 왜곡하
  려 하는가? '무차별곡선'이라는 말은 이해되기 쉽고 'indiffer-
  ence curve'란 말은 이해되기 어려운 말이란 것인가?
- 한마디로 타인을 경시하고, 자신을 과시하려는 어리석은 생
  각(nonsense)일 뿐이고, 결과적으로는 학문의 논리를 증발시
  켜 먹통의 학문을 만드는 야만의 행위가 되는 것이다.

이런 식의 용어들이 경제학 이론에서 수십/수백 개가 등장하
는데, 이러한 용어들이 전체적인 논리를 끌고 가게 되는 '누군가
가 해준' 번역을 통한 학문의 성취는 결국에는 미미(insignificant)
한 것이 되고 말 것이다. 결과적으로 타인의 귀한 시간을 앗아가
고, 도약(leap)할 기회를 차단하는 파렴치(shameless)한 행위가 되
고 마는 것이며, 국가적으로는 미개한(underdeveloped) 상태에
머무르게 되는 암초(trap)인 것이다.

한국의 침몰

- 잘못된 지식을 갖는 것보다는 차라리 지금은 모르는 상태가 백배는 더 나은 것이다. 엉뚱한 벽에 갇힌 것보다 밀림(jungle)을 헤쳐 나갈 수 있는 기회(opportunity)를 가질 수 있는 것이다.
- 학문을 성취하려는 학구열(desire to learn)과 그에 따르는 희열(delight)을 앗아가는 교각살우(a deadly effect of a good intention)의 행위이다.

여기서는 용어만을 예로 들었으나 서술적인 부분에 있어서도 똑같은 현상이 발생할 수밖에 없다. 이것은 단편적으로는 번역가의 문제이지만, 근본적으로는 번역되는 언어인 한국어에서 비롯되는 문제인 것이다.

이러한 현상은 애초에 번역을 통해서 우리의 학문(studies)/기술(technology)을 완성할 수 있을 거라는 정책에서 비롯된 것으로, 갈수록 그 현상이 심화될 것이다. 이것을 바로잡는 길은 일단 용어에 대한 번역을 멈추는 일이다. 한자(Chinese character)를 동원하여, 계속 새로운 용어(vocabulary/terminology)를 만들어 가며, '이 말이 그 말이다' 하면서, 한국만의 학문/기술을 진전시키겠다는 의도를 접어야 하는 것이다. 한자를 사용하여 계속해서 신조어(neologism)를 만들어 쓰지 말고 원어인 영어를 그대로 쓰는 것이다. 이미 사용되고 있는 용어도 본래의 영어로 기재하는 것이다.

본 글 뒤에 수록된 '수학은 영어의 개념으로 성립된 학문이다;

한국어로는 수학논리를 설명할 수 없다' 편에서, 수학(mathematics)이라는 학문을 도저히 이해할 수 없게 만드는, 한국어로 번역/번안된 용어들에 대해 기술하고 있다. 학생이 '수학'이라는 학문을 포기할 수밖에 없는 이유는 한국어로 전환(transfer)되면서 영어라는 언어(language)가 품고 있는 고유(unique)의 서술적 논리(narrative logic)를 증발시켜 더 이상 이해하기 힘들고, 진전할 수도 없는, 박제(stuffed)화된 '한국식(Korean style)의 수학'을 선진 문명의 'mathematics'라고 주장하고 강요하는 데 있는 것이다.

- 한국어는 거대한 선진문명을 이룩한 언어인 영어를 수용할 수 없는, 작은 문명의 언어일 뿐이라는 현실(reality)을 말해주는 현상(happening)인 것이다.
- 아프리카 언어로 수학을 설명한다면 당연히 이해가 안 될 것이라고 생각하듯이, 한국어는 그보다 나을지 몰라도 여전히 안 되는 것이다. 역사적 지리적 배경이 완전히 동떨어진 문화에서 이룩한 문명의 최고 학문이, 낯선 지역의 토착의 언어로써 어찌 설명이 되겠는가?
- 'arithmetic'(산수)까지는 무난할지라도 'algebra'(대수), 'geometry'(기하), 'calculus'(미적분)로 이어지는 'mathematics'(수학)의 개념은 한국어로 도저히 논리 있게 설명할 수 없는 것이다.
- 대한민국에는 존재하지도 않았던 개념의 학문/기술을 한국어로 기술(describe)하여 가르치려는 것 자체가 무리한 시도이고 억지인 것이다.

한국의 침몰

영어는 기술하기 어려운 분야도 서술적(predicative)으로 이해가 되도록, 논리적으로 기초적인 개념으로부터 시작하여 점차적으로 결론에 도달하게끔 연관적인 논리로 기술한다. 그러므로 전체적인 이해가 무리 없이 자연스럽게 진행된다. 그런데 이러한 영문을 한글로 번역해 놓으면 논리적이고, 순차적(sequential)인 기술이 안 되고, 영어의 말 하나하나를 독자적으로 번역해 놓은 이해하기 힘든 기술로 바뀐다. 즉, 글의 논리가 사라지는 것이다. 번역자의 능력에 따라서 다소 차이가 있을 수 있겠지만, 결과적인 면에 있어서는 대동소이(virtually identical)하다고 볼 수밖에 없다.

번역은 원문의 의미의 일부분만을 전달하게 되는 문제가 생긴다. 원래의 뜻하는 바의 100%가 아닌 것이다. 90%가 될 수도 50%가 될 수도 있다. 이것이 번역의 본질이고 숙명이다. 이것이 쌓이고 쌓이면 결국은 무(zero)에 가까이 수렴하게 되어 먹통 현상이 발생된다. 그것은 '무슨 말인지 확실히 모르겠다' 하는 부정적인 결말로 다가오는 것이다.

흔히 번역을 하고 나면, 한글의 문장이 영어 문장에 비해 훨씬 짧게 끝난다. 예전에는 이 현상이 한글의 우수성이라고 잘못 생각한 적도 있었다. 영어의 다양한 기술/묘사 방법에 눈뜬 지금은, 문명의 수준 차이에서 오는 어쩔 수 없는 현상이라고 인정할 수밖에 없게 되었고, 번역으로는 이질적(foreign)인 문명/문화의 개념을 온전하게 전달할 수 없다는 것을 깨닫게 되었다.

- 결국은 짧아진 만큼 원래의 의미가 상실/휘발된 것이다. 의미 전달의 편차(bias)가 발생할 수밖에 없는 것이고, 그만큼 이해하기가 곤란해진 것이라고 단정할 수 있다.
- 세계인이 애용하는 인터넷 백과사전(Encyclopedia)인 위키피디아(Wikipedia)를 보면 영어로 된 'Wikipedia'의 내용은 그야말로 대단한데 한글로 기술된 '위키피디아'의 내용은 상대적으로 십 분의 일 정도의 분량도 안 되는 것이다. 대부분이 한국어로는 도저히 표현할 수 없는 고차원(high-dimensional)의 심오(profound)한 내용인 것이다.

사전(dictionary)을 보면 영어의 한 단어가 사용되는 곳에 따라서, 뜻하는 우리의 말이 여러 개가 나열되어 있다. 이러한 현상은 그 자체로 번역을 통한 의미 전달이 어렵다는 이야기가 되는 것이다. 번역이 지속될수록 본래의 의미가 온전히 전달될 수 있는 확률은 제로(zero)에 가깝게 수렴될 수밖에 없는 것이다. 사전에는 영어 한 단어에 대해서 다양한 뜻이 나열되어 있다. 원어인 영어는 그것을 모두 함축한 뜻으로 쓰인 것이다. 그중에 하나의 뜻으로만 쓰인 것이 아닐 수 있는 것이다. 그러나 번역은 그중에 하나만을 골라 사용하게 된다. 이러한 과정이 몇 번 진행되면 원문 텍스트와 번역된 텍스트의 글의 개념이 일치되지 않게 된다. 이러한 선택 과정이 길어지게 되면 결국은 전체 글의 메시지가 혼란스럽게 된다. 이것이 번역된 전문 서적을 읽고 나면 무슨 말인지 이해가 안 되는 먹통 현상을 설명해주는 것이다.

한국의 침몰

그러므로 이러한 현상을 감수하면서 학문/기술을 번역으로 수용하면 그 결말은 없음(nothing)을 지나 학문/기술에 대한 잘못된 선입견을 부추겨 아예 기피하게 되는 등의 마이너스(minus) 효과로 이어지는 것이다.

- 이러한 과정(process)이 대한민국 청년(youth)의 학구열(passion for study)을 잠식(erode)시킨 근본적 원인(root cause)인 것이다.
- 오늘날의 청년을 불행하게 만든 것은 대한민국의 언어인 한국어로 선진문명을 재단(absorb)할 수 있다고 생각하는, 영어문명[EL]에 대한 무지(ignorance)에서 비롯된 오만(arrogance)이다.

항상 번역된 글은 영어 원문과 대조하여야 확실한 뜻을 알 수 있다. 번역된 글이 그 뜻이 모호한 것은 번역가의 문제뿐만이 아니라, 우리의 언어/한국어/한글 자체의 문제에서 비롯되는 것이다. 즉, 문화 차이로 인한 의미/뜻의 미묘한 차이는 쉽게 표현해 낼 수가 없다는 것이다. 다시 말해, 딱 맞는 개념을 가진 말이 없다는 것이다.

- 이것이 문화의 차이이고, 특히 높은 문명의 언어를 낮은 문명의 언어로 전환시킬 때, 두드러지게 나타날 수밖에 없는 현상인 것이다.

문명이 높다는 것은 다양한 표현 방법이 있다는 것이고, 반대로 문명이 낮다는 것은 단순한 표현 방법밖에 없다는 것이다. 그러므로 낮은 문명의 언어로 된 텍스트는 용이하게 높은 문명의 언어로 된 텍스트로 온전히 전환/번역하여 기술할 수 있다. 그러나 높은 문명의 언어로 된 텍스트를 낮은 문명의 언어로 된 텍스트로 온전히 전환/번역하고자 하면 이는 불가능하다고 여겨야 하는 것이다.

- 대칭되는 언어가 없는 것이다. 다시 말해 대칭되는 생각 (thought)/개념(concept)을 갖고 있지 못하다는 말이다.
- 이러한 현상의 하나로, 작가 '한강'의 소설 『채식주의자(vegetarian)』가 영국의 '맨부커(Man Booker)' 상을 수상할 수 있었던 것은 영국인 번역가를 만나는 행운을 가졌기 때문인 것이다. 한국 소설을 영어로 번역을 한다는 것은 단순번역을 넘어서서 창작에 가까운 행위라 할 수 있다. 순수한 한국인 번역가로서는 절대 도달할 수 없는 언어적 정신세계라 할 수 있다.

대부분의 나라에서는, 특히 문명이 낮은 나라에서는 그 나라 고유의 언어로 번역하지 않고서 서양의 문명을 바로 흡수하는 것이다. 즉, 영어를 그대로 사용하여 선진학문을 배우는 것이다. 이러한 과정을 통해 필연적으로 그들은 모두 영어를 잘 구사하게 된 것이다.

뱁새가 황새 따라가다가 가랑이가 찢어지듯, 현대의 눈부시게 발달하는 선진문명의 학문을, 한자(Chinese character)를 동원한 한국어/한글로 더 이상 수용할 수 없다는 것이다. 계속해서 불통(incommunicative)의 말/용어를 만들어내어 이를 이 시대의 첨단의 언어로 대치하는 행위를 멈추지 않는다면 이 사회는 선진 문명을 추구하다가 혼돈/혼란의 늪에 빠져 헤매는, 시지프스(Sisyphus)의 운명과도 같은 암울한 시기를 영원히 벗어나기 힘들 것이다.

- 이것은 '세월호 참사'로 상징되는 이 시대의 야만(barbaric)이 이 사회 곳곳에서 자생(grow naturally)할 수 있는 양분을 계속해서 공급해주는 것이다.
- 번역을 해서 학문/기술을 하게 될 때, 그 번역된 학문이 원래 학문/기술의 뜻을 벗어나 왜곡된 형태로 흘러갈 때, 누가 그것을 잡아낼 것인가? 마땅한 방법이 없다. 이 작은 나라에서 그러한 오류(error)를 찾아내고 시정(correct)할 자체적인 능력을 갖추는 것은 불가능(impossible)한 것이다.
- 그러므로 아예 이러한 상황이 오지 않게 피해가야 당연하다 할 수 있는 것이다.

현대 서양의 학문/기술을 아프리카의 언어로 전환/번역할 수 있을 것인가? 우리의 언어는 아프리카의 언어보다 얼마나 뛰어나다고 할 수 있을까? 서양의 언어와는 얼마간의 차이를 가지고 있을까? 이 시대의 우리의 언어는 조선 시대의 언어에 비해 얼마나 진보(progress)하였는가?

- 언어(language)는 문명(civilization)과 동급(equal)이다. 학문/기술을 기술(describe)함에 있어서 우리의 언어인 한국어는 서양의 언어인 영어에 비하면 어쩔 수 없는 한참 뒤처진 격화소양(신을 신고 발바닥을 긁다; inadequate)의 언어인 것이다.

아프리카의 언어로써 서양의 문명을 구현(realize)할 수 없다. 마찬가지로 한국어로써는 서양의 문명을 구현할 수 없다고 단정한다. 되는 것도 있고 안 되는 것도 있다면 그것은 결국 안 된다는 것으로 결론을 내려야 한다.

우리가 서양의 문명을 구현하려면 서양의 언어를 사용하여야 한다. 번역을 통해서 달성할 수 있다고 하는 것은 억지이다. 왜냐하면 우리 문화/문명은 서양 문화/문명과 너무나 이질적(disparate)이며 같은 수준이 안 되기 때문이다.

- 나는 번역으로 선진문명의 문물을 구현한다는 것이 어떻게 위험을 초래하는가를, 본 글의 전편(previous chapter)인 '원자로조종감독자의 고백', '한수원비리 사건에서의 아픈 진실', '후쿠시마 원전사고와 우리의 원전' 편을 통해 실제적인 경험(practical experience)으로써 토로하였다.

한국의 침몰

따라서 우리가 서양 문화를 제대로 실현하려면 서양의 언어를 완전히 이해하여야만 된다는 것이다. 이것은 우리의 입장에선 불가능(impossible)에 가까운 주문(request)이 될 수 있다. 그러므로 필수적(essential)/핵심적(core)인 분야를 선정하여 그 안에 내포된/용융된 언어를 온전히 배워 소기의 목적을 달성하도록 추구하는 것이 서양의 학문/기술을 제대로 수용할 수 있는 최선의 정책인 것이다.

- 어느 분야에 있어서 어느 정도/수준까지는 번역을 통해서 잘 되고 있다고 느낄 수도 있다. 그러나 전체적인 면과 장기적인 면을 동시에 만족시킬 수는 없을 것이다. 나라에 명운(destiny)이 걸린 사안에 대해 도박(gambling)을 걸 수는 없다. 이는 절대적인 사안(issue)인 것이다. 현 상태를 어쩌지 못하는 무사안일(complacent)의 처신은 이 민족에게 돌이킬 수 없는 아픈 결말을 계속 초래하고 있는 것이다.

우리의 문명을 선진문명과 동시에 움직이게 동기(synchronize)시켜야 한다. 같이 물려 돌게 하여야 한다. 그리하여야만 이 작은 나라는 오늘날의 선진 문명을 추구할 수 있고, 여기서 부여하는 혜택(benefits)/기회(opportunities)를 위험하지 않고 용이하게 누릴 수 있는 것이다. 우리가 오늘날 겪고 있는 혼돈(chaos)/불평등(inequality)/무질서(disorder)/부조화(mismatch)/비리(corruption)의 형태로 나타나는 야만에서 비로소 벗어날 수 있는 것이다.

그 방법은 오로지 선진 문명의 언어인 영어로 된 텍스트를 금과옥조(golden rule)로 받아들이는 영어문명[EL; English Literacy] 능력을 젊은이에게 심어주는 것이다. 고려/조선의 문명이 중국 문명(Chinese civilization)의 글인 한문(Chinese literature)을 금과옥조로 받아들여 생존하였듯이, 오늘의 대한민국은 서양문명을 영문(English literature)으로 받아들여야만 한다. 즉, 영어문명[EL]을 적극적으로 실현시켜야 한다. 지금처럼 어정쩡한 반벙어리(half-dummy) 행세밖에 못하는 형태를 방치하여서는 절대로 우리는 선진문명을 따라갈 수 없고, 이 질곡(in fetters)에서도 벗어날 수 없는 것이다.

우리가 선진문명에 이미 도달하였다고 생각한다면 그것은 아전인수(self-centered)식 착시(illusion) 현상에 불과한 것이다. 그것은 몇십 배는 더 어렵고 중요한 소프트웨어(software)는 모르고 눈에 띄는 하드웨어(hardware), 즉 껍데기만 보고 판단하는 데서 오는 것이다. 하드웨어는 돈으로 해결되지만, 소프트웨어는 절대 돈만으로 해결될 수 없는 것이다. 해외에서 구입한 슈퍼컴퓨터(super computer)와 같은 고가(high-priced)의 장비들이 휴지(idle) 상태에 놓여 있는 현실은, 영어문명[EL]이 아닌 영어문맹[EiL]으로 인하여 소프트웨어를 이해하지 못하여 발생되고 있는, 외국인은 미처 눈치 채지 못할 수도 있으나 결국은 알게 될, 한국만의 속 터지는 바보스러운 자화상(self-portrait)인 것이다. 소프트웨어는 인간의 두뇌작용(brain work)으로 이해하여야 하는데, 그것은 곧바로 언어에 대한 이해가 필수적인 것이다. 영어문명[EL]이 안 되면 비싼 장비일수록 더 문제가 되는 것이다.

- 이는 인류의 문명이 발달할수록 더욱 우리에게 부과되는 애로사항(difficulties)인 것이다. 3차/4차로 산업이 발달할수록 어이없게도 우리는 더욱 난처한 말 못할 궁지(untold plight)로 몰리게 되는 것이다. 이 무슨 궤변(sophistry)이란 말인가?

요즘 들어 인문학(humanities)이 고사(wither) 위기에 처했다는 말을 자주 듣는다. 인문학을 제대로 하기는 하고서 이런 말이 나오는 것인가 하는 의문이다. 번역을 통해서 학문을 하였다면 그 학문이 제대로 되었을까 하는 의문을 낳는다. 피상적(superficial)으로 남의 흉내만 내는 겉치레 학문 형태를 이 시대의 학문이라고 주장하면 안 된다. 실질적이지 못한 먹통의 학문으로는 서양의 학문을 추종할 수 없고, 그 결말은 고사되는 것이다. 무사안일(complacency)로 인한 자업자득의 결말을 깨우치지 못하고 남의 탓을 하고 있는 것이다.

인문학의 기본은 철학(philosophy)이고, 학문의 최고봉이 철학이다. 동서양(East and West) 사상가(thinker)의 말 몇 마디를 소개하고, 연대기(chronicles)/시대상(times)/인물평(personal remark) 적당히 하고, 이 시대의 두드러진 논쟁(disputing) 몇 가지 생각해보고 끝나는 학문이 우리의 철학이 아니었는가 묻고 싶다. 이런 식의 학문은 고사될 것도 아쉬워할 것도 없다고 본다. 차라리 새로운 기운을 맞이할 수 있는 기회가 될 것이다.

40년 전 학창시절 프랑스 철학자 '장 자크 루소'의 『에밀』이라는 엄청 두꺼운 번역본(800페이지 정도에다 2단 인쇄)을 하루에 3~4쪽씩 해서 거의 1년간 본 적이 있다. 1쪽씩의 내용은 조금은 알 것 같은데, 몇 쪽을 넘기게 되면 그야말로 헝클어진 실타래가 되어서 무슨 맥락(context)을 이어 가는지를 알 수가 없었다. 이후 유명한 서양철학자의 책/저서를 제대로 읽어본 적이 없다. 무슨 뜻인지 알 수 없는 미로(maze)를 헤매는 듯한 글로 가득 찬 번역본을 읽고 철학자(philosopher)의 사상(philosophy)을 이해하기란 불가능한 일이다. 역자(translator)는 전체적으로 이해하지 못하였어도, 일본어를 거쳐 한글로 열심히 번역을 하였을 것이다.

철학가의 저서를 직접 읽지 못하고, 누군가가 작성해 놓은 평론(review)을 마치 자신의 의견처럼 적당히 둘러대는 학문은 학문으로서의 가치를 성립시킬 수 없다. 우리에게 동양철학(Eastern philosophy)은 가능하지만, 서양철학(Western philosophy)은 애초에 불가(unable)한 학문이다. 서양 학문을, 그것도 인간의 사상에 관한 학문을 번역을 통해 공부한다는 것은 그저 수박 겉핥기식의 수사(express)에 불과하다. 그렇다고 무슨 말인지 이해도 못하는 원서(original book in English)를 마냥 쳐다본다고 뜻을 알게 되는 것도 아니다.

- 우리의 서양철학은 서양철학가의 이름을 연대순으로 나열하는 겉치레의 학문으로 끝날 수밖에 없는 것이다. 서양철학가의 저서(book)를 독해(reading)한다는 것은 불가능에 가까운 영역인 것이다.

한국의 침몰

그들의 글/언어로 쓴 저서를 통해 사상(thought)을 읽어내고 우리의 언어로 풀어내는 행위/연구는 불가능에 가까운 일이다. 어렵게/이해하기 힘든 글들을 나열하고 독자로 하여금 알아서 이해하기를 바라는 번역서를 발견하는 것은 어려운 일이 아니다. 누군가가 무모하다고도 볼 수 있는 시도를 한 것이다. 난해한 철학 서적은 이렇게 하여 탄생한 것이다. 원서가 그런 것이 아니고, 그들의 사상을 옮겨 담을 우리의 언어가 마땅치 않은 것이다. 그것을 읽는 순간 우리는 온갖 궤변으로 기술된 듯한 혼돈의 세계를 경험하게 될 뿐이다.

- 서양철학은 우리의 언어로는 성립되기 어려운 학문이다.
- 번역가의 문제가 아니라 문화적인 차이로 애초에 불가능한 일이다. 한두 줄의 문장은 그 뜻을 전할 수 있어도, 그것이 한 페이지를 초과하게 되면, 그 사상의 연속성(continuity)을 이어갈 수 없다. 그것은 마치 동양화와 서양화의 차이와도 같은 이질성(heterogeneity)이다.

이러한 현상은 오늘날 세계적인 백과사전(encyclopedia)인 'Wikipedia'와 한국어로 작성된 백과사전인 '위키피디아'를 놓고, 동일한 말을 검색해보면 많은 차이를 간파할 수 있는 것이다.

영어로 된 원어(original language)가 번역이라는 과정을 거치면서, 그것이 아무리 뛰어난 번역이라도 어쩔 수 없이 다른 느낌(nuance)/함의(connotations)/아우라(aura)를 주는 말로 변할 수밖에 없고, 이러한 말만을 대할 수밖에 없는 독자(reader)는 나름대로의 편향(biased)된 상상(imagination)을 펼치게 되는 것이다. 번역으로는 도저히 헤쳐 나갈 수 없는 무수한 말들은 아예 생략할 수밖에 없는 것이다. 이러한 결과로 영어로 된 원문보다 한글로 된 번역 문장이 항시 짧게 끝나는 것이다. 상당량의 지식이 휘발(volatile)되고 생략(omit)된 것이다. 이러한 과정의 자기기만(self-delusion)으로 우리는 흉내만 낸 겉치레 학문을 하고 있는 것이다.

- '빛 좋은 개살구' 모양이 된 것을 본인은 스스로 몰라도 남들은 모두 알아채고 시치미를 떼고 있는 것이 냉정한 현실이다. 타인(others)/타국(foreign country)의 입장에서는 어찌 해볼 수 있는 일도 아니기 때문이다.

이러한 현상으로 인한 수 없는 논리의 비약(logic leaps)이 수학(mathematic)/과학(science) 등 서양 학문에 출몰하여 학생들의 뇌(brain)를 무력화(paralysed)시키는 것이다. 이렇게 해서 학문에 대한 추구(pursuit of learning)는 끝이 나는 것이다. 이것이 수학/과학 포기자가 생겨나는 근본적 이유이다.

교사가 이러한 현상의 근본 원인을 이해하지 못한다면, 학생은 더욱 미궁(mystery)으로 빠져들 수밖에 없고, 결국은 무능(incompetent)한 자신의 두뇌를 탓하면서 고문(torture)과도 같은 학문을 포기할 수밖에 없는 것이다.

한국의 침몰

- 서양 학문을 우리의 언어로 번역(translation)/번안(adaptation)을 해서 온전히 가르치고 배우는 것은 불가능하다. 그것은 억지스러운 행위로 결국은 학생/청년/국가를 불행에 빠트리는 결말을 초래한다.
- 서양 학문의 최고 경지는 수학(mathematics)/철학(philosophy)이다. 그것은 번역이 불가능한 영역이다.

　수학의 논리를 번역으로 일관성 있게 유지할 수 있다면 그것은 산수(arithmetic) 정도의 수준이다. 그 이상은 안 된다. 그러한 시도(attempt)는 포기되어야 한다. 시간만 소비하고 결국은 어정쩡한 흉내만 내다 끝날 것이다.

- 그러나 한 인간의 인생에 있어서는 자각(realize)할 수 없는 치명적(fatal)인 독(poison)으로 작용하는 것이다.

　번역된 학문/기술의 형태로 계속 진전되는 원래의 학문/기술을 추종할 수 있는가? 누가 추적을 하고, 누가 번역을 계속 해줄 것인가? 불가능한 일이다. 학문은 더 이상 진전될 수 없다. 학문의 단절을 자초하는 짓이다. 우리 문화의 계승/발전을 위하여 번역으로 선진 학문/기술의 도입을 추구한다는 것은 어불성설(do not hold water)의 비논리적(illogical)인 발상(idea)인 것이다. 그저 남의 흉내 내기(mimic)에 불과한 몸짓(gesture)이며 결실(fruit) 없는 공염불(empty prayers)이 될 것이다.

따라서 처음부터 원래의 학문/기술의 원문인 영어 텍스트 (English text)대로 배우는 것이 최선의 선택이다. 그러면 진전 (progress)되는 학문/기술을 계속 따라잡을(chase) 수 있다.

- 이것이 영어를 잘한다는 진정한 의미인 것이다.
- 이것은 세계적 추세(global trend)에 보조를 맞춰 갈 수 있다는 의미이다.

우리의 문화/한국어/한글을 살리겠다고 선진(advanced)학문의 한글화(Koreanize) 정책에 집착(fixation)하고, 나아가서는 법제화 (legislation)하는 것은, 대한민국을 현재와 같은 혼란의 구렁텅이 (trap)에서 헤어나지 못하게 하는 자승자박(ask for trouble)의 우민 화(dumb down) 정책이 될 것이다.

번역은 결국은 없어져야 할 행위(performance)인 것이다. 번역 은 아무리 잘해도 원래의 의미를 전달하는 것은 불가능하다. 번 역 작업을 직접 해보면, 머리에서 김이 나고, 머리카락이 하얗게 새는 느낌을 받는다. 번역 작업을 완료하였다는 느낌보단, 어쨌 든 최선을 다했다는 느낌을 갖고 힘든 작업을 끝내는 것이다. 내 가 번역한 글을 읽어보면 이해가 시원하게 되는 게 아니지만 그렇 다고 더 이상 수정(modify)할 수도 없는 진퇴양난(dilemma)의 경우 가 태반이다.

- 그러므로 번역을 거친 책/텍스트를 읽어보면, 혼란스러운 말로 뒤범벅인 기술이 대부분이다. 타인이 이를 읽고 지식을 얻는다는 것은 불가능하다고 할 수밖에 없다.

가을이 되면 독서의 계절이라고 하며, 우리 국민이 다른 나라 국민들에 비해 책을 안 읽는다고 한탄을 한다. 그런데 상대적으로 읽을 만한 책이 얼마나 있는가를 걱정하지 않을 수 없다. 번역을 거친 대부분의 책들은 읽기가 사실상 겁난다. 현실은 책을 안 읽는 것이 아니라, 읽을 만한 책이 많지 않다는 것이다.

- 한국인이 책을 안 읽는다고 독서의 계절/가을이 되면 탄식만 하는 일상적인 넋두리는 본질을 파악하지 못해 생기는 것이다. 몇십 억의 인구에서 탄생되는 영문으로 된 텍스트에 비해, 오천만의 인구에서 탄생되는 한국어로 된 텍스트는 많이 나오지 않는 것이 당연하기 때문이다. 번역서는 기본적으로 김빠진 글인 것이다.

소설류는 대부분 윤색(embellish)하여 번역한다. 따라서 원작 그대로가 아닐 수 있는 것이다. 그래서 원래 문장의 뜻과는 달리 역자의 의지대로 매끄럽게 이어나갈 수 있다. 그래서 가끔은 오역(misinterpret) 여부의 시비(dispute)가 일어도 외면하고 마는 것이다. 소설류에서의 이러한 현상은 현실상의 문제를 일으키지는 않으므로 학문/기술과는 양상이 다른 것이다.

학술서/기술서 등 소설류를 제외한 분야, 즉 논리/지식을 기술해야 하는 분야는 윤색이 불가능한 영역이다. 여기에서의 번역의 오류는 해당 분야에 치명적인 악영향(bad impact)을 미치는 것이다.

- 독자(reader)가 책을 읽고 무슨 말인지 이해가 안 간다고 하면, 이는 대부분 번역으로 인해 초래된 먹통 현상이다. 독자의 무지(lack of knowledge) 탓이 아닌 것이다. 언어상(linguistic)의 문제로 인한 것이다.

- 번역을 통해 지식을 습득한다는 것은 불가능한 일이라고 단정할 수 있다. 그러기에 불가능한 일을 벌일 수밖에 없는 현실은 그 자체로 큰 문제가 될 수밖에 없다. 갈수록 곤란해지는 직시(face up squarely)하여야 할 대한민국의 중차대한(significant) 현실적(realistic) 난관의 문제(difficulty)이다.

- 영어로 된 산업기술(industrial technology)을 번역해 놓으면, 그 의미를 쉽게 구별하지 못하여 난해한 기술이 된다. 우리나라 기술자(engineer)가 외국에 나가면 반벙어리(half-dummy) 행세를 하다 결국은 국내로 복귀해야 되는 수모(disgrace)를 당하는 등 외국에서 제대로 환영받지 못하는 근본적인 사유이다.

통역은 상식적/일반적 수준에서의 의견교환(communication) 정도로 이루어질 수밖에 없다. 동시통역(simultaneous interpretation) 역시 크게 기대할 수 없다. 세미나(semina)/포럼(forum) 등에서 연설자(speaker)가 아무리 깊이 있는 표현을 하여도 통역사(interpreter)를 거쳐 표현되는 우리말은 평범하기만 하고, 때론 논리적이지 않은 상태로 대충 얼버무리고 넘어간다. 통역사의 능력을 탓하기보다는, 문화와 문화를 이어주는 통역이라는 매체가 제 기능을 발휘할 수 없는 영역에 들어선 것이다.

　이런 식의 의사 전달 과정에서는 섬세(detail)한 의견 교환이 이루어질 수 없고, 따라서 제대로 된 질문(question)이 생성될 수 없다. 강연(lecture)/연설(speech)의 메시지(message) 전달이 번역에 의해 두루뭉술/불분명하게 전달되기 때문이다. 이러한 세미나/포럼 등에서 흔히 볼 수 있는 특징적 현상의 하나는 별다른 질문이 없는 것이다. 이것은 번역을 통한 의사 전달이 갖는 일종의 먹통 현상이고, 이러한 행사(event)가 일종의 보여주기식 행사(show)로만 끝나는 이유인 것이다.

　2015년 8월, KBS 대한민국 미래 포럼(Future Forum)에서 존 홉킨스(John Hopkins)를 비롯하여 몇 명의 외국 유명 인사의 강연이 있었다. 이는 통역/자막(subtitles)을 통해 번역으로 시청자/청중에게 전달되었다. 그 전달 내용은 한마디로 격화소양(신을 신고 발바닥을 긁는) 형태의 두리뭉실한 내용인 것이다. 존 홉킨스는 발가락 하나하나를 세는 듯한 섬세한 말을 하였지만, 통역으로 전달되는 내용은 신발 앞부분을 통칭하는 듯한 뭉텅한 말로 그저 모양새만 그럴듯한 구두선(fair words)에 불과한 내용이 전달되는 것이다.

내가 듣기엔 통역이 미비하였다. 그러나 이러한 현상은 통역가의 문제 이전에, 영어와 한국어의 언어상의 문제로부터 기인하는 것이다. 같은 언어로 이해하지 못한다면 효과는 감소되어 미미해질 수밖에 없는 것이다.

- 통역을 통해서만 또는 기초적인 영어 대화를 통해서만 정보를 얻을 수밖에 없다면, 그 효과는 미미한 것이다. 무슨 감명(impression)이 일겠는가?

생명과학(life science), 지구과학(geoscience) 등 이 땅에서 자생(autogenous)한 학문이 아닌 서양 학문을 수입하여 번역/번안하여 가르치는 모든 교과목이 원어인 영어로 된 용어를 이해하기 어려운 한자 용어로 된 한자글/한글/한국어로 전환시켜 교육을 시키고 있다. 결과적으로 이러한 교육 형태는 진품(authentic)을 유사품(imitation)으로 고쳐서 전달하는 모양새이다.

영어에 익숙해지면 영어로 된 용어가 한자글보다 훨씬 이해하기 쉬워지게 된다. 그것은 한문에 익숙해진 세대에겐, 사서삼경(Chinese Classics)에 나오는 용어가 쉽게 풀어 놓은 진부한 한글의 설명보다 이해가 더 빠른 것과 같다. 아직 영어에 익숙하지 않은 세대를 위해서 이를 한자글로 번역해 놓으면, 당장은 알아들은 듯하나, 결국은 폐해(bad effect)를 가져오는 우매(folly)한 행위인 것이다. 이러한 정책은 영문보다는 한문에 익숙한 해방 전후 세대(1910~1965년대 출생)가 만들어 놓은 정책으로, 현 세대의 앞날을 위해서 하루빨리 바뀌어야 한다. 자라나는 세대는 한자도 영어도 익숙하지 않다. 이 세대에게 초기의 서양 학문을 영어로 가르치는 것이 당연한 정책이 되어야 한다.

- 한국어/한글은 어려운 한자글이며 좁은 한반도에서나 통하는 작은 언어에 불과하다. 한국어로 된 어설프고 거친 지식은 한반도를 벗어나는 순간 먹통(dumb)이 되는 것이다.
- 서양 학문의 기초부터 영문(English text)으로 시작해야 비로소 온전한 선진문명의 학문/기술을 실현할 수 있다. 청년과 국가의 미래(future)가 걸린 일이다. 이것은 절대적인 것이지 선택의 문제가 아닌 것이다.
- 학문의 교육은 그것을 이용해 나갈 당사자에게 맞춰 고귀하게 생존할 수 있는 미래 지향적인 교육을 시켜야지, 이해 당사자가 아닌 교사(teacher)/행정당국(admin officer) 등 학생이 아닌 관계자의 이해관계(interest)를 앞세워 뒤처지는 교육을 시켜서는 안 되고, 현대의 문명인 정보통신 환경을 총동원하는 등의 총력을 기울여야 한다. 당사자는 영어를 필요로 하는데 한국이라는 작은 나라에서만 통용되는 한국어로 가르쳐서, 청년을 우물 안 개구리로 만드는 잘못을 범하고 있는 것이다.
- 세계적인 지식이라도 한국어/한글/한자글로 가르친다면, 그것은 한국이라는 좁은 우물 안에서도 별로 쓸 일 없는 서푼짜리 서투른 지식이 될 뿐이다.

사실상 원어인 영어라면 이해하기 쉬운 용어를, 한자를 사용한 용어로 전환시켜, 훨씬 어려운 용어를 동원하기 때문에, 이해하기 힘들고 스스로 독학(self-study)하기도 힘들다. 후에 전문적인 지식(expertise)을 갖추려면 애써서 영어로 된 용어를 익혀야 되는, 되짚어 역(reverse)으로 가는 과정(process)을 거치는 수고(troublesome)를 들여야 한다.

왜냐하면 우리 스스로가 생명과학, 지구과학 등의 학문을 깊이 있게 탐구(science)를 진전시킬 수 있는 능력은 없기 때문에, 결국은 최종적으로 선진국의 연구 결과를 배우고 받아들여서 우리의 환경을 반영하여 스스로를 지켜 나갈 수 있는 노력을 하여야 하기 때문이다.

학문의 길이 이렇게 꼬여서야 어찌 전문가(expert)가 탄생하겠는가? 선진국의 연구성과(research results)를 좇아가기도 벅찬 일이 될 것이고, 결국은 흉내(copy)만 내다가 방관자(onlooker)/모방꾼(imitator)/구경꾼(spectator)으로만 남을 것이다.

- 가장 빠른 길을 택하여야만 되는 나라에서 오히려 돌고 도는 먼 길을 택하는 것이다. 무엇 때문인가? 우리는 실사구시(practicalities)라는 말은 수시로 되뇌고 있지만, 현실의 실제적인 모습은 알아채지 못하고 있기 때문이다.
- 과학 분야(science field)에서 노벨상 수상자(Nobel Prize laureate)가 탄생할 것을 학수고대(anticipate)하는 것은, 감나무 아래서 입을 벌리고 있는 것과 같고, 쓰레기통에서 장미가 피어나길 바라고 있는 격이다.

한국의 침몰

- 무조건 돈을 많이 투자한다고 될 일이 아닌 것이다. 선진국처럼 연구 환경을 갖춘다는 것이 실제적으로 무엇을 의미하는지도 모르는 막연(vague)하고 피상적(superficial)인 그리고 아전인수(self-centered) 격인 이야기가 될 뿐이다.

지금 현재도 누군가 만들어 낸 수많은 번역어, 누군가가 만들어 낸 새로운 용어가 우리를 혼란스럽게 한다. 시간이 갈수록, 기술이 진보할수록 더욱 정교한/진보된/세련된 형태의 말/용어가 출현할 것이며, 누군가는 한자를 동원하든지, 순수한 우리말을 찾아내든지, 원어를 그대로 수용하든지 하여 이에 대응되는 적정한 말을 만들어낼 것이다.

문명이 진전될수록 우리의 지식/정보를 나타내는 용어들은 그 원래의 의미를 쉽게 알 수 없는 한자글로 생성될 것이다. 갈수록 신지식 분야는 이러한 신조어가 전문용어로서 난무하는 정글이 되어, 웬만한 초보자의 접근을 쉽게 허락하지 않을 것이다. 이러한 신조어가 생겨날수록 우리말의 논리성은 무디어지고, 이에 따라 우리의 사고력은 점점 더 무력감에 빠져들 것이다. 이대로 가면 문명이 진화할수록 대한민국의 자랑인 한글이라는 문자를 사용하는 한국어라는 언어는 격화소양의 비효율적(inefficient)인 매체(medium)가 될 뿐이다.

이것은 나라의 발전을 가로막는 제거하기 불가능한 장애물(obstacle)로 작용할 것이고, 국민은 열심히 무언가를 하려 하지만 헤어나지 못하는 나락(abyss)에 빠져들면서 스스로는 원인을 깨닫지 못할 것이다. 우리는 비효율의 수렁에 빠진 것이다. 우리가 유식(erudite)하다 생각하는 것은 세계적으로 공유(common use)되는 지식이 아닌 한국 고유(unique)의 우물 안 개구리의 지식을 잘 알고 있는 것으로, 우물 안 세상의 식견(knowledge)일 뿐인 것이다. 번역으로 생성(generating)된 정보는 우물 안 개구리끼리만 통하는 반쪽자리의 별다른 의미 없는, 웃고 즐기는 우리만의 퀴즈 게임(quiz game) 정답(reply)일 뿐이다.

청년들은 할 일이 없어 프로 구장에서 고함이나 질러 대고, 청소년들의 꿈은 도저히 이루기 힘든 골치 아픈 학문이 아니라, 열심히 노력하면 통하는 야구선수(baseballer)/축구선수(footballer)/가수(singer) 등 스포츠(sports)/연예계(entertainment) 스타(star)에게만 향하게 되는, 실질적인 국력(national power)이 약화(weaken)되는 현실이 지속될 것이다.

- 우리는 좀처럼 벗어나기 힘든 영어문맹[EiL] 울타리에 갇힌 것이다. 작은 문명의 언어인 한국어로 거대한 문명을 속박(harness)하려는 어리석은 시도로 인해 대한민국의 청년은 고통을 겪고 있는 것이다.
- 번역/번안의 형태로는 우리나라의 학문/기술이 발전할 수 없다. 그것은 세계적으로는 쓰일 데가 없는 좁은 우물 안에서 억지로 통용되는 먹통의 학문/기술인 것이다. 논리의 상실로 생명력을 잃어 더 이상의 발전을 할 수 없는 박제 형태(stuffed figure)로 전락하고 마는 것이다.

한국의 침몰

- 어느 누가 이렇게 하여서는 대한민국의 안위(well-being)를 보장받을 수 있는 학문/기술의 발전이 요원(impossible)해질 것이라고 말해주겠는가! 우리가 스스로가 알아채야 한다.
- 아무리 잘된 번역도 원어(영어)를 그냥 쓰는 것보다 못한 것이다.
- 심판관(judge)이 없다고 해서 무모(reckless)한 게임(game)을 스스로 중단하지 못한다면, 피해자(victim)는 결국 대한민국 국민 모두가 될 것이다.

번역/번안된 학문으로 인한 교육의 실패; 무기력한 한국의 청년

_영어문맹으로 인해 한국 청년은 우물 안 개구리 신세

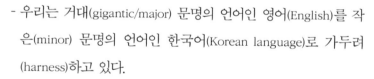

- **영어문명[EL]:** English Literacy: 이 말은 영어로 쓰인 학문/기술의 텍스트를 읽을 수 있는 상태를 말한다.
- **영어문맹[EiL]:** English illiteracy: 이 말은 영어로 쓰인 학문/기술의 텍스트를 읽을 수 없는 상태를 말한다.

- 우리는 거대(gigantic/major) 문명의 언어인 영어(English)를 작은(minor) 문명의 언어인 한국어(Korean language)로 가두려(harness)하고 있다.

- 이러한 시도로 인해, 영어가 품고 있는 서양 학문에서의 언어적인 논리성(linguistic logic)은 휘발(volatile)되고, 낯선 언어(한글)로 전환되어 기술되는 한국만의 한국식(Korean style) 학문을 강요하게 된다.

- 글로벌 세상(global world)에서 스스로 고립(isolated)되는 것이다. 청년을 글로벌 세상에서 아웃사이더(outsider)로 만드는 것이다.

한국의 침몰

우리의 언어(language)는 한국어(Korean)이고, 문자는 한글(Hangeul)이다.

우리는 한국어로 영어(English)로 기술(described)된 선진문명(advanced civilization)의 학문(studies)/기술(technology)을 추적(chase)하는 것이다.

우리 사회의 문제(social trouble)는 여기에서부터 발아(germinate)되는 것이다.

작은 문명의 언어인 한국어는, 거대한 서양의 선진문명의 학문/기술을 추종(follow)하기에는, 크게 역부족한 언어인 것이다.

한국어로 서양의 학문/기술을 번역(translate)하면은 논리성(logical)이 사라지는 것이다. 선진의 학문/기술을 온전히 옮겨 담을 수 없는 것이다.

그런데 우리는 한국어로 선진(advanced)의 학문(studies)을 하고, 논문(paper)을 만들고, 전문가(professional)/박사(doctoral)를 만들고, 고급기술(high tech)을 실현하였다고 과시하는 것이다.

최고의 학문/기술에서의 논리성 상실은, 이 조그만 나라에서는 어느 누구도 눈치 채기 어려운 잠재된 위험요소(latent risk source)를 내포(imply)하는 것이다.

외국인에게는 한국인들만의 언어/한국어로 작성된 학문/기술을 시비(dispute)할 수도 없고, 시비할 필요도 없는 것이다.

우리만의 리그(league)에서 감시자(supervisor)/심판관(umpire)이 없는 것이다. 단지 갑(boss)의 논리만이 지배하는 사회이다.

변방(periphery)에 위치한 이 조그만 나라에서 우리만의 고립(isolated)된 언어로 인류 최고의 문명을 구가(acquire)하려 하는 것이다.

우리의 학부모들은 아이들을 열심히 공부시키려는 자세를 가졌고, 우리의 아이들은 열심히 공부하고 싶어 한다. 우리의 교사들은 열심히 가르치고 싶어 한다.

그러나 우리의 교육은 이 시대의 학문을 소개(introduce)하고 교육(educate)시키는 데 실패하고 있다. 우리의 학생/젊은이는 필요로 하는 지식을 습득하지 못하고 있다.

이러한 부조화(incongruity)/불일치(discrepancy)는 어디서 초래(induced)되는 것인가?

지식(knowledge)이 결여(deficient)된 사회는 많은 문제점(trouble)을 낳게(breed) 된다.

지식이 없는데, 아는 것이 없는데 어찌 창조성(creativity)이 발휘될 수 있는가? 창조경제(creative economy)가 안 되는 것은 일단 지식이 결여되었기 때문이다. 아는 것이 없으면, 즉 무지(ignorant)/무식(illiteracy)하면 절대 창조적(creative)일 수 없는 것이다.

학문은 배우는 목적이 뚜렷하고, 배우는 재미가 있어야 한다. 그러나 현실은 어떠한가? 호기심을 조금은 충족시키지만, 학문의 목적이 시험을 통과하는 데 있는 것처럼 전도(inverted)되었다. 학문을 하는 본래의 목적은 상실되고 말았다. 학문이

한국의 침몰

좋은 직장/대학을 가기 위한 도구(tool)가 되어, 좋은 성적(good grades)을 내기 위한 공부로 전락되어 버렸다.

  - 학문이 인간의 우열을 가리기 위한, 시험 보는 도구로 전락하였다.

  우리의 교육 정책(policy)/과정(process)이 문제(problem)가 많다고 이구동성(unanimously)으로 얘기만 하지, 어디서 문제가 비롯되고 있는지를 모른다.

  우리의 교육과정이 좋은 대학을 가기 위한 자격을 얻기 위한 과정으로 전락하고 말았다. 이것은 심각한 문제이다. 세계 100위권에도 들지 못하는 대학을 일류 대학(prestigious universities)이라고 하는 우리의 현실은 그 자체로 비참한데, 그곳을 최고의 성적을 내는 학생만이 겨우 갈 수 있고, 거기서 실패하면 재수(repeat examinee)를 마다하는 현실은 더욱 한심(pitiful)한 일이 될 수밖에 없다.

  오로지 서울에 있는 소위 SKY로 일컫는, 세계적으로는 한참 뒤처지는 대한민국이라는 좁은 우물 안에서만 유명한 대학을 가기 위해, 재수/삼수를 택하고, 아까운 시간과 경비를 낭비하며, 학교로는 안 되어 학원(tuition class)을 추가로 다니고 있다.

  - 공부의 목표는 오로지 옆에 있는 친구보다 시험 점수를 더 받기 위한 치졸한(utterly shameful) 것이 되어버렸다.

암기 위주(memorize-oriented)의 선행학습(lessons in advance)을 시도하는 이 무지의 광풍 속에 떠 있는, 학문을 더욱 난해하게 만들면서 일류를 표방하는 서툰 지식의 학교/학원들은, 마치 '골든벨'/'장학 퀴즈'와 같은, 별 의미 없는 퀴즈문답(quiz' question and answer)과도 같은, 오로지 학업 성적, 점수 향상을 위한 공부의 요령을 전파하며 장황하게 우리 아이들을 괴롭힌다.

많은 아이들이 학문에 대한 혐오를 겪고 또한 견디기 힘들어 삶을 포기한다. 이러한 현상은 일생(life)의 학문을 위한 공부하고는 전혀 상관없는 우매한 집단광기(collective insanity)의 교육 현장에서 비롯된 것이다. 혼돈의 현장에서 야만적인 교육을 숙명(fate)처럼 받아들이고 있는 아이들의 눈동자가 애처로울 뿐이다.

그들에게 이 글로벌 사회(global society)의 구성원(member)으로 살아갈 수 있는 공부를 시켜야 한다.

- 단지 좋은 대학을 들어가기 위해서 공부를 해야 한다는 것은 인생과 학문에 대한 모욕(insult)이다.

대입용 수능(exams for university entrance)을 위한 영어/수학/과학(English/math/science) 등의 교육이 그 학문 자체에 대한 염증(inflame)을 유발(cause)한다. 엄청나게 쓸데없이 어렵다는 게 나의 소감이다. 오로지 대학 입시만을 위하여 교육을 시키는 것처럼 전도된 현장은 한심하고 무책임한 낮은 차원(low grade)의 정책(policy)이며, 이로 인한 결말(consequence)에 대한 분석

한국의 침몰

(analysis)을 포기한 리더십의 실종(lack of leadership)이다.

이것이야말로 교각살우(deadly effects of a good intention)의 우매한 정책이고, 교육의 목적을 망각한 무모(imprudent)한 행태이다. 야만을 타파하여야 할 교육 그 자체가 야만인 것이다.

배우는 즐거움을 주는 학문은 그 자체로 희열을 주면서 사람을 빠져들게 하지만, 즐거움을 느낄 수 없는 학문을 억지로 해야 한다면 그 자체로 고통스러운(painful) 고역(miserable)이 될 것이고, 결국은 포기(give up)하게 될 것이다. 이것은 개인(individual)에게는 학문의 종말(end of study)을 의미(suppose)하는 것이다.

- 외워야만 되는 학문은 그 자체로 학문이 아니다. 필요할 때마다 찾아서 볼 수 있으면 되는 것이다.

예전에 공부를 할 때, 한두 과목을 제외하고는 굳이 열심히 할 필요가 없음을 느꼈다. 이해를 하기만 하면 되는 과목을 열심히 외워야 하는 고통스러운 공부로 만드는 것이다. 무슨 의미가 있나? 필요하면 찾아 볼 수 있을 정도로 알면 되는 것이다. 그런데 시험을 보기 위해서, 학점을 따기 위해서 외워야 하는 것이다. 단지 인간의 인내력(endurance)의 서열(ranking)을 정하기 위해서 시련(trying time)을 안기는 것이다. 이러한 것은 낮은 수준의 교육인 것이다. 일회성(temporary)이고 휘발성(volatile)의 어리석은 (absurd) 교육인 것이다.

그런데 이러한 현실이 판을 치고 있다. 이러한 현실을 견뎌내는 자가 일류대학 출신이다. 자연히 굳건한 인내력과 정신력을 보유하게 된다. 그런데 그게 전부가 되어서는 곤란하다. 그러한 인내력으로 높은 학문/지식을 달성해내어, 이 사회를 리드(lead) 할 수 있는 자질을 갖추어야 하는 것이다. 사회는 이것을 요구 하며 사회구성원에게 교육을 시행하는 것이다. 그러나 우리의 인재들은 중간쯤에서 멈추고, 이후의 노력을 포기하는 것이다. 오로지 인간관계에 따른 처세술만이 그들 앞에 놓인 이 사회의 난제(difficulty)를 풀어 나가는 요령(know-how)처럼 보이고, 부 (wealth)의 축적을 인생의 목표로 설정하고, 이를 달성할 수 있는 수단만이 덕목(virtue)으로 자리매김하고 있는 것이다. 이 나라의 교육과 사회가 청년을 이러한 방향으로 유도하고 있는 것이다.

- '교육은 국가의 백년지대계(a plan spans a hundred years)'라는 말은 그냥 만들어진 말이 아니다. 참으로 가슴으로 느껴지 는, 가슴을 찌르는 비수와 같은 말이다. 많은 학생이 수업 시 간에 책상에 머리를 박고 자는 모습에서 어찌 이 나라의 앞 날이 찌그러져 보이지 않는단 말인가?

과거 수십 년에 걸쳐 많은 한국인이 2세의 교육을 위해 고 생을 무릅쓰고 미국으로 (불법)이민을 마다하지 않고 가고, 많 은 유학생이 미국에서 공부하기 위해 고생길을 떠난다. 수십 년 간 이를 목격/경험했으면, 이쯤에서 우리는 뭔가 발상의 전환(the change of conception reflecting the theme)을 하여야 마땅한 것이다.

한국의 침몰

- 우리가 이렇게 상황에 뒤떨어지고 비효율적인 교육정책을 고수(stick)하는 이유는 무엇인가?
- 죽은 세종대왕을 기쁘게 하기 위해, 오늘을 살아야 하는 젊은이들에게 고통을 강요하고 있는 것이 아닌가?

교사와 학부모가 아무리 교육열이 높아도 학생의 성취도, 즉 학생의 학문에 대한 열의가 떨어지면 무슨 소용이 있단 말인가? '버락 오바마' 미국 대통령이 한국의 학부모와 교사의 교육 열의에 칭송을 하였다고 해서 착각을 일으켜서는 안 된다. 그야말로 '빛 좋은 개살구' 꼴이 될 뿐이다. 대안학교, 농촌학교 등 기존 체제의 틀을 벗어나기 위한 시도가 그저 현실 도피 교육이 아니어야 한다. 현실이 살벌하다고 다른 대안을 찾아간다. 그렇다고 그곳에 아이의 장래에 대한 답이 있는 것이 아니다. 당장은 좋아 보일지 몰라도 미래를 보장/확신하지는 못할 것이다. 한 인간의 꿈과 끼를 조기(infant)에 단정하려 하면 안 된다. 어린 학생에게 미래를 강요하는 듯한 교육은 바람직한 것이 아니다. 그저 이 세상을 살려면 필요한 지식과 방법을 가르쳐주어야 한다. 서푼 짜리 섣부른 지식을 가지고, 하룻강아지의 시야(a day's vision)를 가지고 꿈(dream)을 얘기하게 하지 말아야 한다. 넓고 깊은 지식의 바다(knowledge ocean)를 항해할 수 있게 기초(foundation)를 닦아주어야 한다.

- 교육은 아이에게 넓은 세상을 향할 수 있게, 세상을 살아가는 힘을 길러주기 위한 방법을 채택하여야 한다. 모든 것을 다 가능케 하는 기본을 교육시켜야 한다. 제각기 거울에 투영된 일시적인 환상에 취해서 본질을 놓치게 하여서는 안 된다.

현재 우리 사회의 잘못된 현상은 반드시 변화시켜야 한다. 분명한 원인을 파악하여야 한다.

'우리는 안 된다' 하고 방치해서는 안 된다. 원인은 분명히 있다. 길은 분명히 있다. 힘들어도 가야 된다. 안 갈 수는 없다. 그것이 누구의 몫이든 우리는 해내야 한다.

학문(study)은 지적(Intellectual)인 노력(devotion)을 필요로 하는 과정(process)이다. 우리의 학구(academic)적 노력(endeavor)을 요구하고, 지적인 만족(intellectual satisfaction)을 가져다주는 것이다. 각자의 이상(dream)을 실현시킬 수 있는 과정(process)이다.

학문은 사물을 바라보는 능력을 키워주는 것이라야 한다. 논리적(logical)이고 체계적(systematic)이어야 한다. 새로운 세계(new world)를 찾아(search)가는 바탕(resource)을 제공(provide)해 줄 수 있는 것이라야 한다.

그런데 우리의 학문은 그렇지가 못하다. 서양의 학문은 그렇다. 무슨 차이가 있는가? 여기에 우리 교육의 문제가 있고, 답이 있는 것이다.

더 큰 학문을 하기 위해 대학을 가야지, 대학을 가기 위해 공부를 해야 하는, 이 우매(foolish)한 현실(reality)은 어디서 비롯되었는가?

그런데 이러한 대학이 사실상 이 시대가 필요로 하는 인력을 길러내는 데 실패하고 있는 것이다. 그리고 이 실패는 초중고 교과 과정과 맞물려 있는 것이다. ('영어문맹 탈출하기' 섹션 참조)

- 이것은 우리의 언어인 한국어의 문제인 것이다. 한국어는 이 시대가 필요로 하는 지식을 전달할 수 있는 언어가 못되는 것이다. 즉, 영어를 추종(follow)하기에는 크게 역부족(inadequate)의 언어인 것이다.
- 한국어는 글로벌 문명을 추종할 수 없는, 물질적/정신적인 면에서 상대적으로 엄청 작은 세계의 언어인 것이다. 그런데 한국은 세계적 경제 강국인 이웃나라 중국/일본에 휩쓸려서 무모한 도전(challenge)을 지속하고 있는 것이다.
- 한국어의 한계를 깨닫지 못하고 있는 것이다. 사실상 이러한 언어의 한계성은 쉽게 깨달을 수 있는 경지가 아닌 것이다. ('나의 학력/경력에서의 랩소디' 편 참조)
- 지금의 이 상황은 서양의 선진 학문/기술을 번역/번안을 통해, 한국어/한글로 전환해서 운영하고 가르치는 데서 비롯되는 예상치 못한, 어처구니없기도 한 결말(consequence)인 것이다.
- 한국의 산업화(industrialization)가 진행되면서, 서양의 선진문명을 점점 더 깊게 받아들이면서, 한국어/한글로 이루어진 지식은 점점 더 미흡(insufficient)한 불통(incommunicative)/먹통(dead)의 지식(knowledge)이 되어버리는 것이다.

한국어는 외래어의 대부분인 영어를 한글로 전환하여 표기하지만, 이 글자의 속성은 한자(Chinese character)를 조합하여 만든 한자글이며 한국어의 근간(stem)을 이루고 있는 것이다. 섬세하지 못하고 투박한 언어이다. 이러한 언어의 조합으로 계속해서 진보하고 있는 현대 문명의 치밀하고 논리적인 학문/기술을 서술하고 가르치겠다고 고집하는 것은, 마치 천자문(Chinese Thousand-Character Classic)으로 우주(universe)를 묘사할 수 있다고 주장하는 것과 같은 것으로, 그 교습(teaching)의 대상이 되는 누군가를 바보로 만들어 버리는 폭거(violence)인 것이다.

서양의 학문/기술이 이 세상을 지배하고 있다.

그러나 방대한 서양의 학문을 한글화하여 배우는 데는 한계가 있는 것이다. 영어를 별도로 배운다고 해결되는 문제가 아니다. 이런 상태에서는 유학을 가도 헤매다 오는 것이다.4)

- 한국과 같이 영어 학습 시간을 두고, 영어 자체를 배우려고 시도해서는, 단지 의식주를 해결하기 위한 수준에는 도달할 수 있지만, 선진의 학문/기술을 배울 수 있는 능력을 갖추는 영어문명(EL; English Literacy) 상태에는 도저히 도달할 수 없는 것이다. ('영어문맹 탈출하기' 섹션 참조)

---

4) 김종영 지음, 『지배받는 지배자』, p88, 「엄친아에서 열등생으로」, p116, 「똥밭이 거름이 되기를 꿈꾸는 이방인」.

우리의 언어인 한국어의 논리성을 왜 시비하는 것인가?

한글은 세계에서 가장 뛰어난 표음문자(phonogram)이다. 모든 음(sound)을 완벽하게 표기(write)할 수 있다.

우리의 언어인 한국어는 한글을 사용하여 기록을 한다. 의사표시 및 사물에 대한 묘사는 대부분이 한자를 이용하여 만들어진 말과 용어를 사용하여 이루어진다. 이런 의미에서 한국어를 '한자글'이라고 표현할 수도 있다.

우리가 판소리를 학문으로 한다면 아무런 문제가 없을 것이다. 우리말로 된, 우리나라에서 자생(native)된 학문이기 때문이다.

그러나 현재 한국 사회의 거의 모든 문물(products)은 외래(foreign)된 문물이고, 그 대부분이 선진국인 서양에 뿌리를 둔 문물이다. 시간이 갈수록 문명은 발달하고, 자연히 고도화(advanced)된 문물이 계속적으로 한국 사회로 유입되고 있다. 그것은 곧 우리가 가져보지도 생각하지도 못한 개념(concept)의 문물이 유입된다는 것이고, 그것을 지칭(designate)하는 새로운 한국어가 등장하여야만 한다는 것이다.

우리는 이것을 언제부터인가 유지되어 온 관례(routinely)대로 가능한 한국화(Koreanize)하기 위해 한글로 표기되는 새로운 말/용어를 만들어 의사소통 및 기록을 하고 있다.

이 시간에도 많은 용어(term)가 만들어지고 있으며, 대부분이 한자를 조합하여 만들어져, 웬만해선 그 뜻을 짐작하기 힘들고, 사용된 한자를 보고, 원어(original language)인 영어를 보고, 뜻풀이를 보고서야 비로소 그 의미를 짐작할 수 있는 것이다.

그런데 새로운 용어를 도입하는 과정에서 원어의 뜻과는 완전히 일치하지 않는, 주로 문화의 차이에서 기인(arose)하지만, 간과할 수 없는 왜곡(bias)이 발생하는 것이다. 다시 말해, 영어 원어의 뜻과 번역된 한국어의 뜻이 일치하지 않는, 약간은 다른 느낌(nuance)/함의(connotations)/아우라(aura)를 가진 언어가 되고, 이러한 현상이 누적(cumulated)되고 확산(diffuse)되면서, 결국은 심각한 장애(difficulty)를 초래하는 결말을 불러오는 것이다.

수학과 과학기술 등 탐구를 요하는 모든 외래 학문을 한국화하기 위해, 번역(translation)/번안(adaptation)을 통해서 한국어로 탐구(study)할 때, 우리는 너무도 쉽게 한계(limit)에 도달하는 것이다. 시작할 때는 거의 같은 듯하였으나, 이후로 약간씩 왜곡이 누적되어, 진도(progress)가 나갈수록, 논리가 맞지 않고(illogical) 비약(jump)되며, 결국은 모두가 자신도 모르는 사이에, 왜 그런지도 모르고 되돌리지도 못하는, 논리성이 결여된 용어가 난무하는 논리의 함정(logical pitfall)에 도달하는 것이다. ('한국어와 영어의 괴리; 번역으로 인한 문명의 불일치', '수학은 영어의 개념으로 성립된 학문이다' 편 참조)

한국어/한글로 번역되어 출간된 전문서적의 난해(incomprehensible)한 정도는 심각한 수준이고, 경우에 따라서는 상상을 초월한다. 한마디로 저자의 이름을 알리기 위한 텍스트이지 학생을 위한 텍스트라고 인정할 수 없는 경우가 많다. 우리나라의 문명/문화의 산물인 한국어/한글로는 이 시대의 전문성(expertise)을 서술(describe)할 수 있는 능력(ability)을 가지고 있지 못하다. 이것을 무리하게 운영하면 중도에 포기하게 되거나, 비학문적(anti-academic)인 행위를 방치하는 부작용(side-effect)만 초래(induced)하게 되는 것이다.

영어로 논리 정연하게 서술된 지식을 한글로는 구현(implement)할 수 없다. 이것을 쉽게 이룰 수 있는 방법은 없는 것이다. 서술력(descriptive)의 차이가 언어에서 나타난다는 것은 쉽게 알아채기 힘든 명제(proposition)이지만, '아프리카의 언어로 오늘날의 자동차를 만들 수 없다'라고 하면 모두 동의할 것이다.

- 문명은 곧 언어라고 할 수 있기 때문이다.
- 아프리카 언어로 선진문명을 추종할 수 없듯이, 어느 정도의 차이는 있겠지만, 결국은 한국어로도 할 수 없는 것이다.

우리의 언어 한국어/한글이 얼마나 진화(evolved)된 언어인가는 우리가 잘 생각해보지 않은 명제이다. 그러나 조선 시대의 언어에 비해 현재의 한국어는 얼마나 진화되었는가를 생각해 볼 일이다. 농경사회인 조선 시대의 언어로 현대 문명을 담을 수 있을까 하는 의문에 대한 대답은 단연코 '불가(impossible)'이다.

번역된 전문 서적에서 흔히 볼 수 있는 도대체 이해 못 할 요령부득(incomprehensible)의 기술(description)은 왜 생겨나는 것일까? 그것은 우리의 언어로써는 제대로 기술할 수 없는 '우리 사고력(thinking)의 사각지대(blind spot)'가 너무나 많다는 것을 보여주는 것이다. 다시 말해 우리가 미처 생각하지 못하는 세계가 너무나 많아, 우리의 언어로써 감당할 수 없다는 것이다. 우리가 번역할 때 어려운 점은 영어 문장에 알맞은 우리의 언어/한국어가 없다는 것이다. 문화/문명의 차이인 것이다. 이것은 인위적 (artificially)으로 단기간(short term)에 극복할 수 있는 사안(issue)이 아니다.

지금의 한국어로써 현대의 문명을 담아내지 못한다는 것이 현재 우리가 안고 있는 무지/무식에서 비롯되는 야만의 씨앗인 것이다. 즉, 현대문명은 이 사회로 밀려들어 오고 있는데 우리의 언어/한국어는 이것을 소화해내지 못하는 역량부족(lack of capacity)의 언어인 것이다.

- '국어기본법'은 이러한 현상을 옥죄는 자승자박(ask for trouble)의 올가미(noose)일 뿐이다. '아름다운 우리말을 지키자'라는 구호(slogan)는 언어 본래의 기능을 저버리고, 심미적 (aesthetic)/국수적(nationalistic)인 견지에서만 판단하는 외침 (chant)이다. 언어 본래의 기능(main function)을 외면하는 단순(unsophisticated)한 주장(claim)이다. 외부 세계의 문명은 변화하는데 우리는 제자리에서 맴돌아야 한다는 '우물 안 개구리'의 우주관(cosmology)이다.

- '국어기본법'이 청년을 죽이고 나라를 침몰시키는 키(key) 역할을 하고 있다면 모두가 놀랄 일이다. 그러나 이 글로벌 세상(global world)에서 변방의 작은 나라에 불과한 한국의 언

어밖에 할 줄 모른다면, 이로 말미암아 갑갑한 현실이 도래할 것이라는 걸 모른다면, 이 또한 조선말 쇄국정책(policy of seclusion)의 데자뷔(déjà vu)가 될 것이다.

언어와 문명과의 연관성을 깨닫고, 언어의 기능을 현대 문명에 일치(synchro)시켜야 한다. 조선 시대의 언어로 현대 문명을 담아나갈 수 없다. 지금의 한국어는 조선 시대의 언어에서 별반 진전되지 못했다. 역사의 흐름을 거슬러 가는 정책은 청년을 죽이고, 국력을 쇠퇴시키는 예기치 않은 부작용을 초래하는 우매한 정책이 된다는 것을 깨달아야 한다. 언어를 통한 국가의 정체성(identity) 확립은 그 다음다음 순위에 해당되는 것이다.

- 언어는 정확한 지식의 소통 수단이 되는 것이 최우선의 기능인 것이다.

현 단계에서 한국어의 소통능력 부족현상을 조금이나마 감쇄시킬 수 있는 최선의 정책은 서양의 학문/기술 분야에서 영어로 된 용어 그대로를 사용케 하는 것이다. 현재까지 발행된 서양 학문/기술의 텍스트는 영어로 된 용어로 다시 기술되어야 한다. 번역된 용어를 사용치 말아야 한다.

외래의 용어를 한자를 동원하여 저자(writer) 나름대로의 의견으로 우리만의 용어를 자꾸 만들어내어 사용케 하는 것은, 우리의 생각을 혼란스럽게 하여 점점 더 본론/핵심으로부터 멀어지게 하는 우매한 짓이다. 세계와 소통해야 하는 소국(small coun-try)의 입장에서는 절대 취해야 될 정책이 아닌 것이다. 그것은 국어 사랑이 될지 몰라도 나라 사랑은 아닌 것이다. 도입된 문명과 우리의 정신세계를 강제로 유리(separate)시키고, 언어의 소통기능(communication function)을 저해(impair)시키는 행위이다. 먹통의 기술(writing) 행위를 하여 그 글을 읽을 누군가를 바보(idol)로 만드는 것이다.

- 영어문명[EL]의 능력을 갖춰야만 우리는 계속해서 선진문명의 지식을 흡수할 수 있다. 그와 더불어 한국어도 글로벌 언어인 영어를 가능한 흡수하여야 한다. 지금의 한국어 정책으로는 오늘날의 문명을 감당해낼 수 없다. 이것이 지혜로운 처신이며, 현대의 첨단문명에 뒤처지지 않고, 선진국 대열에 용이(easily)하게 동참(join)할 수 있는 바탕(resource)을 마련하는 것이다.
- 한자를 동원하여 이해하기 힘든 먹통의 신조어(newly-coined words)를 만들어내지 말아야 한다.

논리적인 교육이 안 되어서, 즉 주입식 교육으로 인해 우리에게 토론문화(culture of debating)가 결여(lacking)된 것이다. 영어를 한국어로 전환한 텍스트는 논리성이 결여될 수밖에 없다. 번역이 영어의 말/단어가 품고 있는 고유(inherent)의 논리성을 우리말로 옮기지 못하는 것이다. 그것은 어쩔 수 없는 동양과 서양

한국의 침몰

의 문화적 속성(cultural property)의 차이이다. 동서양의 문화는 너무 차이가 나서 완벽한 전환/번역을 할 수가 없는 것이다. 그러한 결과 논리성이 결여된 번역물을 배워야 하고, 이해가 안 되는 부분은 어쩔 수 없이 몽땅 외워서 넘기는 등, 무리한 학문의 프로세스(process)를 진행하다 보니 처음 얼마간은 버티면서 넘어갔으나, 결국은 인간의 두뇌 작용의 한계가 오는 것이다. 무한정, 무작정 외울 수는 없는 것 아닌가? 학습을 포기할 수밖에 없는 것이다. 학문(study)의 진행과정(progress)에 필수적(essential)인 요소인 지적(intellectual)인 성취감(fulfilling)/희열(pleasure)을 느낄 수 없을 뿐만 아니라 학문에 대한 회의감(skepticism)이 드는 것이다. 개인 간의 정도의 차이가 있으나, 결국은 포기(give up)하게 되는 것이다.

한국은 무리하게 수학(mathematics)이라는 학문을 가르치는 것이다. 한국어로 번역/변안되어 전개되는 수학은 온전한 것이 아닌 억지(forced)의 학문인 것이다. 한 가닥으로 연결되어 정상까지 매끄럽게 이어진 로프(rope)가 아니라, 중간중간 끊어져서, 정상을 오를 수 없는 로프인 것이다. 끊어진 부분을 이으려면, 무리하게 요령식/암기식으로 외우고 건너뛰어야 하는 것이다. 수만(ten thousands) 개는 될 법한 한국의 수학 학원(math tuition class)은 나의 글을 역설적(paradoxical)으로 증명(prove)하고 있는 것이다. ('수학은 영어의 개념으로 성립된 학문이다' 편 참조)

이것은 학문의 도야(cultivate)를 위한 논리적인 빌드업(build-up)

이 될 수 없다. 번역/번안 학문의 영향으로 인해 학습과정을 일찍감치 포기하는 낙오자가 발생하는 것이다. 수학을 포기하는 수포자가 양산되는 까닭이다. 일류 대학에 가기 위해 무조건 외우는 것이다. 토론이 성립될 수 없다. 유학생이 가장 애먹는 과정이 토론(debating) 수업이라 한다. 단지 영어를 못하는 것이 토론을 못하는 이유의 전부가 아니다. 학문의 논리적인 빌드업(build up) 과정이 아닌 주입식(cramming) 학습 과정의 산물(results)인 것이다.

특히 수학은 논리적인 사고(logical think)와 이에 따른 전개 과정(evolution process)이 생명(vital)인 것이다. 한국어로 수학논리의 전개과정의 세밀하게 기술할 수 없다는 것은 수학을 어렵게 하여 수학 포기자를 만들어내는 원인인 것이다.

- 한국의 수학 교과서와 미국의 수학 교과서의 논리의 전개와 이에 따른 서술 과정을 비교하였을 때 확연하게 드러나는 것으로, 사실상 수학에만 국한되는 것이 아니라 모든 학문에서 그러한 것이다.

우리 스스로 자라나는 세대에게 한국어로 모든 학문을 가르쳐야 한다는 정책을 실행하면서, 여기에서 비롯된 무지/무식의 굴레를 청년에게 뒤집어씌우는 자승자박의 퍼포먼스(performance)를 하고 있는 것이다.

- 교육의 무관심(indifference)/실패(failure)로 인해, 영어문맹 [EiL]에 갇혀서 한국은 침몰(Korea is drowning, trapped in English illiteracy)하고 있는 것이다.
- 한국어로 펼쳐지는 학문은 먹통의 지식을 가져다줄 뿐이다. 학문 추구에 있어 가장 중요한 요소인 탐구 과정(scientific process)을 건너뛰고 마는 것이다. 한국어로는 세세하게 기술하지 못하는 것이다. 이것은 어쩔 수 없는 한국어라는 언어의 한계인 것이다.
- 한 가지 명제(proposition)를 가지고 세계적 백과사전(encyclopedia)인 'Wikipedia'를 보고, 한국어로 된 '위키피디아'를 비교해보면, 어쩔 수 없는 차이와 한계를 알 수 있을 것이다. 한국어는 영어 기술의 10퍼센트(percentage) 정도에도 미치기 힘든 한계를 가질 수밖에 없는 것이다.

세계가 우리의 교육체계가 잘 이루어지고 있다고 하는 피상적(superficial)이고 의례적(courtesy)인 칭찬에 우리 스스로가 현혹되고 있는 것은 아닌가 하는 의문을 가져야 한다. 설사 그렇다 해도 그것은 과거의 잠깐의 실적이지, 현재는 아닌 것이다. 그들의 칭찬은 립서비스(lip service)일 뿐 우리에게 별다른 가치(value)를 부여해 주는 것이 아니다. 그들이 한국어의 한계를 어찌 알 수 있겠는가? 우리의 문제는 우리만이 풀 수가 있는, 우리 고유의 상황(unique situation)인 것이다. 우리가 경비를 들여 잔치를 벌이고, 그들은 아낌없이 의례적인 립서비스를 해주는 것이다. 우리는 남의 칭찬을 듣고 싶어 몸살이 난 꼴이다. '세계 제일', '넘버원 코리아'의 외침을 듣고 싶어 한다.

- 교육의 목적은 무엇인가? 이 세상을 살아갈 수 있는 힘을 주는 것이다. 즉, 이 세상의 널려 있는 지식을 터득할 수 있는 능력을 주는 것이고, 그것은 영어문명[EL] 능력을 심어주는 것이다.
- 한국의 대학 도서관에 진열된 (먹통의) 전문서적만을 읽을 수 있게 만드는 것이 아니라, 미국의 대학 도서관에 있는 (생존의) 전문서적을 읽을 수 있게 하여야 한다.

우리나라가 미국/중국처럼 큰 나라이면 한국어로만 교육시켜도 견뎌낼 수 있다. 그러나 조그만 국가에서는 그래서는 안 된다. 세계를 상대로 헤쳐 나갈 힘을 가져야 한다. 다른 나라에서는 전혀 아쉬워할 게 없다. 그들이 논리적이지 못한 우리에게서 배워 갈 것이 무엇이 있겠나? 자신의 처지를 잘 모르는 우물 안 개구리의 과대망상(mass delusion)만이 있을 뿐이다.

한국어로만 하는 교육을 시켜서는 안 된다. 세계와 소통할 수 있는 힘을 주어야 한다. 세계를 상대로 겨룰 수 있게 교육시켜야 한다.

- 세계적인 대학이 하나도 없다는 것하고, 중국/인도에 이어, 세계 3위권의 미국 유학생 행렬(row)은 우리 교육의 문제점을 말해주는 것이다.

- 이러한 유학생 발생현상을 교육열이 높다고 아전인수(self-centered)식으로 해석하지 말고, 국가교육의 실패라고 인정해야 한다.

우리의 교육은 남들처럼 흉내는 다 내는데, 유효성의 검증과 제고(verification and validation)에 실패하고 있다는 것이다. 절망적인 것은 오십보백보(little difference)의 미봉책(temporary solution)만이 있을 뿐, 획기적인 개선책(radical remedies)이 없다는 것이다. 우물 안 개구리식의 조삼모사(makeshift) 정책을 펼치고 있는 것이다.

우리의 프로 야구장, 프로 축구장 등은 젊은이들이 가득하다. 지식을 탐해야 되는 시간에 있지도 않은 스트레스(stress)를 날리고 있다. 영어문맹[EiL]으로 인해 지식을 더 이상 추구하고픈 여지가 없어진 것이다. 국력 생성(creating a national power)에 들어가야 할 에너지가 밤하늘로 울려퍼진다. 영어문맹[EiL]으로 실행을 할 능력은 없고, 헛된 구호만 요란한 것이다.

- 우리의 교육은 열심히 하였으나 목적 달성에 실패한 것이다.
- 우리는 생존하기 위한 교육을 목표로 하고, 인간의 우열을 가리기 위한, 인간을 분열시키는 저급한 교육을 멈추어야 한다.
- 한국어로 전환된 서양의 학문은, 오늘날의 글로벌 학문이 될 수 없다.
- 그것은 좁은 한반도에서 제한적으로 유통되는 비논리적인 먹통의 지식일 뿐이다.

[결론적으로 말해, 영어로 기술된 전문 서적을 바로 읽어 나갈 수 있는 능력이 필요한 것이다. 이것이 안 되면 대학 과정에서 필요한 공부를 할 수 없는 것이다. 그리고 한국의 현 교육은 이것을 실현시키지 못하고 있다는 것이 나의 깨달음이고, 이 글의 진부할 정도로 반복되는 메시지이다. 이 점을 방치하면, 우리의 청년은 계속 무능해질 것이며, 국가는 침몰을 지속할 것이다. 그러므로 나는 고충(hardship)의 내레이션(narration)을 쉽게 끝낼 수 없는 것이다. 이러한 상황은 문명의 충돌(clash of civilizations)로 인해 한반도(Korean peninsula)에서 벌어지고 있는 혼돈(chaos)이다. 문명은 곧 언어(language)이기 때문이다. 우리가 현대문명을 영위(develop and function well)하기 위해서는, 영어라는 언어에게 교육(education)을 넘겨(render)주어야 한다. 조선시대에 서당에서 한문(Chines text)을 배웠듯이, 우리는 처음부터 영문(English text)으로 배워야 한다. 그래야 현대문명(modern civilization)에서 살아갈 수 있다. 그것이 청년을 살리고 국가를 살리는 유일한 길이다.]

Section

03 영어문맹 탈출하기

- **수학은 영어의 개념으로 성립된 학문이다**
  _한국어로는 수학 논리를 설명할 수 없다

- **서양학문은 처음부터 영문 텍스트로 배워야 한다**
  _영어를 손쉽게 배울 수 있고, 무한한 학문/기술을 터득할 수 있다

- **영어문맹 탈출하기**_초등과정에서 전문과정까지 100만 원어치의 텍스트 읽기

수학은 영어의 개념으로 성립된 학문이다
_한국어로는 수학 논리를 설명할 수 없다

- **영어문맹[EL]**: English Literacy: 이 말은 영어로 쓰인 학문/기술
  의 텍스트를 읽을 수 있는 상태를 말한다.
- **영어문맹[EiL]**: English illiteracy: 이 말은 영어로 쓰인 학문/기술
  의 텍스트를 읽을 수 없는 상태를 말한다.

Mathematics(수학)는 이 세상의 어떤 이야기(story)보다 흥미로운 논리(logic)를 풀어나가는, 영어라는 언어로 전개되는 인류 최고의 학문(study)이다. 그런데 한국어로 번역(translate)/번안(adapt)되어 전개되는 한글의 수학은, 그야말로 난해(abstruse)한 논리의 연속으로, 학생들이 중도에 수학을 단념케 만드는, 한국인이 수학에 대한 무지(ignorant)의 소치로 스스로 파놓은 어리석음의 함정(pitfall)이다. 한국어로는 기술하기 힘든 수학의 논리를 한글로 열심히 (그러나 억지로) 가르치려 하기 때문이다.

- 수만 개는 될 것 같은 한국의 수학 학원은, 한국인이 수학을 열심히 공부한다는 방증(collateral evidence)이 아니라, 역으로 한국의 수학이라는 학문은 이해하기 힘들다는, 억지(forced)라는 반증(counter evidence)이다.

한국의 침몰

수학 포기자(mathematics renouncer)가 생기는 원인은 수학이라는 학문이 본래 어렵기 때문이라기보다는, 한국어로 설명하는 개념(concept)을 이해(understand)하는 것이 난해(hard)하기 때문이다. 같은 말이라고 착각할 수도 있겠지만 그렇지 않다. 원래의 수학(mathematics)이라는 학문(study) 자체가 논리(logic)를 생명(vital)으로 하는 논리학(logic)이다. 일단 논리를 이해하기 시작하면 참으로 재미가 있는 공부이고, 사고(thinking)의 깊이를 통해 희열(pleasure)을 느끼게 하는 학문이다. 일단 수학에 빠져들면, 수학 이외에 다른 과목은 사실 별다른 사고력을 필요로 하지 않는, 두뇌의 회전(brain effort)이 그다지 필요하지 않은 사실(fact)을 나열(enumerate)한 것에 불과한 단순하고 싱거운 공부로 느껴진다.

수학에서 사용되는 용어(vocabulary)는 하나하나의 의미가 명확하게 규정(clarify)되고 자연스럽게 이해되어야 한다. 그런데 이 점에 있어서 우리에게는 수학 공부에 따른 문제, 즉 불협화음(dissonant)이 근본적으로 발생한다. 수학 공부를 해본 사람은 누구나 느꼈을 것이다. 수학을 설명하는 과정에서 사용되는 한글로 된 용어(vocabulary)를 일일이 구별하여 이해한다는 것이 얼마나 난해한가를. 어렵다(difficult)는 말보다는 난해(hard)하다는 말이 더 느낌이 와닿는다. 이 경우를 일컬어 '배보다 배꼽이 큰', '주객이 전도된(a reversal of the order of host and guest)' 공부라고 말할 수 있을 것이다. 수학의 논리를 설명하는 말이 수학 자체의 논리보다 더 이해하기 힘든 것이다.

- 한국어/한글이라는 언어 자체에서 발생하는, 한글이라는 작은 문명의 언어로 수학이라는 거대한 문명의 언어인 영어로 이루어진 선진문명의 결정체로서의 학문을 속박(harness)하려 하였을 때 당연히 발생될 수밖에 없는, 피할 수 없는 부작용(side effects)인 것이다.
- 이러한 현상이 논리를 생명으로 하는 수학이라는 학문의 전체 학습 과정(overall studying progress)에서 발생한다면 어떻게 이를 감당할 수 있겠는가?

학습 과정에서 출현하는 난해한 용어는 물론이거니와 그것을 설명하려고 동원되는, 그리고 대부분이 영어 용어에 맞춰 한자(Chinese character)로 조합되어 생성된 단어를 사용하여 전개되는 한글의 설명이 더 어려운 것이다. 특히 학생의 입장에서는, 그나마 한자에 어느 정도는 길들여진 교사/기성세대보다, 몇 배는 더 어려운 것이다.

배워야만 하는 어려운 말을, 쉬운 말로 설명해주고 기술해주는 것이 정상적인 가르치고 배우는 교습 과정인데, 더 어려운 용어/낱말을 사용하여 설명하고 가르칠 수밖에 없다면, 이해할 수 없는 것이고 따라서 교육의 효과는 생길 수 없는 것이다. 설명이 쉬워야 이해가 되고 또 질문을 할 여지가 생기는 것인데, 이해하기 난감한 언어(language)의 현란한 유희(display) 앞에 학생들은 결국 침묵할 수밖에 없는 것이다. 이러한 과정을 무리하게 끌고 나가면, 이것이 주입식(cramming) 교육이 되는 것이다. 그다음에

오는 것이 학생이 공부를 포기(give up)하게 되는 것이다. 이해하기 힘든 것을 가르치고 시험을 치르게 하는 것은 그 자체로 정신적인 고문(mental torture)인 것이다. 이것을 무한정 견디어내라고 강요하는 것은 그 자체로 무리한(brutal) 야만의 교육 방법인 것이다.

 - 그렇다고 별다른 대책(countermeasure)도 생각해내지 못하는 것이 어쩔 수 없는 우리의 교육현장인 것이다.
 - 그렇지만 날로 진전되는 현대학문의 정수(essence)를 제공하는 mathematics(수학)를 포기한다면, 그것은 곧 학문과 교육의 포기를 뜻하는 것이다.

이 글은 나의 40여 년간의 걸친 다양한 학력/경력의 역정(voyage through life)을 통하여 이 사회의 실체적/본질적 체험을 통해 나온 결론이다.

이것은 끈질긴 추적의 결실은 아니다. 다만 수십 년간 다른 분야에 비해 난공불락(unwinnable)의 성(castle)처럼 항시 막혀 있던 장애물(obstacle)에 대한 이해가 어느 날 비로소 들기 시작한 것이다. 그날 나는 수포자(수학 포기자)에 대한 인터넷 뉴스를 처음으로 보았던 것이다. 그리고 그 당시 나는 매일 영어로 외국인에게 멘토링(mentoring)을 하여야 했기에, 업무를 위해서 영어라는 언어의 세계에 깊이 몰입되어 있을 수밖에 없었다. 언제부터인가 나는 신문기사와 같은 내용을 제외하고는, 애써 영어로 된 텍스트(text)를 찾아서 읽게 되었다. 한글로 기술(described)된 지식/정보는 뭔가 부족하였다. 함량 미달의 대충(rough)의 기술(description)이 많았다. 영어로 된 기술은 몇 개의 단어(word)만 파악하면 그야말로 금과옥조(golden rule)의 정교(elaborate)한 기술이었다.

- 항시 내 맘에 잠재해 있던 의문은 '왜 내가 수학을 더 이상 접근하지 못하는가? 왜 그 결과만을 바라만 보아야 하는가?' 라는 의문이었다.

중학교에서 배운 수학인 대수(代數 algebra)를 완벽하게 잘했다고 해서, 이후로 내가 수학을 계속 잘해야 한다는 당위성은 없었다. 그리고 나의 경력(career) 어디에서도 수학 능력이 그다지 요구되지는 않았다. 그렇지만 그 당시에는 완벽했던 수학 실력이 가끔씩 원인 모를 괴리감으로 작용하였다. 왜 고등학교부터는 수학이 갑자기 어려워졌을까? 도대체 이해하기 힘든 그 용어들은 어떻게 탄생하였는가? 미적분과 미분방정식은 도대체 어떤 관계인가? 공업수학(advanced mathematics)은 대체 무슨 수학을 말하는 것인가? 수학 텍스트에 나오는 영문을 도체 이해할 수 없는 이유는 무엇인가? 어떻게 하여야 이 글/설명을 이해할 수 있게 되는가?

그것은 영어에 대한 이해가 진전되면서, 서양 학문으로서 수학의 본질을 따지게 되는 계기가 되었다. 즉, 영어로 된 수학 용어를 보게 되면서, 그동안 잘 정리되지 않고 난해한 우리의 번역된 수학 용어들이 나에게 얼마나 많은 오해(misunderstanding)를, 잘못된 인식(bias)과 선입견(preconceptions)을 심어주었는가를 깨닫게 되었다.

어찌하여 'complex number'를 '복잡(複雜)한 수'라고 안 하고 '복소수(複素數)'라고 하고, 'imaginary number'를 '상상(想像)의 수'라고 안 하고 '허수(虛數)'라고 하는가? 그런데 왜 그러한 말들을 원어인 영어로 그대로 알려주지 않고, 더 어려운 용어로 번역을 하여 이해를 방해하는 것인가?

사실 그동안 '복소수', '허수'라는 말은 도체 이해가 안 가는 요령부득의 말/용어였다. 그러나 'complex number', 'imaginary number'라는 원어(original words)와 이에 따른 설명을 보고 mathematics의 명료함(clarity)과 깊이(depth)를 느낄 수 있었다.

- 즉, 수학적인 생각을 이끌어가는 논리에 묻어 있는 깊이 있는 분석(analysis)과 이에 따른 전개(development)를 이해한 것이다.
- 한국어로는 이러한 설명이 불가하다고 결론 지을 수밖에 없는 것이다.
- 한국어는 작은 문명의 언어라는 것이 이런 의미를 지닌 것이다.
- 결론적으로 한국어는 수학을 속박(harness)할 수 없는 즉, 수학을 가르치고 배울 수 있는 언어가 아닌 것이다.

그러나 내가 영어로 된 원어(origin words)를 알기까지에는 무려 30년이 넘는 세월의 시차(time-lag)가 있다는 것이 문제였다. 배울 때 바로 알지 못하고 너무나 늦게 깨닫게 된 것이 억울하다면 억울한 것이었다.

영어로 된 원어를 애초에 몰랐던 나는 번역/번안된 용어만을 보고서는 원래의 뜻과는 다른 개념을 생각하였던 것이었다. 그것은 실제보다 훨씬 어려운 개념으로 생각되었고, 쉽게 따라가기/이해하기 힘든 개념으로 상상(imagine)되었다. 수학이라는 학문에 사용된 용어가 나름 똑똑하다고 자기도취(self-confident)에 빠진 한 인간의 사고력(thought)을 무력화(paralyze)시킨 것이다. 마치 '너의 보잘것없는 지능(IQ)을 가지고는 '나'라는 '수학'을 공부할 자격이 없다'라는 엄숙한 메시지(solemn message)를 준 것이다. 언어의 부작위(nonperformance)가 어이없는 결말(consequence)을 가져온 것이다.

영어 원문을 보면 뜻이 명확하고 이해가 확실해지는데 이것이 번역/번안의 과정으로 인해 그 개념이 받아들이기 어렵게 변질/왜곡된다면, 과연 이것을 어쩔 수 없다고 하여야만 할 것인가? 나의 우매함으로 여기기에는 억울한 점이 많았다. 중학교 3학년 시절 전교 수학 경시 대회에서 만점을 받은 수학적 재능이 있었기 때문이었다. 내가 이러할진대 다른 사람의 경우는 어떠할 것인가?

- 이것은 무언가 크게 잘못된 과정이 아닐까 하는 의문이 들 수밖에 없다.

이 세상에서 가장 오래되고 기초적이고 논리적인 학문을 가르치는 데 있어서, 무언가 이리저리 꿰매고 엮어서 만들어낸 저만의 어려운 용어를 동원하여, 남이야 이해를 하든 말든 어쩔 수 없이, 설명하고 풀어 나가고 있는 우악스러운 현실을 직시(face up squarely)하게 된 것이다.

이해를 못하면 못한 대로 공식(formula)을 외우고, 풀이 과정을 요령(trick) 있게 외우고 하여 주어진 문제를 풀어내면 우리의 수학 교육 과정은 끝나는 것이다. 한마디로 그때그때 문제에 따른 풀어 나가는 요령을 가르치는 것이다. '그다음의 전개는 알아서 해라, 나는 여기까지다!' 하고 교사는 그나마 최선을 다했다고 외치고 있는 것이다.

- 교사도 수학의 전체 과정에 대한 깊은 지식 없이 교과 과정에 따른 임기응변(make shift)식 문제풀이 요령만을 숙달하고 그것만을 가르치고 주입시키고 있는 것이다. 한마디로 수학이라는 학문을 가르치고 배우는 것이 아니라, 문제풀이 요령을 가르치고 배우는, 계속해서 대를 이어 이뤄지는 한국식 수학의 도제식(apprenticeship) 학습의 현장인 것이다.

초등학교 수준인 산수(算數 arithmetic) 개념에 해당되는 말은 모든 문명이 거의 같은 수준의 말을 가지고 있어서, 이질감을 별로 느끼지 않을 것이다. 그러나 개념의 수준이 올라가서 중학생 수준의 대수(代數 algebra)/기하(幾何 geometry)에 이르면, 이해 정도가 달라지게 되는 것이다. (대수/기하는 요즘에는 잘 쓰지 않는 용어인데, 예전에는 무슨 뜻인지도 모르고 공부하였다. 최근에야 비로소 그 의미를 알게 되었다.)

- 대수/기하라는 개념은 동양에는 없는 수학적 개념인 것이다. 따라서 이 개념을 설명하기 위해 동원되는 용어는 원어인 영어를 그대로 써야 한다. 바로 이해가 안 되고 시간이 걸릴지라도 학생 스스로 제자리를 찾아 결국은 정확한 이해를 가져 갈 수 있는 방향이라도 잡는 것이다.

논리적으로 일관성 있게 전개가 되어야 정상적인 감성(sensibility)과 인지(cognition)를 통해 의문(question)이 생기는 것이다. 그리고 그것을 논리적으로 풀어 가는 과정이 모든 학문의 진행 과정으로, 지속적으로 논리를 성립시키기 위한 과정을 배우는 것이다.

- 즉, 논리적이지 못하면 이해가 안 되고 혼란스럽기만 할 뿐 애초에 의문이 생길 수 있는 여지(room)가 없어지는 것이고, 거기서 사고(thinking)는 멈추게 되는 것이다.

한국의 침몰

한국어/한글로 작성된 서양 학문의 텍스트는 그 전개 과정에서의 논리가 세밀하지 않고 투박해진다. 이러한 현상은 한국어/한글이라는 언어의 문제에서 비롯되는 것으로, 어떤 특별한 방법을 동원한다고 해서 다듬어질 수 있는 것이 아니다. (원어인 영어를 그대로 써서 본래의 의미를 유지해야 하는 것이 그나마 최선이다.)

다음의 예로 든 한국어/한글로 된 수학의 용어를 보고 각각을 구별하고 그 의미를 떠올릴 수 있겠는가?

---

1) 소수, 자연수, 정수, 유리수, 무리수, 함수, 실수, 허수, 복소수, 켤레 복소수

2) 소수(素數), 자연수(自然數), 정수(整數), 정수(定數), 유리수(有理數), 무리수(無理數), 함수(函數), 실수(實數), 허수(虛數), 복소수(複素數), 켤레 복소수(複素數)

3) 소수(素數)/prime number, 자연수(自然數)/natural number, 정수(整數)/integer, 정수(定數)/constant, 유리수(有理數)/rational number, 무리수(無理數)/irrational number, 함수(函數)/function, 실수(實數)/real numbers, 허수(虛數)/imaginary number, 복소수(複素數)/complex number, 켤레 복소수(複素數)/conjugate complex number

4) prime number/소수(素數), natural number/자연수(自然數), integer/정수(整數), constant/정수(定數), rational number/유리수(有理數), irrational number/무리수(無理數), function/함수(函數), real numbers/실수(實數), imaginary number/허수(虛數), complex number/복소수(複素數), conjugate complex number/켤레 복소수(複素數)

5) prime number, natural number, integer, constant, rational number, irrational number, function, real numbers, imaginary number, complex number, conjugate complex number

---

1) 서로 소, 순서쌍, 정의역, 공역, 치역
2) 서로 소(素), 순서쌍(順序雙), 정의역(定義域), 공역(共域), 치역(値域)
3) 서로 소(素)/disjoint sets, 순서쌍(順序雙)/ordered pair, 정의역(定義域)/domain, 공역(共域)/codomain, 치역(値域)/range
4) disjoint sets/서로 소(素), ordered pair/순서쌍(順序雙), domain/정의역(定義域), codomain/공역(共域), range/치역(値域)
5) disjoint sets, ordered pair, domain, codomain, range

서로 소, 순서쌍, 정의역, 공역, 치역; 이렇게 난해한 말은 도대체 이해될 수 있는 말이 아니다.

이러한 용어를 이해하기 위해, 한자/한문에 대한 어느 정도의 지식/조예를 가진 필자도, 인터넷(internet)의 검색엔진(search engine)과 백과사전(encyclopedia)인 위키피디아(Wikipedia)를 통해 영어로 된 용어가 등장하는 설명을 보고 나서야 그 의미를 비로소 짐작할 수 있게 되었다. 즉, 영어로 된 원어를 보아야만 한자글로 된 용어의 의미를 비로소 짐작할 수 있게 되는 것이다.

이러한 용어들은 중고등 학생들에게 이해될 수 있는 언어가 될 수 없다. 이러한 용어들이 출현할 때마다 그때그때의 논리를 풀어 나가는 기술을 이해하기 어렵게 만드는 장애(barrier)를 가져올 수밖에 없는 것이다.

즉, 설명을 해도 못 알아들을 수밖에 없는 것이다. 학생 본인에게는 '학습 능력이 모자란다, 머리가 나쁘다' 하는 식으로 자학(self-abuse) 의식을 심어주게 되는 환경을 부여하고 있는 것이다.

- 교육이 비교육적(detrimental to education) 요소를 자체적으로 함유(retain)하고 있는 형상이다.

위에서 소개된 용어들은 그때그때 등장하는 원어(영어)의 의미를 좇아서 번역된 것이다. '오늘날 한국어로 된 학문/기술은 먹통의 우물 안 지식에 불과하다' 편에서도 언급되었듯이 번역에서의 편향(bias)은 이 경우에도 예외 없이 적용되며, 그 난해 정도는 수학 학습포기자(수포자)를 양산해 내는 것이다.

영어로 바로 접하면 시간이 걸리더라도 결국은 용이하게 이해할 수 있는 말을, 한글로 어렵게 풀어놓아 그 의미를 어렵게 만들어서, 학생들로서는 도저히 이해할 수 없는 난해한 논리를 전개하고 있는 것이다.

- '왜 이렇게 어렵게 하여야만 하는가?' 하는 근본적인 회의감 (skepticism)이 들 수밖에 없는 것이다.

물론 영어에 능숙해져야 위에서 소개된 용어들을 비교적 용이하게 이해할 수 있을 것이다.

우리에게 영어를 어느 정도 능숙한 수준까지 잘하게 된다는 것은 많은 노력/시간이 필요한 일이다. 그런데 우리가 착안하여야 할 중요한 점(point)은 어떠한 과정을 거쳐서 영어에 능숙해지느냐 하는 방법론(methodology)이다. 바로 이 점이 이 글의 핵심 (core) 포인트이기도 한 것이다.

- 이 글의 결론에 해당되는 말이기도 하지만, 온전한 수학 학습을 하면서 동시에 영어에 능숙해지기 위해서는 수학을 시작부터 영어로 배우는 것이다. 영어로 된 설명을 읽고, 영어로 용어(term)의 정의(definition)를 이해하면서, 영어라는 언어의 말 하나하나의 역할/활용을 바닥/기본/기초부터 자연스럽게 익히고 배우게 되는 것이다. 시작은 더디겠지만 이것이 완벽한 영어로 가는 확실하고 가장 빠른 방법이며, 모든 서양 학문을 확실하게 배울 수 있는 터전이 마련되는 것이다. 이러한 과정을 거쳐야만 영어 말에 대한 의미를 이해하면서, 기술된 논리를 완벽히 소화/이해/전개할 수 있어 온전한 서양 학문을 할 수 있는 전반적인 이해 능력이 생기는 것이다.
- 즉, 모르는 말(영어)을 겪으면서 그것에 대한 이해를 터득하는 과정을 반복해 나가면 결국은 영어라는 언어의 전반적인 세계에 대한 시야를 확보할 수 있는 깨달음의 기회를 갖게 되는 것이다.
- 그들의 생각하는 방향, 이를 표현하는 방법, 즉, 말하고 기술하는 방법을 터득하게 되면, 영어라는 언어에 대한 두려움이 없어지고, 이때부터 참다운 지식을 습득하는 무한한 기회를 갖게 되는 것이다.
- 이때부터 영어는 나의 언어가 되는 것이다. 우리가 한국어를 외워서 하는 것이 아니듯, 처음 접한 영어의 말(words)은 두 번, 세 번 겪으면서 나의 언어로 차차 굳어지게 되는 것이다. 그러므로 공부를 한다는 것은, 많은 텍스트를 본다는 것이

한국의 침몰

고, 영어에 능숙해진다는 것이고, 많은 학문적 지식을 갖추
게 되는 것이다.

1), 2), 3), 4)와 같이 난해한 한글로 배우고 풀어 나가야 하는,
학생의 사고력을 절벽으로 몰아가는, 과정을 거쳐야 할 하등의
이유가 없는 것이다.
즉 위에서 제시하는 5)와 같이 바로 영어의 원어를 접하면서,
수학의 논리와 이를 표현하는 말의 의미를 이해하려는 과정을 거
쳐, 영어를 이해하고, 수학적 논리의 문제를 풀어 나가는 것이다.

- 그야말로 수학적인 논리의 과정(mathematics logic process)을
  설명하는 영어라는 언어의 표현을 이해하면서, 논리를 추적
  하게 하여, 수학을 배우고 동시에 영어를 배울 수밖에 없는
  학문의 과정을 성사시키는 것이다.
- 결국은 영어로 된 텍스트로 수학의 전 과정을 배워야 된다
  는 것이 나의 주장이고, mathematics(수학)라는 학문의 습득
  을 위한 당위성인 것이다.

위와 같은 한글의 용어를 만들어 내는 최초의 작명가(namer)
는 영어 단어와 일대일로 한글 용어를 만들어내는 데 충실하였
을 것이다. 하지만 원어가 가진 의미(meaning)를 온전히 담은 한
글의 용어를 만들어내기는 불가능한 것이다.

- 이것은 거대한 서양의 문명/문화와 작은 한국의 문명/문화의 차이에서 오는 것이다.
- 지엽적인 작은 나라 한국의 언어로 거대한 선진문명의 언어를 속박(harness)하고 있는 것이다.

이러한 과정에서는 처음부터 원어인 영어를 그냥 표기하면 한글로 작명(naming)을 해야 하는 고민과 이로 인한 혼란은 사라졌을 것이다. 이 점에 있어서 애초에 방향 설정이 잘못되었다고 볼 수밖에 없는 것이다.

한글로의 번역/번안을 통해 mathematics(수학)를 하겠다는 것은 한마디로 돌멩이를 반듯하게 다듬지 않고 대충으로 성곽(castle)을 높게만 쌓아 올리는 꼴이다. 계속 쌓아 올린다면, 얼마 못 가서 성곽은 무너져 내릴 수밖에 없을 것이다. 반석(foundation)의 기초를 다지고 정교한 사고적(thoughts) 논리로 다듬어 쌓아 올려야 되는 학문을, 얼기설기 페어 맞추는 즉석맞춤식 논리로 사상누각(house of cards)처럼 쌓아 올리다 끝내는 포기하는 것이다. 즉석맞춤식 논리는 고등학교 과정까지 이어지고 있고, 대학 과정은 억지춘향의 궤(track)를 밟고 있다가 용두사미로 끝내고 마는 것이다.

- 학문의 실용 수준에 다다르지 못하고 중간에 멈추는 것이다. 흉내만 내다 끝나는 것이다.
- 이러한 현상이 한국 침몰의 전주곡(prelude)인 것이다. 이곳이

국가의 몰락을 가져오는 시발점(the first of many)인 것이다.

- 우리의 언어 한국어로 이 세상 최고의 학문인 수학을 배우려 하는 것은, 그야말로 짚신(straw sandals)을 신고 히말라야의 눈 덮인 고봉(Himalayan peaks)을 올라가는 무모(reckless)한 시도(attempt)인 것이다.

수학은 쉬운 논리를 기반으로 하여 단계적으로 차원 높은 논리로 이끌어 나가면서, 현실세계의 다이내믹스(dynamics)를 풀어 나가는 흥미진진한 학문이다. 원래의 Mathematics(수학)의 text-book(교과서)은 행여 이해가 더뎌져 진도(progress)가 늦더라도, 결국은 스스로 터득하여 학습할 수 있게 진도 과정이 논리적으로 무난하게 기술된다. 교사의 설명을 굳이 듣지 않아도, 텍스트(text)의 기술(description/narration)만을 통해 얼마든지 쉽게 이해되도록 쓰여 있다. 다소 이해가 늦어서 시간이 걸리더라도 스스로 터득할 수 있는, 즉 가르쳐주는 교사가 없어도 학생 스스로가 독학(self-study)을 통해 마스터(master)할 수 있다. 수학을 배우러 굳이 학교를 다니지 않아도 되는 것이다. 그런데 이게 가능하지 않다면 무엇이 문제인가? 그것은 수학이라는 학문의 개념을 전달하는 언어 매체인 한글이라는 언어의 문제인 것이다. 한글로는 그러한 기술이 불가능한 것이다.

- 즉, 한국어로는 수학을 공부할 수 없다는 것이다.
- 수학은 영어라는 언어만의 유니크(unique)한 개념으로 진행

되는 학문이다.

- 이것이 수학의 초기 입문(early stage)부터 영문(English text) 으로 배워야만 하는 당위성(justification)이다.

세계적인 인터넷 사전인 '위키피디아/Wikipedia'에서는 다음과 같이 수학의 분야를 구분하였다;

[Mathematics can, broadly speaking, be subdivided into the study of quantity, structure, space, and change (i.e. arithmetic, algebra, geometry, and analysis). Fields of mathematics; Wikipedia]

- 수학은 quantity(양), structure(구조), space(공간), change(변화)에 대한 고찰이라고 크게 나누어 말할 수 있다. [즉 arith-metic(산수), algebra(대수), geometry(기하), analysis(해석)을 말한다.]
- 위 분야에서 보듯이 수학을 포기하는 것은 현대의 학문/기술을 포기하는 것이나 마찬가지이다.
- 대한민국의 학문/기술에 있어서 나타나는 현상은 모두 수학의 미진함(lacking)을 보여주고 있는 것이다. 모든 분야에서 디테일(detail)이 없고, 엉성하고 미진한 일방적 주장만이 난무하고 있다.

한국의 침몰

우리나라에 수학을 잘하는 사람은 없다. 한국어로 수학을 잘하기는 낙타가 바늘구멍 통과하는 것만큼이나 불가능한 것이다. 못하는 사람 중에 개중 나은 사람이 있을 뿐이다. 그들이 수학의 교사/교수이다.

- 현대의 수학은 오늘날의 한국어가 감당할 수 있는 역량(capability)을 초과하는 학문인 것이다.
- 이 말은 한국어로는 수학이라는 학문을 수용(embrace)할 수 없다는 것이다.

번역으로는 수학적 논리의 일관성(consistency)을 유지하기 힘들다. 불가능(impossible)하다고 볼 수밖에 없다. 번역으로 이어지는 서술 과정에서 서술에 동원된 한국어의 용어가 영어의 용어와 개념의 대칭성(symmetry)을 유지할 수 없기 때문이다.

서양에서 수학의 논리를 기술하는 데 쓰인 말/용어가 가진 의미(meaning)/느낌(nuance)을 온전히 가지고 있는 우리의 말이 있을 수 없기 때문이다.

그러기에 우리는 새로운 용어가 출현할 때마다 새로운 용어를 임의적으로 만들어내야 하는 것이다. 영어의 용어는 일상적인 말의 조합이나 변형으로, 그 말을 접하는 순간 그 뜻을 자연스레 헤아릴 수 있는데 반해, 우리의 용어는 대부분 낯선 한자를 조합하여 만든 것으로, 그 의미를 짐작하기 어려운 생소한 이름으로 탄생하는 것이다.

- 앞에서도 언급한 '서로 소', '순서쌍', '정의역', '공역', '치역' 같은 생소(strange)한 용어로 수학의 논리를 세우겠다는 발상은 그 자체로 비논리적인 우격다짐인 것이다.
- 심하게 표현하면 암호문(secret message)를 풀어야 할 코드(code)와 같은 전형(type)의 말을 가지고 수학의 논리를 가르치겠다는 억지를 부리는 교육 현장의 딜레마(dilemma)이다. 문제와 답을 정해놓고 거기에 도달하는 요령을 가르치는 것이다. 이것은 수학이 아니다.

더군다나 대부분의 용어가 한문으로 이뤄진 것이라 그 뜻을 전달받기 위해서는 몇 배의 사고(thinking)를 필요로 한다. 수학이라는 학문 자체가 깊은 사고를 필요로 하는 것인데, 우리는 한 술 더 떠 꽈배기처럼 꼬아 놓은 설명(explanation) 자체를 이해하는 노력까지 더 해야만 하는 것이다. 그것은 서양과 동양의 문화적 차이에서 기인(self-originated)하는 것으로, 번역을 통해 학문을 배워야 한다면 모든 분야의 학문에 걸쳐 생길 수밖에 없는 먹통 현상이라 할 것이다.

- 많은 서양 학문의 번역된 전공 서적들이 이러한 먹통 현상을 보여주고 있다.
- 우리 국민이 책을 안 읽는다는 것은, 한국어로는 읽을 만한 책이 마땅히 없다는 것을 역설적(paradoxical)으로 드러내고 있는 것이다.

영어로 된 원어는 한 번의 이해로 알 수 있고, 두고두고 헷갈리지 않게 기억이 되지만, 우리의 수학책에 나오는 용어는 배우는 그때만 잠정적으로 이해를 했다고 보고, 그 다음 논리를 전개하게 되는 것이다. 즉, 이후로 전개되는 많은 과정에서 다시 인용되면 혼란이 일어나고, 논리의 전개과정에서의 설명 과정을 확실하게 이해하지 못하게 되면서, 적당히 다음 과정으로 넘어가게 되고, 결국은 어느 지점에서는 마치 실타래가 엉키는 것처럼 굳어버리는 것이다. 이것이 수학 학습의 종말 현상인 것이다. 이후로 전개되는 수학은 답을 내는 과정과 공식을 외워서 전형적 (typically)으로 주어지는 문제를 풀고 해답(solution and answer)을 써내는 훈련 과정(exercise process)이고 계산 과정(counting process)인 것이다. 이것이 한국에서의 수학이라는 학문의 왜곡 (distorted)된 도야 과정(study process)이다.

예를 들어, 수학 용어에 '정수'라는 용어가 있다. 이 말은 -214, 0, 7, 24와 같은 수(數)로, 분수의 형태나 소수점 이하로 표시되지 않는 수를 말하는 '정수(整數)/integer'와 일정한 수를 나타내는 말인 '정수(定數)/constant'와 쉽게 구별되지 않는다. '정수(整數)/integer'라는 개념은 어려운 개념이 아니지만, 이를 지칭하는 우리의 용어는 말의 의미를 쉽게 짐작할 수 없는 어려운 한자를 동원하여 작성된 용어를 사용하고 있는 것이다. 그 말이 뜻하는 바는 기초적인 쉬운 개념이지만 말 자체는 쉽게 이해하기 어려운 단어(word)/용어(term)를 쓰는 것이다. 동음이의어(homonym)인 '정수(定數)/constant'라는 말은 '상수(常數)/constant'라는 말과 같은 의미로 쓰이고 있으며, '변하지 않고 일정(一定)하게 유지되는 값'을 말한다. 하나의 의미를 가진 말이 두개의 용어로 표현되면 그것도 혼란스러운데, 더구나 '정수', '상수'를 지칭하는 한국어는, 한자글이라는 의미대로, 정수(精髓)/정수(精水)/정수(正手)/정수(艇首)/상수(上手)/상수(上水)/상수(霜鬚) 등등 수십 개가 넘는 한자로 구별되는 동음이의어를 가지고 있는 것이다. 이러한 말의 구별은 한자를 병기하여야 구별될 수 있는 태생적인 불편함을 가지고 있는 것이다. 이러한 말을 사용하여 수학의 논리를 설명하겠다는 시도를 이제는 중지하여야만 하는 것이다.

영어는 단어/말 하나하나가 자체적으로 근원적인 논리와 용이한 분별력/변별력을 가지고 있고, 이러한 바탕에서 일정한 규칙을 가진 변형으로 새로운 말이 탄생하여도 그 말의 의미를 쉽게 추정할 수 있다. 소리/말로만 듣고도 그 의미를 전달받거나 짐작할 수 있다. 우리의 언어가 도저히 따라갈 수 없는 경지이다. 번역으로는 도저히 감당할 수 없는 광범위한 논리(logic)/사고(thought)의 영역(domain)이 전개(unfold)되는 것이다.

우리는 이러한 말을 접할 때마다 거기에 맞는 뜻을 전달하기 위하여, 잘 쓰지도 않는 어려운 한자를 조합하여, 원어(original words)의 개념이 온전하게 전달되지도 않는 새로운 말을 만들어 내고, '이 말이 저 말이다' 하고 억지를 쓰고 있는 것이다.

이러한 과정에서 동음이의어가 다수 출현하게 된다. 동음이의

한국의 침몰

어는 언어소통(communication)에 있어서 치명적인 결함이지만 한자(Chinese characters)를 도입해야 되는 단계에서 어쩔 수 없는 선택으로 탄생되는 것이다.

이렇게 하여 처음 보는 새로운 용어를 만들어내야 하는 경우가 생기는 것이다. 단발성으로 끝나는 경우는 다행이지만, 이러한 말을 가지고 논리 과정을 전개하면 나중에는 무슨 말인지 모르는 헷갈리는 글이 되는 것이다. 글을 읽는 독자(reader)가 알아서 이해를 하여주기를 바랄 뿐이라면, 글의 메시지는 퇴색되어 죽은 글이 되고 마는 것이다.

- 결국은 '억지 춘향, 빛 좋은 개살구' 형태의 학문을 하게 되는 것이다.
- 이로 인해 본래는 차원 높고 흥미로운 학문인 수학이 마냥 골치 아프고/혼란스럽고 어려운 공부가 되어, 결국은 포기하는 학생이 속출하는 현상이 발생되고 있는 것이다.
- 번역된 용어를 사용하여서는 학문의 개념을 지속적으로 전달할 수 없다. 이것은 서양의 학문/기술을 우리의 학문/기술로 전환하는 번역이라는 과정에서, 핵심적인 역할을 수행하는 언어라는 전달 매체에서 비롯되는 어쩔 수 없는 먹통 현상인 것이다.

고등학교 과정까지는 한글로 가르치고 나서, 대학 과정에서는 영어로 배워야 한다면, 이는 영어까지 이해하여야 되는 고통을 안겨주게 되는 것이다. 이 과정에서 사전(dictionary)을 끼고 산다고 해서 영어 문장이 해독되는 것이 아니다. 영어로 된 하나하나의 말의 의미를 이해 못하는 것이다. 초등 수준의 지식을 가지고 대학 교재의 내용을 이해할 수 없는 것과 같은 이치이다. 언어의 기초/태생 과정부터 배워나가야 성장된 언어를 쉽게 이해할 수 있게 되는 것이다. 기초 지식부터 배워나가야 성장된 지식을 이해할 수 있게 되는 것이다. 사전은 낯선 말이 출현하였을 때 그 말의 쓰임새를 간략히 설명해주는 것이지, 전체의 글의 메시지를 이해시켜줄 수는 없는 것이다. 전체를 개략적으로 이해하는 사람만이 낯선 말의 개념을 사전 등에 기록된 간단한 설명만으로도 이해할 수 있는 것이다.

- 전체를 이해하려면 나이에 상관없이 초기 입문 단계(introductory phase)부터 영어로 시작해야 되는 것이다. 그래야 각종 말의 의미를 체득하게 되면서 텍스트의 내용을 흥미롭게 이해할 수 있게 되고, 기초 지식(basic knowledge)이 쌓이면서 호기심을 가진 학문/기술 분야의 전문적 지식(expertise)을 추구하기 위한 진지한 여정(journey)을 시작할 수 있게 되는 것이다. 이러한 과정을 무시하면, 장기간 영어라는 언어의 언저리를 맴돌다가 지쳐서 끝이 나게 되는 것이다.

대학가 주변에 서점에서는 응용수학(applied mathematics)/공업수학(advanced mathematics) 문제에 대한 답안이 책자로 판매되고 있다. 이것은 수학을 번역/번안해서 한자글로 가르치는 교육 과정의 난맥(confusion)으로 인한 현상으로, 먹통(dummy) 학문의 부작용(side effects)인 것이다.

- 문제(question)와 답(answer)의 유형(pattern)이 정해져 있고, 답안을 외워서 시험을 통과하는 이러한 행태는 수학(mathematics)이라는 학문(study)을 기만(deception)하는 행위인 것이다.

수학을 가르치고 배우는 과정을 살펴보면, 처음에는 번역/번안해서 그런대로 가르치고 배우게 된다. 차츰 진도가 올라가면 어려운 개념의 용어를 사용하게 된다. 이때부터 수학은 어려워지기 시작한다. 대학에 가면 번역/번안으로 도저히 그 개념을 전달할 수가 없어서, 결국은 영어 텍스트(English text)를 동원하는데, 이때는 영어로 된 기술(description)을 도저히 이해하지 못하여 전개되는 내용을 이해하지 못하게 된다.

- 다시 말하면 mathematics(수학)다운 수학을 못 하고, 퀴즈 게임(quiz game) 정도의 학습을 하게 하고서 인류 최고의 학문을 가르치고 배운 것처럼, 시험을 치르고 학점(credits)을 주고받는 요식행위(red tape)를 하고 마는 것이다.

한국어, 일본어, 중국어로는 수학자(mathematician)가 탄생할 수 없다는 것이 노벨 화학상 수상자(Nobel laureate in chemistry)인 미국 대학의 일본인 교수가 어느 인터뷰에서 한말로, 필자가 전적으로 동감하는 주장이다.

한국어, 일본어, 중국어로 번역되었을 때도 논리가 정연해질 수가 있을까? 논리의 전개와 서술을 위해서 동원된 미묘한 말들을 똑같은 개념(concept)으로 전환(transfer)할 수 있는 말이 있을까? 수학의 경우 개념이 같은 대칭성 있는 말은 국경을 접하고 있는 유럽처럼 동등한 역사 배경을 가진 나라끼리는 존재할 가능성이 크지만, 역사적으로 서로 다른 동양의 나라/지역에서는 그러하지 못할 수밖에 없다. 논리/개념의 차원이 높아질수록 이에 따른 유사성을 가진 낱말은 더욱 존재하기 힘들다. 출발선상에서는 작은 차이이지만 갈수록 동떨어진 생각으로 벌어질 것이다. 결국은 논리의 차원이 깊어질수록 의미를 짐작하기 힘든 기술이 등장하다가 결국은 멈출 것이다. 이것이 한국에서 벌어지고 있는 현장인 것이다.

서양 철학(philosophy)에 의해 탄생한 수학의 논리를 대치(replace)하기 위해, 한자를 조합한 신조어(newly-coined word)로 우리 나름의 동일한 개념의 말을 만들어내어 우리의 학문으로 전환시켜서 가르치고자 하는 것이 오늘날의 수학 교육이다. 결과적으로 이러한 교육 행태는 실패하였다고 단정할 수밖에 없는 것이다. 그 이유는 학문의 전달 매체인 언어의 기능/역할을 간과함으로써 비롯된 것으로, 이는 문명의 도입 과정에서 비롯된, 결과를 예측하기 힘든, 쉽게 알아챌 수가 없는, 국어 정책(national language policy)의 부정적(negative) 결말(consequence)인 것으로, 갈수록 심각해지는 결손(deficit)을 낳을 수밖에 없는 것이다.

- 이 말은 후진(under-developed) 문명의 언어를 사용하여 선진 (advanced) 문명의 언어로 기술된 학문/기술을 온전하게 전환(transfer)할 수 없다는 결론(conclusion)이고, 심각한 경고 (warning)인 것이다.

영어라는 언어를 한글이라는 한국의 언어로 전환시켜 학문을 가르치려는 교육의 시도는 성공하지 못하였다는 것이, 나의 한 평생의 걸친 경험을 통해 비로소 얻은 깨달음이고, 이 글을 통한 외침인 것이다. 그리고 이것은 과학(science)/기술(technology)/ 경제(economy) 등 서양으로부터 전래된 모든 학문의 적용되어야 한다. 우리의 현실은 억지를 써서 가르치고 있는 것이다. 가르치는 교사도, 배우는 학생도 학문을 하는 것이 아니라, 대학입시/ 취업시험/공무원고시 등 그 어떤 순간만을 위한 단기간의 경쟁 (short-term competitions)을 위한 공부를 하고 있는 것이다.

- 수학(mathematics)은 대학 입시를 위해 공부하는 단순한 교과목(subject)이 아니다. 이것은 오늘날의 첨단 문명을 떠받치는 기반적(fundamental) 학문(study)이다.
- 수학을 제대로 소화하지 못한다면, 현재와 미래의 모든 도전 (challenge)은 밑 빠진 독에 물 붓기처럼 허망한 희망(forlorn

hope)이 될 뿐이다.

우리가 이러한 현상을 방치하면 온전한 현대의 학문을 포기하는 것이고, 결국은 국가적인 낭패로 이어진다는 것을 자각(real-ize)하지 못하고 있는 것이다.

우리의 한글은 뛰어난 표음문자(phonogram)이지만, 이것을 문자로 사용하는 한국어는 서양 학문의 정수(essence)인 수학을 옮겨 담아 전달할 수 있는 언어 매체가 못되는 것이다. 이 말은 오늘날 대한민국의 구성원인 우리의 능력(capability)이 한국어로 교육되는 수학의 논리를 가지고는 현재와 미래의 첨단기술(high-tech)을 감당할 수 없다는 말이다. 한 나라의 언어 수준은 곧 그 나라의 문명의 수준이다. 우리의 문명은 서양 문명을 쫓아가고는 있지만 한참 뒤처져 있다. 우리에게 번역이라는 과정은 서양 문명을 우리에게 온전히 전달해주는 전달 과정이 못되는 것이다. 우리는 번역이라는 참으로 중요한 과정에 대해 심각하게 의문을 제기하지 않고 있는 것이다. 그것이 국가적인 낭패를 가져오고 있는데 아무도 이의를 제기하지 않고 있는 것이다.

- 아프리카의 언어로 서양 문명을 따라갈 수 없듯이 우리의 언어인 한국어로도 서양 문명을 배울 수 없는 것이다.

아프리카나 아메리카 토착민의 언어로 '통계(statistics)', '미적분(calculus)' 등의 수학 개념을 설명하고 가르칠 수 없을 것이라는

한국의 침몰

점에 모두 동의할 것이다. 그렇다면 조선 시대의 언어를 가지고 수학을 설명하고 가르칠 수 있을까? 역시 안 될 것이라고 동의할 것이다. 그렇다면 현재의 우리말로는 가능할까? 조선 시대와 21세기 현재의 대한민국, 그 사이 우리의 언어는 얼마나 발달/진화하였을까? 한국어/한글로 된 텍스트를 가지고는 수학 학습 과정에 있어서 산수(arithmetic)까지는 가능하여도 그 이상은 힘든 것이다. 우리의 언어로써 한국어/한글의 소통 능력은 사실상 그 정도인 것이다. 이것을 인정하면은 수학, 과학 등의 학문의 전개 과정에서 생성되는 잠재된 많은 문제를 이해할 수 있을 것이다.

왜 우리의 학생들이 열심히 하여도 학문의 성취는 형편없는지 그 이유를 이해하게 될 것이다. 한국어/한글로써 전달되는 학문의 경계는 우물 안 개구리의 식견(vision)에 머무를 수밖에 없다. 이 말은 이러한 격화소양(unsatisfactory)의 언어로는 선진문명의 학문을 풀어 나갈 수 없다는 것이다.

- 한국어나 서툰 영어로는 선진의 학문에 근접할 수 없다. 그런데 이 정도의 교육으로 한국은 정지하고 마는 것이다.
- 우리가 일본, 중국과 같은 처지라고 위안을 삼을 수 있는가? 그들은 세계 초강대국이다. 우리는 오천만 인구의 작은 반도(peninsular) 안에 갇힌 말 그대로 약소(weak and small)한 고립(isolated)된 단일 민족(one ethnic race)이다. 절대 동병상련(feel sympathy)의 처지가 아니다.
- 우리의 현실을 냉정하게 인식하고 현실의 장애(hindrance)를

극복하여야만 한다. 그래야 그들을 극복(overcome)할 수 있고, 국가의 위상(status)을 바로 세울 수 있다. 국가적 치욕(disgrace)을 피해갈 수 있다.

어디로 향하다가 어디로 추락했는지도 모르는 인공위성 발사 추진로켓, 명중률이 형편없는 미사일 무기, 제대로 동작하지 않는 첨단 장비 등등 수많은 형태의 첨단 공학에서의 낙담이 이러한 학문의 결말로 나타나는 것이다. 이것은 비리(corruption)로 인해 나타나는 현상(happening)이 아니다. 무지(ignorant)/무식(illiteracy)에서 비롯된 무능(incompetent)으로 인한 현상으로, 비리와는 비교도 할 수 없는 심각하고 한심스러운 현상인 것이다.

- 국가의 입장에서는 이것이 그 어떤 것보다 국가를 위태롭게 하는 심각한 현상이라는 것을 자각(realize)해야만 한다.
- 오늘날 대부분의 고급 기술의 바탕에는 수학의 개념/논리가 반드시 기본적으로 깔려 있다. 즉, 수학의 개념/논리가 없는 기술은 전형적으로 울산/창원의 공단 등에서 생산되는 기존의 재래식 제품(conventional products)이지, 실리콘밸리(Silicon Valley) 등을 거쳐 출현하는 첨단(high-tech)의 제품이 아닌 것이다.

수학은 영어로 배워야 하는 것이 기본이며, 이렇게 함으로써 그 주변의 학문(사실상 모든 서양 학문)도 손쉽게 영어로 접근할 수 있다. 수학에서의 서술(narration)은 모든 학문/기술을 전개하는 데 기본/기초를 이루는 용어의 개념을 자연스럽게 정의(define)하므로, 이것에 익숙해야만 서양학문 전반에 대한 접근/이해를 용이하게 가져갈 수 있다. 이러한 과정을 거쳐야 영어를 언어로써 이해하는 수준에 도달하게 되고, 이후로 닥치는 많은 영문 텍스트를 읽어 나갈 수 있는 능력이 생기는 것이고, 비로소 서양의 학문/기술을 본격적으로 배우고 익힐 수 있는 경지에 도달하는 것이다. 이 과정을 밟지 않고 닥치는 대로 헤쳐 간다면, 열심히 하더라도, 잘해야 오륙십 대 늦은 나이에 도달하여 비로소 영어 텍스트를 읽고 이해할 수 있는 만시지탄(too late to do)의 능력을 갖게 될 것이다. 그것은 지름길이 아니고 멀리 돌아서 가는 길이기 때문이다.

우리는 수학을 영어 원문 그대로 배워야 한다. 수학의 개념을 영어의 세계로 정립할 수 있게 유도하여 학문을 완성시켜야 한다. 그리고 이러한 과정을 모든 서양의 학문/기술의 분야로 넓혀 가야 한다. 그 과정에서의 노력은 이전에 비해 클지 몰라도 그것으로부터 수확하는 열매는 확실한 것이다. '쓴 약이 몸에 좋다'라는 격언(saying)은 여기에서도 통한다. 우리의 허약한 체질을 강하게 바꾸어 놓을 것이며, 이 길만이 오늘날 혼돈(chaos)의 늪에 빠진 우리를 구할 것이다.

- 수학은 영문의 텍스트(English textbook)로 배워야만 한다.

- 서양학문의 정수(essence)인 'mathematics(수학)'은 오직 영어로만 이해될 수 있다. 한국어로는 수학을 공부할 수 없다.
- 'mathematics'를 소화하지 못하면, 3차/4차 산업혁명(industrial revolution)의 첨단기술(state-of-the-art technology)에서 우리는 구경꾼(observer)의 처지로 전락되고 말 것이다.
- 서양의 선진 학문/기술은 수학처럼 처음부터 영문의 텍스트로 배워나가야 한다. 그래야 영어문명[EL]을 달성할 수 있고, 영어를 잘할 수 있다.
- 한국어로 된 지식은 우물 안 개구리의 지식일 뿐, 글로벌(global) 지식이 아니다. 영어로 된 글로벌 지식을 갖춰야 생존할 수 있다.
- 이러한 교육혁신(educational innovation)만이 한국 청년들의 무력감(helpless)을 활력(energetic)으로 바꿔놓을 것이다.

서양학문은 처음부터 영문 텍스트로 배워야 한다
_영어를 손쉽게 배울 수 있고, 무한한(infinite) 학문/기술을 터득할 수 있다

- **영어문명[EL]**; English Literacy: 이 말은 영어로 쓰인 학문/기술의 텍스트를 읽을 수 있는 상태를 말한다.
- **영어문맹[EiL]**; English illiteracy: 이 말은 영어로 쓰인 학문/기술의 텍스트를 읽을 수 없는 상태를 말한다.

- 한글로 된 지식(knowledge)은 배우기만 힘든 반쪽짜리 우물 안 멍텅구리 지식이다. 진짜 지식이 아니다. 이러한 지식으로 현대문명을 구가하려 하는 것은 환상에 불과하다.
- 우리의 말과 글인 한국어/한글로는 서양의 선진(advanced) 학문/기술을 수용(accommodate)할 수 없다. 흉내(imitation)만 낼 뿐이다.
- 동양 학문은 한문(Chinese text)으로 배운다. 마찬가지로 오늘날의 선진문명인 서양의 학문/기술은 영문(English text)으로 배워야 그 뜻을 터득할 수 있다.
- 조선시대에 한문을 읽듯이 대한민국/코리아는 영문을 읽어내야 21세기 현재의 글로벌 시대를 살아갈 수 있다.

- 영어문맹[EiL]을 벗어나서 영어문명[EL]에 도달하여야, 비로소 글로벌 세상(global world)에서 존엄하게 생존할 수 있다.

우리의 언어(language)는 한국어(Korean)이고, 글자(letter)는 한글이다. 우리는 한국어/한글로 서양의 학문(study)/기술(technology)을 가르치고 배우는 교육(education)을 시행하고 답습(following)하는 것이다. 의도하지는 않았지만 실상 우리 사회의 문제는 여기에서부터 발아(evolve)되고 있는 것이다. 국민의 학력(academic background)은 높지만 능력(capability)은 별로(not good)인 것이다. 그 결과 오늘날의 글로벌 세상(global world)에서는 무기력(lethargy)할 뿐이다.

한국어/한글로는 서양 학문을 완성시킬 수 없고, 따라서 이러한 학문에 대한 논문(paper)을 탄생시킬 수 없는 것이다. 한국어로 선진의 서양 학문을 하면 논리성(logic)이 사라진 억지(forced)의 주장(assertion)이 되는 것이다. 현대(contemporary)의 이론(theory)을 기술(describe)할 수 없는 것이다.

그런데 우리는 한글로 최고의 학문(studies)을 하고, 논문(thesis paper)을 만들고, 박사학위(doctorate)를 수여하고, 고급 기술(high technology)을 실현하였다고 과시하는 것이다. 우물 안 개구리 식의 자화자찬(singing our own praise)인 것이다.

최고의 학문/기술에서의 논리성 상실은, 이 조그만 나라에서는 어느 누구도 눈치 채기 어려운 잠재된 위험요소(potential risk factors)를 내포하는 것이다. 외국인(foreigner)/외부인(outsider)에

게는 그들만의 언어로 작성된 학문/기술을 시비(criticize)할 수
도 없고, 시비를 할 필요도 없는 것이다. 우리만의 리그(league)
에서 감시자(observer)/심판관(examiner)이 없는 것이다. 단지 갑
(owner)의 주장(insistence)만이 지배하는 것이다. 변방(periphery)
에 위치한 이 작은 나라에서 우리만의 고유(unique)한 언어인 한
국어(Korean language)로 인류 최고의 문명을 구가(enjoy)하려 하
는 것은 여기에 잠재(latent)된 위험(risk)을 알아채지 못할 수도
있는 가능성(probability)을 높게 가져가는 위험(dangerous)한 행
위(performance)인 것이다.

- 이러한 행위의 과정에서 많은 사고(accident)/혼란(disorder)이
  이 사회에 지속되고 있는 것이다.
- 방향(direction)이 잘못되었을 때 이를 바로잡아줄 수 있는 객
  관(objective)적 눈을 가진 제3자(third party)를 기대할 수 없
  는 것이다.
- 우리만의 언어인 한국어로 서양의 학문/기술을 실현시킬 때
  그 속에 잉태(conceived)되는 가시(flaw)가 있는 것을 우리는
  스스로 알아채지(realize) 못하는 것이다.

수학(mathematics)/물리(physics)/화학(chemistry)/경제(econom-
ics)/공학(engineering)/컴퓨터(computer) 등등, 따져보면 국문학/
한국사/동양고전 등을 제외한 모든 학문/기술이 서양에서 전래
된 것이다. 사실상 오늘날 우리가 필수적으로 받아들이고 배워

야 하는 학문/기술은 모두 서양의 선진문명(advanced civilization)인 것이다.

우리의 역사는 중국에서 유래된 사서삼경(basic Confucian texts) 같은 학문을 배울 때, 한자(Chinese characters)를 익혀서 한문(Chinese text)을 바로 해독(reading)하고, 거기에서 배운 학식(discipline)으로 정사(state affairs)를 다루고 이를 기술(writing)하는 데 사용하였다.

즉, 한문/한자를 우리의 말(speech)과 글(writing)로 사용하였다. 다시 말해 엄연한 우리의 언어(language)이었다고 할 수 있다. 우리는 불과 100년 전까지도 한자를 문자로 하는 한문을 사용하여 모든 문서를 기술(documentation)하였다. 하지만 우리 민족의 역사에서 한국어의 글자인 한글을 사용하여 본격적으로 기록/기술을 시작한 역사는 80년도 채 되지 않는다. 인류 역사를 따져보면 한글은 그야말로 일천(infancy)한 기록의 역사를 가진 문자이고, 대부분 한자의 한반도(Korean peninsula)식 발음으로 이루어진 '한자글'인 것이다. 따라서 한국어/한글은 인류 최고 문명의 언어인 영어를 번역(translation)/번안(adaptation)으로 추종(follow)할 수 있는, 즉 영어를 대체할 수 있는 문명의 소통매체(communication media)가 도저히 될 수 없는 변방의 조그만 언어에 불과하다는 사실인 것이다.

- 이러한 사실(fact)을 한국인들은 깨닫지 못하고 살고 있는 것이다. 그것은 영어라는 언어의 세계를 쉽게 짐작할 수 없기

한국의 침몰

때문에, 이러한 사실을 비교하고 판단할 수 없기 때문이다. 우물 안 개구리는 스스로 우물 안에 갇혀 있다는 사실을 알 수 없기 때문이다.

- 필자는 이 사실을 깨닫기까지 무려 50년 넘는 시간을, 한국에서는 결코 평범(ordinary)하다고 할 수 없는 이력(personal history)으로, 영문(English text)을 이해(comprehension)하여 실행하는 업무(performance)를 수행했어야 하였다. ('나의 학력과 경력에서의 랩소디' 편 참조)

- 그 긴 세월의 와중에 너무나 어처구니없는 많은 참사(tragedy)를 지켜보아야만 하였고, 오늘날의 대한민국 청년의 무기력(lethargy)/좌절(frustration)을 마주하게 되었다. '세월호 참사'를 마주하고서는 결국 그 원인에 대하여 심각하게 고심하지 않을 수 없었다.

- '왜 이렇게 되었는가?', '무엇이 잘못되었는가?'에 대한 필자(writer)의 자문자답(self Q&A)이 이 책의 서술 내용(narration)인 것이다.

우리는 인구 5천만의 약소한 단일 민족의 국가이다. 우리의 언어인 한국어는 남북한을 합쳐 봐도 7천만의 소수민족이 사용하는 언어에 불과하다. 그것은 사용하는 인구/지역/환경에 준해서 함유/생성되는 언어의 정신/철학 세계가 그 정도에 머무를 수밖에 없다는 지극히 객관적인 현실이다.

우리 민족이 오랜 역사와 찬란한 문화를 가졌다고 자랑하지만, 그것이 우리의 자아도취(self-indulgent)적인 주장인가 아닌가의 여부와 상관없이 우리의 삶(life)을 무사(safe)하고 행복(happy)하게 하여주는 것은 아니다. 즉, 현재를 살아가는 데 필요한 민족 생존(survival)의 바탕(basis)을 제공하는 것이 아니다. 그것은 치욕적(disgraceful)인 시간을 견뎌온 이 땅의 역사가 말해주고 있다.

- 민족이 번듯하게 생존하기 위해서는 항상 최고의 문명을 구가하려는 노력을 기울여야 한다.
- 문명의 매체는 말과 글인 언어이다. 그리고 지금 인류 최고 문명의 언어 매체(linguistic media)는 영어(English)이다.

약소국가(small nation)에서는 최고의 문명을 갖고 있을 리가 없기에 당연히 수입하여야 한다. 문명의 수입은 문물(civilization products)의 수입이다. 문물의 수입은 결국 언어를 통해 이루어지게 된다. 문명을 제대로 수입하려면, 결국은 그 문명의 언어로 받아들여야 온전히 수입되었다고 할 수 있다. 고려/조선 시대에 한문(Chinese literacy)을 사용하였듯이 서양의 문명은 영문(English literacy)을 사용해야 되는 것이다. 여기에는 이의(dissent)가 있을 수가 없다. 이러한 시도는 뛰어난 문명을 수입하여 혜택(benefits)을 받으려는 나라에서 치러야 할 당연한 대가(cost)인 것이다.

- 그렇지 않으면, '세월호'와 같은 대형 여객선이라는 문명의 문물을 도입하면서, 그 문명의 언어로 기록된 규제사항(regulatory)을 제대로 실행에 옮기지 않는 것과 같은 위험한 상황을 초래하게 되는 것이다. 따라서 이것은 국가 생존의 문제가 되는 것이다.

몇십 년의 경력을 자랑하며, 현장감이 뛰어난 우리의 엔지니어들이 외국에 나가서 영어 소통이 안 되어 업무를 수행하지 못해, 몇 달 만에 퇴출(kicked out)되어 돌아오는 것이다. 영어로 된 영문 텍스트(English text)를 읽지 못하여, 부지런하고 배우고자 하는 의욕(ambitious)으로 가득 찬 우리의 기술자들이 단지 영문으로 쓰인 기술사양서(technical specification)을 이해하지 못해서, 반쪽짜리 머슴살이 기술자(slavery engineer)로 전락하는 것이다.

- 그 많은 해외의 고급 일자리가 우리의 젊은이들에게는 접근 불가(inaccessible)하다는 말이다. 현재의 청년 백수 사태의 근본원인(root cause)이기도 하다.
- 따라서 영어가 잘 통하지 않는다는 것은 우리 같은 나라의 입장에서는 결코 가볍게 다룰 사안이 아닌 것이다. 국가적으로 해결(resolve)하여야 할 중차대(significant)한 사안(issue)인 것이다.

한국어는 영어에 비하면 작은(minor) 언어에 불과하다. 이 언어를 가지고 지구상 최고의 문명을 일으킨 영어를 일대일로 상대할 수 없다. 우리의 미래(future)와 번영(prosperity)을 보장할 수 없다. 번역을 하면 된다고 하는 생각은 버려야 한다. 그것은 한마디로 착각(delusion)이고 망념(false idea)이다. 한국어로 펼쳐질 수밖에 없는 우리의 학문/기술 세계는 안타깝지만 영어로 펼쳐지는 그들의 학문/기술 세계를 도저히 따라갈 수 없다. 우리의 한글로 된 지식으로는 그들의 창조성(creativity)을 도저히 흉내(imitate) 내지도 좇아(follow up)가지도 못한다.

'오늘날 한국어로 된 학문/기술은 먹통의 우물 안 지식에 불과하다' 편에서 다뤘듯이 번역의 폐해(inherent vice)는 매우 심각(serious)하다. 비슷한 문화/문명끼리의 번역은 별다른 문제를 낳지 않을 것이다. 예를 들어 프랑스와 독일/스페인, 한국과 일본/중국 등의 경우는 서로 커다란 문제가 없을 것이다. 그러나 차이가 나는 문화/문명끼리는 억지 맞춤의 폐해가 나타나는 것이다. 그것이 영어와 한국어의 경우이다. 당연히 일본어/중국어의 경우도 영어를 감당하기에는 만만치 않을 것이다. 그러나 그들은 우리의 처지하고는 다른, 독보적(one of a kind)인 문명/문화로 세계를 선도하는 강대국(superpower)이다.

- 그 폐해는 예상할 수 없는(unpredictable) 것이기에 두렵고 (afraid) 무서운(scary) 것이다.

한국의 침몰

- '세월호 침몰'은 그 폐해가 나타난 정점(peak)의 한 가지 전형(model)인 것이다.
- 그 폐해를 무시하고 이대로 가는 것은 미래를 방관(remain idle)/포기(abandon)하는 것이다.

우리와 서양의 문화/문명의 차이는 호랑이와 고양이로 비교되는 만큼의 정도 차이를 가지고 있는 것이다. 인터넷이 본격화된 ICT(정보통신) 세상에서 영어는 글로벌(global)한 언어, 즉 세계가 사용하고, 시간이 갈수록 세계를 지배(dominate)할 소통의 언어이다. 이러한 언어가 특정인(certain individual)의 전유물(preserve)이 될 수도 없고 되어서도 안 된다. 이것을 누군가의 번역에 의존하면 안 되는 것이다. 한마디로 위험한 발상(dangerous conceptualization)인 것이다. 어느 누가 최초로 번역을 해 놓으면 모두가 따라서 하고, 이후로는 어쩌지도 못하고 계속 사용하게 되는 우매(ignorant)한 행태(behavior)를 한국은 방치(neglecting)하고 있는 것이다. ('후쿠시마 원전사고와 한국의 원전' 편 참조)

- 이것은 현재는 물론 미래도 망가뜨리는 시나리오(scenario)이다. 리더(leader)가 길을 한 번 잘못 잡으면 뒤따르는 군중(crowd)은 모두 나락(pit of hell)으로 빠지는 것이다.
- 번역에 의존(rely on translation)하는 한국은 위험(dangerous)한 집단 최면(collective hypnosis)에 걸려 있는 것이다.

- 구성원인 개인과 집합체인 국가가 스스로의 처지를 알아채지 못하는 심각한 곤경(predicament)에 처한 것이다.

우리가 한글을 열심히 사용해서 세계화(globalization)를 이룰 수 있다고 생각한다면 그 자체로 모순(contradiction)이고 환상(fantasy)이다. 점점 더 우물 안 개구리 신세가 되어가고 있는 것을 우리 스스로가 자각하지 못할 뿐이다. 한글을 자랑하고 사랑한다고 해서 영어를 배척(exclude)하여서는 안 된다. 한문을 쓰듯 영어를 적극적으로 우리말로 수용하여야 한다. 어쭙잖은 한자어를 동원한 번역어(translated words)를 등장시켜 신개념(new concept)을 왜곡(distort)시키는 행위를 하여서는 안 된다. 한글은 세계에 자랑할 만한 우수한 표음문자(phonogram)이지만, 그 점이 대한민국에게 현실을 헤쳐 나갈 지식과 지혜를 가져다주는 것은 아니다. 지나친 자랑은 오히려 그것을 갈고닦아야 한다는 강박관념(obsession)을 심어주어 세계로 도약하여야 할 한국 청년의 발목을 잡고 있는 것이다.

- 중요한 것은 언어로서의 소통 기능이며, 이 점에 있어 한국어는 영어를 상대할 수 있는 언어가 아닌 것이다.
- 한글은 세계에서 가장 우수한 표음문자이지만, 이를 문자로 쓰는 한국어는 배우기 까다롭고 기술하기 힘든 작은 세계의 언어일 뿐이다.

지금 우리의 문자 기록 체계인 한국어 문법(Korean grammar)은 상당히 어렵고 난해한 경지이다. 까다로운 맞춤법/띄어쓰기에 글쓰기가 부담이 될 정도다. 아마도 이 세상에서 사용하기 어려운 글 중의 하나가 한글일 것이다.

지금 우리가 만들어낸 기술 분야의 전문적인 텍스트의 내용은 기술이 순차적이고 논리적이지 못하고, 사용되는 용어는 투박하고 난해한 것이 많아 전체적으로 짜임새가 떨어진다. 이에 따라서 전달하고자 하는 메시지는 상대적으로 빈약하고 지식의 깊이가 크지 못하다. 읽고서 바로 알아 나가는 것보다는, 다른 경로를 통해 알고 나서야, 기록된 내용이 무슨 의미인지를 비로소 이해하게 되는, 평소에 접하기 힘든 용어를 동원하여 기술되어 있는 것이다. 사용된 용어 그 자체가 마치 무슨 암호(code)와 같아서, 독자(reader)의 이해를 막는 장애(hindrance)인 것이다. 이것은 모두 누군가가 번역을 위해 만든 용어와 번역 문체(translated stylistic)의 기술내용(description)으로 인해 나타난 현상으로, 이러한 억지스러운 짜 맞추기 글을 가지고서는 도저히 현대의 선진문명의 기술(technology)을 추종할 수가 없는 것이다.

- 개발도상국의 언어로 선진문명을 받아들이려 하는 어불성설의 행위(nonsense performance)를 우리 스스로가 행하고 있는 것이다.
- 이러한 비논리적(illogical)이고 투박(clumsy)한 용어로 기술된 텍스트로 선진의 학문/기술이 실현되기를 기대한다는 것은

'쓰레기통에서 장미가 피기를 기다리는 것'과 같이 기대난망 (impossible)한 일인 것이다.

우리의 언어 한국어는 탐구적(scientific)이어야 할 학문을 기술하는 매체로서, 선진 문명의 언어인 영어에 감히 균형을 맞출 수가 없는 작은 언어이다. 우리의 언어에 녹아 있는 사상(thinking)은 감성적(sentimental)/추상적(abstraction)인 정서적(emotional)인 면에 치우쳐 있지, 논리적(logical)인 면에는 있지 않다. 이것은 논리적이지 못하고 감성적이기만 한 우리의 문화와 같은 맥락(context)을 하고 있다.

역사적으로 산업적인 개화기(industrial enlightenment)를 거쳐 현재에 이르기까지 우리의 이공계(science and engineering fields)의 언어(term)는, 일본에서 서양기술을 번역/번안해서 사용하는 것을 도입한 것이 대부분이고, 일부는 원자력의 경우처럼 영어에 대비되는 용어를 자체적으로 만들어낸 것도 있다. 어느 경우이든지 대부분이 한자를 이용하여 원어에 대응하는 말을 만들어내었고, 잘 수용이 안 되는 몇몇의 용어는 영어의 발음을 그대로 우리식의 표현 방식으로 만들어내었다. 이 과정에서 우리는 쉽게 이해하기 힘든 말/용어를 별다른 고민 없이 대량으로 양산해내었다. 이러한 용어들이 일본/미국의 전문서적을 번역/번안한 대학의 전공(major) 교재(text)를 만들어내었다. 이러한 용어가 한국의 학문/기술을 묘사(describe)하는 언어인 것이다.

영어를 인지할 수 있는 사람이라면 바로 알아들을 수 있는 쉬운 말을, 우리는 수십 배 정도의 노력을 기울여야 알아들을 수 있는 것이다. 그리고 결국에는 이러한 말/용어들을 다시 영어로 돌려놔야 하는 쉽지 않은 과정을 밟아야 하는 수고를 감당해야 하는 것이다. 이러한 방식을 답습한다면 우리는 서양의 선진기술을 추종하는 것은 고사하고, 점차 꼬리도 잡기 힘들어질 것이다. 산업혁명 시대 이후부터 근대까지의 상황에서는 그나마 그 격차가 작았다고 볼 수 있지만, 현재는 현격한 차이를 보이고 있고 앞으로 갈수록 벌어질 것이다. 점점 더 먹통이 되는 것이다.

서양 학문의 논리가 갈수록 깊어지고, 기술이 진보될수록, 우리는 거기에 대응하는 새로운 용어를 한자를 조합하여 열심히 만들어내고, '이 말이 저 말이다' 하고 주장하겠지만, 그것은 결과적으로 진위 여부(whether it is true or false)를 떠나서 남이 상관할 필요가 없는 우리만의 일방적인 이야기가 될 뿐이다. 우리나라는 특성상 한 번 만들어 놓으면 그것을 나중에 수정하는 것이 쉽지 않은 사회구조(social fabric)를 가지고 있다.

- 우리는 한반도의 지정학적 역사(geopolitical history)로 인해 벌어진 문명의 와류(turbulent)에 의해 생성된 언어적 굴레(linguistic bridle)에 갇혀 있는 것이다.

영어는 세계 공통어(universal language)이고, 대한민국의 대외(international) 경제를 유지시키고, 결국은 우리의 생존을 쥐고 있는 언어이다. 우리가 우리 고유의 말과 글이 있다고 영어를 안 한다면 어느 나라가 아쉬워하겠는가! 제멋에 겨워서 사는 걸 누가 탓하랴! 속으로만 한심하게 생각할 뿐일 것이다.

- 영어를 못하면서 세계 경쟁 대열에 합류하여 뛰고 있다면, 마치 짚신(straw shoes)을 신고 달리기(running)를 하고 있는 선수와 같은 모양새인 것이다.
- 공부를 할 만큼 했는데도 영어를 못하는 원인을 생각해보았는가? 영어를 배우는 방법이 잘못되었다고 생각해본 적이 없는가?

소위 '영어를 한다'라는 것은 이 세상을 살아 나가야/헤쳐 나가야 할 귀중한 지식/정보를 받아들일 수 있는 안테나(antenna)를 세우는 생존의 능력(ability to survive)을 갖추는 것이다. 이 능력이 작동 안 되면 나는 미래(future)와 교신(communicate)이 안 되는 먹통(dummy)의 개체(entity)가 되는 셈이다. 무능력(incompetent)해 지는 것이다.

한국의 청년은 영어를 가장 극심(profoundly)하게 공부하고도 영어를 못한다. 이것은 소위 '영어를 할 줄 안다'라는 명제(proposition)를 잘못 생각하고 있는 것이다. 과거에는 어떠하였는지 몰라도, 지금은 '영어를 할 수 있다'라는 것은, 영어를 통해 '전문적인 지식을 얻을 수 있고, 그 전문적인 지식을 활용할 수 있다'는 것이 돼야 한다. 물론 한국어의 경우와 마찬가지로 광범위한 이 세상의 지식을 모두 포함할 수는 없다. 개인이 이 세상에서 생존하기 위한, 삶을 영위하기 위한 분야에 대한 소통이 영어를 통해 되어야 한다는 말이다. 여기에서 중요한 것은 '전문적인 지식을 얻을 수 있다'라는 명제인데, '전문적인 지식'을 얻기 위해서는 일단 '상식적인 지식'을 갖춰야 한다는 것이다. 물론 영어로 된 상식적인 지식을 말하는 것이다. 한국어/한글로 된 상식적인 지식은 영어로 된 지식을 얻는 데 아무 소용이 안 되는 먹통의 지식이라는 것이 우리가 스스로 파놓은 함정(trap)인 것이다.

지금 한국에서 하고 있는 영어 공부를 백날 해봐야 영어문명[EL]에 도달할 수 있게 되는 것이 아니다. 영어 발음을 잘 못한다고? 제대로 된 말을 못하는 것이 문제이지, 영어 발음이 크게 문제 되는 것이 아니다. 일단 말을 하면 발음의 문제는 어렵지 않게 극복할 수 있는 것이다. 이것은 발음하는 요령에 불과한 문제이다. 문제는 머릿속에 들어 있는 영어로 된 지식이 없는 게 문제이다.

- 영어로 된 관련 지식의 존재 여부 문제이다. 속된 말로 '유식하냐 무식하냐' 하는 문제이다.
- '나는 영어를 못한다'라고 생각하기 전에, '나는 영어로 된 지식이 없어'라고 생각하여야 한다. 영어로 된 지식이 없으니까 영어로 된 텍스트(text)를 이해할 수 없고, 말을 할 수가 없는 것이다.

- 한국어로 된 지식은 그야말로 먹통의 지식인 것이다. 어이없
게도 소통의 지식이 못 되는 것이다. ('번역/번안된 학문으로 인
한 교육의 실패; 무기력한 한국의 청년' 편 참조)

영어로 대화를 하려는 목적이 있고, 그 목적에 따른 영어로 된
기본의 상식적인 지식을 가지고 있어야 되는 것이다. 이러한 바
탕이 없이 바로 영어로 된 지식을 흡수하고, 그에 따른 대화를
나눌 수는 없는 것이다. '무슨 말을 하는지 알아들을 수가 없다'
라는 구덩이에 곧바로 빠질 수밖에 없는 것이다. '햄버거 하나
사 먹으려고', '쇼핑 한 번 하려고', '비행기 한 번 타려고' 영어 공
부를 그렇게 열심히 할 필요는 없지 않은가? 이러한 용도는 잠깐
하면 해결되는 일이다. '돈을 쓰려고 하는 영어'는 열심히 안 해
도 상대방이 돈을 가져갈 준비를 하고 있다. 애써서 해야 되는
영어는 '돈을 버는 영어'이다. 즉, 생존에 필요한 전문적인 지식
(expertise)을 습득할 수 있는 영어이다.

영어로 대화를 하겠다고 영어회화 공부를 백날 해봐야 이 문
제는 해결이 안 된다. 책에 있는 내용대로 대화해 줄 상대방은
교사나 학원 선생일 뿐이고, 그것도 대부분 일회성으로 짧게 끝
나는 경우이다.

영어로 대화를 하려면 영어로 된 텍스트를 가지고 수학(math-
ematics)/과학(science)/경제(economics)/기술(technology) 등등 관
심 분야의 지식을 기초부터 쌓아나가야 하는 것이다. 그래야 대
화(talk)의 주제(subject)가 성립(establish)되고 수준 높은 대화를

할 수 있는 내공(competence)이 생기는 것이다. 이것이 바로 고속도로(highway)를 달리는 학습이고, 꼭 필요한 참된 지식(authentic knowledge)을 터득하는, 희열(pleasure)을 가져오는 진정한 공부(real study)의 길이다.

- 좁은 골목길을 미로(maze)처럼 요리조리 옮겨 다니는 끝도 없는 영어 공부를 하지 말아라. 영어의 넓은 세계를 무작정 이리저리 헤집고 다니지 말아라. 재미없고(uninspired) 능률(efficient)적이지 못한 비효율(inefficiency)의 극치(height)이다. 쓸 데도 없는 영어를 마냥 배우기만 하다가 지쳐 포기하게 되는 것이다.
- 시험 점수와 영어를 잘하는 것의 상관관계는 아무 의미가 없는 것이다.
- 한 우물을 파라. 결국은 한 뿌리(root)에서 파생된 것처럼 수렴(convergent)하게 되며, 또한 무수(innumerable)히 뻗어 나갈 것이다. 지적인 만족감(intellectual satisfaction)을 계속적(continuously)으로 얻게 될 것이다.

영어 자체를 배우기 위한 영어 시간이 특별히 필요한 것이 아니다. 학습 자체가 지식을 배우는 것이요, 동시에 영어를 배우는, 일석이조(hit two birds with one stone) 이상의 공부를 저절로 하게 되는 것이다. 이렇게 배운 지식이 살아 있는 지식이요, 이렇게 배운 영어가 제대로 된 말과 글로써, 비로소 나의 진정한 언어가 될 수 있는 것이다. 영어 단어(word) 하나하나의 의미(meaning)를 제대로 살려서 알 수 있는 방법이고, 이렇게 터득하는 것이 단어 하나하나를 적재적소(accurate, consistent, timely and/or coherent)에 유용하게 사용할 수 있는 중심축(pivot)이 되는 것이다.

이 순간 이후로 영어 텍스트(English text)만을 보기 바란다. 교사의 멘토링(mentoring)을 기대하여서는 안 된다. 이 점에 있어서 교사들은 여러분을 이끌 능력을 유감스럽게도 갖추지 못하였다고 보면 된다. 그것을 갖출 기회가 그들에게도 주어지지 않았다. 교사들은 전환의 시대(era of diversion) 끝에 서 있고, 이 글을 읽는 독자(reader)는 스스로의 앞길을 밝혀야 하는 선구자(frontier)적인 절박감(need to innovate)에 내몰렸다고 볼 수 있다. 정보통신 혁명에 힘입어(thanks to ICT revolution), 이 시대는 우리에게 적절한 방법과 기회를 제공하고 있는 것이다. 인터넷(internet)이 교사가 되어 우리는 이 세상에 존재하는 정보/지식을 손쉽게 알 수 있게 된 것이다. 자신의 지적 욕구(intellectual appetite)를 충족시킬 수 있는 텍스트를 손쉽게 구매해서 볼 수 있는 등, 개인의 의지와 노력(effort and willpower)만 있으면 최고의 지식 세계를 탐할 수 있는 여건이 인터넷에 마련되어 있는 것이다. 지식을 얻으려면 굳이 학교를 다녀야만 하는 필요성(need)이 사라진 것이다.

- 오로지 한글로만 이루어진 텍스트만을 읽을 수 있다면, 스스로를 우물 안에서만 살아가야 할 개구리의 처지로 전락하게 하는 것이다.
- 영어에 의해 자신에게 생성된 장벽을 스스로 없애려 노력한다면, 그 과정(process)에서 한국어에 갇힌 우물 안 세계를 벗어나는 감격(sensation)을 맞게 될 것이다.

한글로 된 책들은 읽을 것이 별로 없을 것이다. 읽어도 무슨 뜻인지 모르는 책들이 너무 많을 것이다. 서술이 논리적이지 못하고, 따라서 흥미를 유발하지도 못한다. 그것이 독자의 우둔함에서 비롯된 것이 아닌 것이다. 한국인이 책을 안 읽는다고 탄식을 하기 전에 읽을 만한 한국어/한글로 된 책이 없다는 사실에 주목해야 한다.

- 언어가 인간의 정신세계를 지배하는 것이다. 왜냐하면 인간은 누구나 자신의 언어로 사고(thinking)할 수밖에 없기 때문이다. 따라서 작은 언어로는 큰 철학을 펼칠 수 없는 것이다. 그러므로 한반도 역사에는 큰 사상가(great philosopher)가 나올 수 없는 것이다. 언어의 세계가 작기 때문이다.
- 이것이 영어문명[EL; English literacy]을 반드시 성취해야만 된다는 당위성(necessity)이다. 좁은 한반도(Korean peninsula)안에 갇혀 있는 먹통(dummy)의 지식이 아니라, 이 세계를 아우르는 무궁(tremendous)한 살아 숨 쉬는(alive) 지식을 흡수(absorb)하여야 하는 것이다.

젊은이의 대학 생활은 별로 어렵지 않게, 별로 아는 것도 없이 싱겁게 끝이 난다. 시험 몇 번 치르고 보고서(report)/논문(paper) 짜깁기로 적당히 때우고, 별다른 지식도 없이 젊은이는 사회로 향한다. 이러한 현상은 젊은이가 게을러서 생기는 현상이 아니다. 이것은 한글로 된 텍스트는 읽을 만한 것이 별로 없기 때문에 생기는 현상이다. 보고서/논문을 작성하기 위한 참조(reference)할 리소스(resource)가 절대적으로 빈약(poor)하기 때문이다.

- 이것은 영어를 못하는 대한민국이라는 신생 국가(new country)의 입장에서 보면 너무나 당연한 현상이라고 할 수 있다. 그러나 절대적으로 피해야만 될 현실인 것이다.

지식이 빈약한 젊은이를 환영하는 직업은 별로 마음에 들지 않는 것이고, 빈약한 지식으로 창업(start-up)을 할 아이템(item)도 대수롭지 않은 것이 될 확률(probability)이 높을 것이다. 가고 싶어 하는 직장은 능력을 탓하며 문을 열어주지 않을 것이다. 이러한 현상은 충분한 지식을 갖추지 못한 데서 기인한 것이다. 한글 텍스트에는 흡수할 지식이 없었던 것이다. 영문 텍스트는 읽을 수 없는 영어문맹[EiL; English illiteracy]인 것이다. 사전(dictionary)을 끼고 살아도 도대체 무슨 말인지 이해할 수 없는 것이다. 숱한 세월을 영어에 시달렸는데도 여전히 영어문맹[EiL]인 것이다.

- 이것은 국가 교육정책(national education policy)의 잘못으로 인하여, 사회로 진출한 청년이 겪고 있는 무력감으로, 지금 한국에서 벌어지고 있는 경제침체와 어지러운 사회현상의 근본원인인 것이다.
- 청년은 자기의 영어실력이 부족함을 스스로의 탓이라고 생각하는데, 사실상 이것은 이러한 사실을 깨닫지 못하고 방치하고 있는 국가의 교육 방식 잘못으로 인한 결과인 것이다.
- 영어문맹[EiL]에서 벗어나 영어문명[EL]을 달성케 하는 교육혁명(education revolution)만이 한국의 젊은이들에게 활력을 부여하고, 나라를 살릴 것이다.

나이/학력/영어능력에 상관없이 수학/과학 등의 서양 학문을 영문 텍스트로 처음부터 배워나가면서 영어문맹[EiL]을 탈피하고, 영어문명[EL]을 갖춰라! 영문으로 된 텍스트를 읽으면 지식을 얻는 기쁨을 알게 되고, 더 큰 지식을 갈구하는 열정(passion)을 자연스레 갖게 될 것이다. 대화(dialogue)도 가능해지고, BBC/CNN의 국제적 미디어(international media)도 이용하게 될 것이다.

- 어떠한 고정관념(stereotype)에도 구애(interrupted)받지 말고 시작하라.
- 아마존(amazon.com) 등에서 적당한 텍스트를 구할 수 있고, 스스로 부딪히며 돌파할 수 있다.

- 누적 금액 100만 원 정도의 텍스트를 읽었다면, 누구나 영어 문명[EL]에 도달할 수 있을 것이다.
- 세계 문명을 바라볼 수 있는 지구인(globalized human being)의 시각(view)을 갖게 되어 삶의 가치(value of life)를 승화(sublimate)시키게 될 것이다.

영어문명[EL]에 의한 지식의 도야(build knowledge in English literacy). 이것이 이 글이 전달하고자 하는 메시지(message)로, 한국인이 미래를 살아갈 에너지를 갖게 할 원천(foundation)인 것이다.

영어문맹 탈출하기
_초등과정(elementary school)에서 전문과정(expertise) 까지 100만 원어치의 텍스트 읽기

- **영어문명[EL]**; English Literacy: 이 말은 영어로 쓰인 학문/기술의 텍스트를 읽을 수 있는 상태를 말한다.
- **영어문맹[EiL]**; English illiteracy: 이 말은 영어로 쓰인 학문/기술의 텍스트를 읽을 수 없는 상태를 말한다.

누구나 초등과정에서부터 시작하여 대학(전문)과정에 해당하는 100만 원어치가량의 텍스트를 읽으면 영어문명[EL]에 도달할 수 있음을 필자는 보장(guarantee)하는 바이다. 오로지 이 방법만이 한국인이 참된 공부(real study)를 하면서, 영어문맹[EiL]을 벗어날 수 있는 유일한 방법이다.

- 현재 한국에서 이뤄지고 있는 온갖 학습 방법은, 마치 음식의 간을 보는 듯한, 돌팔이 약장사가 만병통치약을 파는 것과 같은, 소경(blind man)이 코끼리 만지고 말하듯, 엄청난 시간과 노력을 투자하지만 이런저런 영어 맛보기에 그치고 마는 별 소득 없는 노력(efforts in vain)이다. 영어로 된 지식의

축적 없이는 절대 영어문명[EL]에 도달할 수 없다. 기초적인 기본 지식에서의 언어의 유희(usage)를 이해하고 이를 축적(cumulated)하여야만, 이를 바탕으로 진전(advanced)된 지식의 언어를 이해하고 활용할 수 있는 것이다. 대학생을 기준하여 최소 3년여의 기간이 족히 소요될 거라 추정되는 이 과정을 통해야만 영어라는 언어와 영어로 기술되는 지식을 터득하는, 그야말로 필수적(vital and essential)인 공부를 하게 되고, 어느 순간 영어문맹[EiL]의 굴레에서 벗어난 자신을 발견하게 될 것이다.

- 이후로는 가능한 모든 지식을 영문 텍스트를 통해 터득하며, 특히 직업적(vocational)인 분야(field)에서 적극적으로 반응(react)하면 프로페셔널(professional) 경지에 도달하여, 전문가적인 식견(expertise)을 갖게 될 것이다.

우리는 왜 영어를 하여야 하는가? 너무나 뻔한 질문이라 할 것이다. 예상되는 대답은 무엇인가?

- 너무나 당연한 말이 되겠지만, 글로벌(global) 환경에서 제대로 생존하기 위한 지식은 영어 텍스트를 통해서만 얻을 수 있다. 생존을 위해서는 영어로 된 텍스트를 이해할 수 있어야 하고, 영어로 표현할 수 있어야 한다.

한국의 침몰

개인이 자기의 뜻을 펼치면서 번듯하게 지금의 세상에서 생존하기 위해서는 영어문명[EL]을 갖추어야 한다. 이 시대를 살고 있는 대다수의 사람은 싫든 좋든 어쩔 수 없이 영어와 접하면서 살고 있다.

독자(reader)는 스스로에게 다음과 같은 질문을 하여 보시기 바람.

- 나는 영어를 잘하는가? 나에게 영어를 한다는 것은 무엇을 의미하나? 왜, 무엇 때문에 영어를 해야 하나? 어느 정도까지 해야 하나?
- 이 세상에서 영어를 잘한다는 것은 어느 정도를 말하는 것인가?
- 그저 영어를 배운다는 것은 의미 없는 행위가 아닐까?
- 서양 학문을 배울 때, 한글로 된 전문서적(specialty publication)이 있다고 생각하는가? 누군가가 일방적(unilaterally)으로 번역(translate)해 놓은 인쇄물(prints)이 아닐까?
- 한글로 된 전문서적이 있다 해도 충분하지 않고, 그나마 난해(difficult to understand)하지 않은가?
- 한국어로 모든 영어를 옮길 수/번역할 수 있는가?
- 영어 텍스트(text)를 읽어본 적이 있는가?
- 서양 학문을 배울 때, 영어 텍스트로 배워야 하지 않을까?
- 영어로 기술된 책(텍스트)을 읽고 이해하지 못하는가?

○ 영어 텍스트를 마음껏 읽고 싶지 않은가, 마치 영미인(English and the American)처럼 읽을 수 있다면, 나의 일상(daily life)과 인생(my own life)이 달라지지 않겠나?

○ 영어 텍스트에 내가 필요한 지식(knowledge)/정보(information)가 있다면 직접 찾아서 읽어야 하지 않을까? 누군가가 번역해주기를 바라고 있는가? 모든 번역은 가능한 것일까? 그 누군가는 존재하는가? 번역으로 탄생한 지식은 신뢰할 수 있는가?

○ 오늘날 주변에서 쉽게 접할 수 있는 영어로 된 텍스트/뉴스/인터넷 게시물(internet stuff) 등을 우리말처럼 느끼고 싶지 않은가?

○ 위와 같은 일들은 외국 유학(studying abroad)을 다녀와야만 그나마 가능한 일인가?

○ 유학을 간다 해도, 내가 영어로 된 교육을 제대로 받을 수 있겠는가?

○ 유학을 갔다 온 이후로, 내가 생각한 만큼 영어에 능통해졌다고 생각되는가? 능통해졌다는 것은 어느 정도를 말하는가?

○ 영어로 된 전문 서적/텍스트를 술술 읽고 이해하여야 되지 않겠나? 이 시대의 학문(study)/기술(technology)을 이해하려면 필수 과정이라고 생각되지 않는가?

○ 나는 영어를 못해도 누군가가 영어를 잘해서 필요한 것을 나에게 가르쳐줄 것인가? 그는 누구이고, 어떤 과정을 통해

서 출현하겠는가?

○ 통역사(interpreter)/번역가(translator)는 만물박사(walking dictionary)인가? 그들의 통역/번역을 백 퍼센트 신뢰(confident)하여야 하나?

○ 대학 도서관 서가에 꽂혀 있는 많은 텍스트를 읽고 나서야 비로소 지식을 갖췄다고 할 수 있지 않겠나?

○ 하버드, 예일 등등의 대학 도서관이 새벽까지 불을 밝히는 이유는 이러한 책들을 읽기 때문이 아닐까? 우리도 그래야만 하지 않을까?

○ 한국병이 영어문명[EL]이 안 돼서 생긴 문제라는 데 동의할 수 있는가?

우리 교육은 영어를 잘못 가르치고 있다. 영어에 대해 충분한 이해가 없이 영어를 가르치고, 가르치는 대로 영어를 배울 수밖에 없는 현실이다. 영어를 몇십 년간 배웠는데도 감히 영어를 잘한다는 생각을 하지 못한다. 우리의 영어 교육은 기본적인 텍스트를 학습시키면, 그것을 응용하여 앞으로 마주치게 될 모든 영어 텍스트를 해독할 수 있기를 바라는 것이다.

그러나 이것은 영국과 인접한 문명권의 나라에서 어려서부터 교육을 받은 사람들에게나 그나마 가능한 일일지 모르겠으나 우리에게는 너무나 벅찬 기대이며, 사실상 불가능한 일이다. 낯선 이방(foreign)의 언어를 배우겠다는 사람에게 명사/동사/보어/형용사 등등을 파악해야 된다고 가르치는 언어 공부는 그 자체가 모순(inconsistency)으로 억지스러운(forced) 학습 방법이다.

우리에게 영어라는 언어로 서술된 학문적(academic)/기술적(technological) 세계는 우주(universe)만큼이나 광범위하다. 그러므로 우리가 처음으로 마주치게 되는 특정된 영문 텍스트(text)는 어차피 돌발적(unpredictable)일 수밖에 없다. 마치 초등교육을 받는 학생에게 대학 교재를 이해시키려 하는 경우처럼 너무나 동떨어지는 차원의 텍스트를 해독하라고 떠맡기는 경우가 되는 것이다. 누군가가 설명을 해주어야만 조금 이해가 가는 정도이다. 교사(teacher)도 사전(in advance)에 파악을 하여야 나름대로의 설명이 가능한 텍스트이다. 이러한 글을 이해하려면 낱말의 뜻(nuance)을 모국어(native language)처럼 체득하고 있어야만 가능한 것이다. 그것은 쉽게 도달할 수 있는 경지가 아니다.

- 사실상 우리는 아주 비효율적인 교육방법을 택하고 있는 것이다.

학생들에게 영어를 가르치는 제일의 목적은 영어로 된 기술(description)을 이해하면서 필요한 지식을 바로 얻는 과정이 되어야 한다. 즉, 학문의 대한 지식을 얻으면서 그 지식을 전달하는 영어라는 언어의 쓰임새를 바로 배우는 것이다. 즉, 지식의 전달과 동시에 언어에 대한 이해가 함께 이루어져야 하는 것이다. 이러한 과정이 학문의 습득 과정을 통하여 반복됨으로써 지식과 더불어 이를 설명하는 언어에 대한 이해가 자연스레 생기고 계속해서 진전(develop)되기 때문이다. 누군가가 교사(teach)하는

한국의 침몰

것이 아니라 스스로 터득(self-study)해나가는 것이다.

- 즉, 지식과 언어는 같이 이해되고 습득되는 것이지, 따로 떨어져서 이해될 수 있는 것이 아닌 것이다.
- 한국인의 영어 학습은 이 점을 깨달아야 하는 것이다. 현재의 한국인은 어이없게 평생을 영어라는 언어를 배우는 데 소모하고 마는 것이다.
- 언어를 배우는 목적은 그 언어로 전달되는 지식을 얻고자 하는 것이다.

그렇다면, 우리의 영어 학습을 어떠한 방향으로 전환해야 하겠는가?

시작부터 곧바로 영어를 배우는 목적을 달성하는 것이 최고의 방법이다. 달리 말하면, 내가 배우고 싶은 학문을, 알고 싶은 지식을 기초부터 바로 영어로 공부하는 것이다. 그 과정에서 영어 말의 쓰임새를 자연스럽게 익히게 되면서 소기(intended)의 학문을 하게 되는 것이고, 더불어서 실질적(practical)인 영어를 배우게 되는 것이다. 즉, 서양 학문의 전체 과정(process)을 영어 텍스트를 통해, 서양인의 학습 과정의 진도(progress)와 같은 형태로 진행하는 것이다. 오늘날 인터넷 환경만 갖추면 사실상 교사는 필요 없는 것이다. 인터넷으로 학습에 필요한 교재(text)와 정보(information)를 충분히 얻을 수 있는 것이다.

우리가 도달하여야 할 영어문명[EL]의 경지는 다음의 예시 1/2/3과 같은 산업의 규제(industry regulations)/세미나 안내(seminar guide)/신제품 정보(new products information) 등에 관한 글을 읽을 수 있는 수준에 도달하는 것이다. 아래의 글에서 모르는 한두 개의 단어를 사전(dictionary)을 통해 바로 알아채고, 전체적인 메시지를 이해하면 목표하는 수준에 도달한 것이다. 약간의 이해 부족은 관련 텍스트를 계속 읽어나가면 이해의 폭이 넓어지면서 저절로 알아질 수가 있다. 이것은 우리가 새로운 일(task)을 착수하게 되면서 맞닥뜨리게 되는 일상적인 프로세스라 할 수 있는 것이다.

이럴 수가 있어야만 텍스트를 통해서 지식과 정보를 흡수하여 프로페셔널(professional) 행위를 할 수 있다. 프로페셔널 행위란 금전적 가치(monetary value)를 창출할 수 있는 행위를 말한다. 당연히 이러한 경지는 도달하기 위해서는 많은 영어 텍스트를 읽어야만 한다. 그러기 위해서는 어떠한 프로세스를 밟아야만 하는가를 설파하는 것이 본 글의 목적이다.

이 프로세스는 급격히 변화된 오늘날의 ICT(정보통신) 환경에서는 절대 어려운 길이 아니다. 지금의 한국어로 된 꽉 막힌 학문을 하는 것에 비하면 오히려 몇십 배 쉬운 길이다. 그 길을 가는 행위 자체가 학문을 하는 자연스럽고 즐거운 과정이며 또한 전부이다. 모든 서양의 학문/기술에 대한 접근은 오로지 이 길을 거쳐야만 가능하며, 매진(strive)하면 누구나 최고의 경지(highest level)에 도달할 수 있다.

결론적으로 말해서, 여기서 주장하는 영어문명[EL]은 텍스트를 많이 읽어야 도달할 수 있는 경지라는 것이다. 처음부터 이해하기 어려운 글을 독서백편의자현(讀書百遍義自見; 책을 백 번쯤 읽으면 그 뜻이 저절로 드러남)식으로 억지스럽게 이해하려고 도전한다고 되는 것이 아니다. 한마디로 얼마 가지도 못하고 주저앉게 된다. 읽기 쉽고 이해하기 쉬운 기초(basic)/기본(fundamental) 단계의 글을 많이 읽어야 각종 낱말(words)/표현(expression)에 대한 이해력(comprehensive understanding)이 저절로 생기게 되고, 자연스럽게 그 다음 단계의 보다 어려운 기술(description)/이론(theory)를 이해하게 되고, 더 탐구(explore)/연구(research)하고 싶은 욕구(desire)를 동반한 사고력(thinking)이 논리적(logical)/체계적(systematic)으로 자리 잡게 되는 것이다. 그래야 책을 읽는 재미(pleasure)와 학구(studious)적 욕망이 생기는 것이고, 학문의 길이 즐겁고 흥미로운 여정(journey)이 되고, 새로운 분야에 대한 연구의 욕구도 불러오는 것이다.

무식(ignorant)함과 유식(erudite)함의 차이는 어디서 오는 것일까? 그것은 오로지 독서량의 차이에서 오는 것이다. 누구든지 어떤 주제에 관련된 책을 안 읽으면 그 주제에 대해서는 무식한 사람이 될 수밖에 없는 것이다.

그러므로 모두의 기본 과정인 기초적 초등과정부터 시작하여 대학과정의 전문 분야까지, 각자의 전공(major)에 따른 요구수준(requirements)에 초점을 맞춰 기초에서 시작하여 차차 고급 수준까지의 텍스트를 읽어야 한다.

'시작이 반이다'라는 말처럼 일단 시작을 하면, 본격적으로 흥미로운 공부(study)에 전념케 될 것이며, 진정한 학문적 성취를 이루게 될 것이다. 본 글의 소제목(subtitle)인 '100만 원어치의 텍스트 읽기'는, 각자가 영어문명[EL]에 도달하기 위해 읽어야만 하는 텍스트의 최소량(minimum volume)을 가리키는 구호(slogan)이다.

오늘날 ICT 세상은 '아마존(amazon.com)' 등의 온라인 구매를 통해 이러한 욕구 행위를 어렵지 않게 해결할 수 있는 기회를 누구에게나 제공하고 있는 것이다. 독서량의 정도는 진행과정에서 스스로 깨닫게 되며, 다다익선(the more, the better)이 될 것이다.

다음의 글을 이해할 수 있으면 현대문명의 첨단에 있는 원자력 설비(nuclear facility)를 운영(operation)하는 임무(duty)를 수행할 수 있는 능력(capability)을 갖췄다고 볼 수 있다. 이 글은 현대문명의 행위를 규제하는 가장 기본적인 규정(regulations)을 기술한 글이며, 인류 문명의 최고 수준에 해당되는 텍스트이다. 당연히 이 글을 이해할 수 있는 사람만이, 본 글의 실체적 산업현장인 원자력산업 활동에 참여하여 전문가(expert)적인 행위(performance)를 할 수 있는 기본적 자격(basic requirements)을 갖췄다 할 수 있는 것이다.

한국의 침몰

다음 글은 미국의 원자력산업(nuclear industry)을 규제하는 품
질관리 요건(Quality Assurance Criteria)과 관련된 기술이다.

[예시(example) 1] 미국 원자력발전소 규제 텍스트

Home > NRC Library > Document Collections > NRC Regulations (10 CFR) > Part Index > Appendix B to Part 50—Quality Assurance Criteria for Nuclear Power Plants and Fuel Reprocessing Plants

Appendix B to Part 50—Quality Assurance Criteria for Nuclear Power Plants and Fuel Reprocessing Plants

Introduction. Every applicant for a construction permit is required by the provisions of § 50.34 to include in its preliminary safety analysis report a description of the quality assurance program to be applied to the design, fabrication, construction, and testing of the structures, systems, and components of the facility. Every applicant for an operating license is required to include, in its final safety analysis report, information pertaining to the managerial and administrative controls to be used to assure safe operation. Every applicant for a combined license under part 52 of this chapter is required by the provisions of § 52.79 of this chapter to include in its final safety analysis report a description of the quality assurance applied to the design, and to be applied to the fabrication, construction, and testing of the structures, systems, and components of the facility and to the managerial and administrative controls to be used to assure safe operation. For applications submitted after September 27, 2007, every applicant for an early site permit under part 52 of this chapter is required by the provisions of § 52.17 of this chapter to include in its site safety analysis report a description of the quality assurance program applied to site activities related to the design, fabrication, construction, and testing of the structures, systems, and components of a facility or acilities that may be constructed on the site. Every applicant for a design approval or design certification under part 52 of this chapter is required by the provisions of 10 CFR 52.137 and 52.47, respectively, to include in its final safety analysis report a description of the quality assurance program applied to the design of the structures, systems, and components of the facility. Every applicant for a manufacturing license under part 52 of this chapter is required by the provisions of 10 CFR 52.157 to include in its final safety analysis report a description of the quality assurance program applied to the design, and to be applied to the manufacture of, the structures, systems, and components of the reactor. Nuclear power plants and fuel reprocessing plants include structures, systems, and components that prevent or mitigate the consequences of postulated accidents that could cause undue risk to the health and safety of the public. This appendix establishes quality assurance requirements for the design, manufacture, construction, and operation of those structures, systems, and components. The pertinent requir of this appendix apply to all activities affecting the safety-related functions of those structures, systems, and components; these activities include designing, purchasing, fabricating, handling, shipping, storing, cleaning, erecting, installing, inspecting, testing, operating, maintaining, repairing, refueling, and modifying. As used in this appendix, "quality assurance" comprises all those planned and systematic actions necessary to provide adequate confidence that a structure, system, or component will perform satisfactorily in service. Quality assurance includes quality control, which comprises those quality assurance actions related to the physical characteristics of a material, structure, component, or system which provide a means to control the quality of the material, structure, component, or system to predetermined requirements.

(출처: USNRC site)

다음 글은 경영기법(business management)을 소개하는 인터넷 상의 세미나(web seminar) 안내(guide)이다.

[예시 2] 인터넷을 통한 세미나(webinar; web seminar) 가이드 텍스트(guide text)

On-Demand Webinar:

Select The Right Requirements Management Solution

A panel discussion on the importance of managing your requirements management.

Overview

Increasingly complex products designed with a mix of hardware, software, and connectivity are reshaping industries and redefining competition. With this added complexity, requirements are also growing. Organizations need a solid requirements management process in place be successful. Join the host Michelle Boucher, Vice President Tech-Clarity, for a 50-minute interview. The panel will discuss why using a Requirements Management solution is important and how you can make the right software selection.

The interview will cover:
- The Business Value of Requirements Management
- How to identify specific requirements needs
- How to select the right solution for your organization

Key Take-Aways

- Learn the Business Value of Requirements Management
- Discover how to identify specific requirements needs
- Understand how to select the right solution for your organization

Speakers

Michelle Boucher, Vice President of Research for Tech-Clarity, Tech-Clarity

Michelle Boucher is the Vice President of Research for Tech-Clarity. Michelle has spent over 20 years in various roles in engineering, marketing, management, and as an analyst. She has broad experience with topics such as product design, simulation, systems engineering, mechatronics, embedded systems, PCB design, improving product performance, process improvement, and mass customization. Ms. Boucher is an experienced researcher and author and has benchmarked over 7000 product development professionals and published over 90 reports on product development best practices. She focuses on helping companies manage the complexity of today's products, markets, design environments, and value chains to achieve higher profitability.

(출처: IEEE email)

다음 글은 회사의 새로운 제품(new products)을 소개(intro-duce)하는 텍스트이다.

[예시 3] 회사의 제품을 소개하는 텍스트

2 AXES GIMBAL ROTARY SYSTEM

2-AXES GIMBAL ROTARY SYSTEM
AZIMUTH/YAW and ELEVATION/ROLL

Precision worm gear technology
Repeatability 30 arc-sec
Max speed 10 rpm
Rotation both axes 360 deg
Load 10 Kg
Slip rings

Integrated two-axes rotary gimbal system is designed for general purpose pointing, scanning and tracking applications for small optics, antennae and other sensors.

System is equipped with high performance rotary stages and offer excellent stiffness and load capacity making them suitable for a wide variety of applications and motorized with high torque NEMA 17/23 stepper motors.

Optionally, can be equipped with rotary encoders mounted to the back of the stepper motor to provide closed loop servo performance with IntelLiDrives ServoStep controllers.

한국의 침몰

For applications that require 360 degrees of continuous travel, this gimbal is available with slip rings utilized onone or both axis.

Available with metric tapped holes for installation of additional instruments or optional third rotary stage for ROLL capability.

(출처: Intellidrives, Inc. e-mail)

그러면 각자는 어떤 과정의 텍스트를 거쳐 위의 글을 읽을 능력을 갖게 될 것인가? 가장 먼저 수학(Math; mathematics)에 대한 텍스트를 읽어서 기본적인 영어에 대한 적응을 하여야 한다.

미국의 수학교재를 사용하여, 가장 낮은 단계에서부터 중간단계까지, 미국의 경우 Grade 1에서 Grade 6까지 수학(Math)을 배운다. Math를 기초부터 시작하는 것이 영어 말(word)의 의미를 터득하는 기본적인 개념을 제공한다. 또한 우리에게 가장 필요한 수학적 개념의 수립(build up)을 위한 단계별 프로세스를 밟게 하면서 영어라는 언어의 기본적 쓰임새를 이해할 수 있는 기회를 완벽히 제공하고, 수학적 용어(vocabulary)와 논리(logic)를 전개(evolve)시켜 나가는 방법과 사고(thinking)의 방향을 제공하므로 최적(best practice)의 텍스트이다.

다음에 소개하는 텍스트는 Grade 1~Grade 6 Math/Algebra/ Geometry 수학 텍스트에서 사용되는 문장(sentence)의 샘플 (samples)로서, 수학적 사고(mathematical thinking)가 필요한 문제 의 풀이(solution)에 대한 설명이 잘 기술되어 있어서, 언어적 표현 (linguistic expression)과 수학적 개념(mathematical concept)을 동 시에 배울 수 있고, Grade 1에서 Grade 6까지의 6권의 텍스트 를 통해 다양한 형태의 언어적/수학적 표현기술과 수학적 용어 (mathematical vocabulary)를 습득할 수 있다. 수학에서의 기술 (description)이 가장 정확한 일상적 언어상의 표현이므로, 본 텍 스트를 통해 정석(standard)의 언어적 표현기술을 알 수 있다. 즉, 영어로 표현하는 방법의 기본 줄기(basic stem)를 숙달할 수 있다.

이러한 기초적/기본적 수학 개념을 거쳐서 algebra(대수)/ geometry(기하)로 이어지는 수학적 개념의 전개(development) 로 꾸준히 나아가야 최고 수준이랄 수 있는 고등수학(advanced mathematics)의 calculus(미적분)을 배우기까지의 수학적 용어개 념(mathematical vocabulary)과 수학적 기술(mathematical descrip- tion)에 대한 이해를 제대로 가져갈 수 있다. 도중에 막히면 언제 든지 해당 개념(theory)의 시발점(starting point)으로 복귀(return) 하여 리뷰(review)를 할 수 있으며, 수학적 계산(measure)과 추리 (deduction)가 필요하면 언제든 Math 텍스트를 찾아보고, 스스 로 터득할 수 있는 내공(competence)이 생기는 것이다.

한국의 침몰

- 처음에 비교적 쉬운 개념은 한글로 배우고 후에 한글로 기술하기 어려운 개념은 원어인 영어로 배우겠다는 대한민국의 교육 시나리오(scenario)는 절대로 성공할 수 없는 과정이라는 것을 새삼 강조한다.
- 절대 '한국식 수학' 프로세스에 의존하여서는 안 된다. 그것은 수학이라는 학문을 이리저리 맛만 보다가 결국은 포기하게 만드는 프로세스이다. ('수학은 영어의 개념으로 성립된 학문이다' 편 참조)

[예시 4] 단계별 수학 텍스트 기술내용 예시

[Grade 1 Math Text]

- **Relationships with Operations**;

  Choose an Operation

Examples:

1. John has 7 red apples and 5 green apples. How many apples does he have in all?

Will you add (+) or subtract (-)?

Since you are asked to find how many in all, you know you must add to find the number of apples.

7 + 5 = 12

There are 12 apples in all.

2. There are 16 pears. 7 of them are eaten. How many pears are left?

Will you add (+) or subtract (-)?

Since you are asked to find how many are left, you know you must subtract to find the number of pears.

16 - 7 = 9

There are 9 pears left.

- **Geometry Concepts**;

Describe Two Dimensional Shapes

A **circle** is a curve that is closed. It has no straight sides.

A **triangle** has 3 straight sides and 3 vertices.

A **rectangle** is a closed shape with 4 straight sides and 4 vertices. It also has 4 square corners.

A **square** is a closed shape with 4 straight sides that are the same length. It has 4 vertices. It has 4 square corners.

A **trapezoid** is a shape with 4 straight sides and 4 vertices. It has 2 sides that are opposite one another. They go in the same direction, but are different lengths.

[Grade 2 Math Text]
- Time Concepts;
What Time Is It?

Let's look at this analog clock. The numbers 1-12 on the inside represent the hours. The numbers on the outside are counting by fives and represent the minutes.

Now let's look at the hands on the clock.

The short hand is the hour hand. It takes 60 minutes (1 hour) for the short hand to move from one number to the next. When the short hand is between two numbers that means it is still moving toward the next hour. For example, the short hand on this clock is pointed between 1 and 2. It is not yet 2 o'clock!

The long hand is the minute hand. It takes one minute for the long hand to move from one tick mark to the next. It is easy to count by 5s in minutes because there are 5 tick marks between each minute.

- Fraction Concepts;
What Is a Fraction?

Example: Your father buys a surprise cake for your family. You and your family decide you will not eat the *whole* cake in one day.

You decide to cut the cake in two *equal* pieces; *one half* to eat today and *one half* to eat tomorrow. It will take you and your family two days to eat the whole cake.

But what if you all decide to eat the same-sized piece of cake each day for three days? You must cut the cake into three equal pieces. Each day you will eat *one third* of the cake.

Now what if you want to make the cake last longer? You decide to eat the same-sized piece each day for four days. You cut the cake into four equal pieces. You eat *one fourth* of the cake each day.

[Grade 3 Math Text]

- Division Concepts;

Two-Step Problems and Equations

Example: Bill runs 3 miles a day. His goal is to run 28 miles total. He has run for 5 days. How many more miles must Bill run before he reaches his goal?

What is the question you need to answer? How many more miles must Bill run before he reaches his goal?

This is subtraction problem. To solve, subtract the number of miles Bill has run from his goal.

$$28 - \text{miles Bill has already run} = \text{miles left}$$

Does the story problem say how many miles Bill has already run? No. This is the inferred question. Step 1 is to solve this question:

Bill runs 2 miles each day. He has run for 5 days. How many miles has he run so far?

$$5 \text{ days} \times 3 \text{ miles per day} = 15 \text{ miles}$$

Step 2 is to subtract. $28 - 15 = 13$

Bill has to run 13 more miles before he reaches his goal.

- Fraction Concepts;

Practice:

Lula had a candy bar in her lunch bag. When she got to lunch and pulled it out, she had already eaten $\frac{2}{5}$ of the bar. How many more pieces does Lula need to eat to finish up her candy bar? Show your work and explain your thinking on a piece of paper.

[Grade 4 Math Text]

- Fraction Concepts;

Discover how you can apply the information you have learned.

(Activity Section)

A few of the children in Mrs. Kim's class ran in a race. It took Mary $3\frac{2}{3}$ minutes to finish the race. It took Lisa $3\frac{1}{2}$ minutes to finish the race. It took Tom $3\frac{5}{6}$ minutes to finish the race, and it took Chan $3\frac{1}{4}$ minutes to finish the race. Who came in first place? Who came in last place? Show your work and explain your answer.

- Measurement Concepts;

Discover how you can apply the information you have learned.

(Activity Section)

Carol and her father want to go visit her aunt in New York. They decide to take airplane to get there. Their plane leaves on Monday at 1:24 p.m. They must be at the airport to check in 1 hour before the plane leaves. The drive to the airport takes exactly 40 minutes. When they get to the airport, they have to park the car in the parking garage and take a shuttle over to the terminal (this will take 20 minutes). What time should they leave home? Is the time a.m. or p.m.? Show your work and explain your answer.

[Grade 5 Math Text]

- Adding and Subtracting Decimals Concepts;

Place Value in Decimals

Example: 275.869 can be written as the following expression:

$2 \times 100 + 7 \times 10 + 5 \times 1 + 8 \times (\frac{1}{10}) + 6 \times (\frac{1}{100}) + 9 \times (\frac{1}{1000})$.

In word form, you say, "Two hundred seventy-five and eight hundred sixty-nine thousandths."

- Adding and Subtracting Fractions Concepts;

The Common Denominator

Example: Solve $\frac{3}{4}$ + $\frac{3}{12}$ by finding the common denominator. To find the common denominator, first list the multiples.

Step 1:

List the multiples of each denominator.

4: 4, 8, 12, 16, 20, 24 . . .

12: 12, 24, 36, 48 . . .

Look at the multiples that are the same. Circle the lowest one. Use this as the new bottom number.

Step 2:

Change the top numbers by the same amount as the bottom numbers. Remember, multiples are used in multiplication!

$$\frac{3}{4} = \frac{9}{12} \qquad \frac{2}{12} = \frac{2}{12}$$

Step 3:

Add the fractions with like denominators: $\frac{9}{12}$ + $\frac{2}{12}$ = $\frac{11}{12}$

(Remember, when adding and subtracting fractions, you only add or subtract the top number. The bottom number stays the same.)

[Grade 6 Math Text]

- Ratio and Proportional Relationship Concepts;

Understanding Unit Rates

Example: Tom paid $3 for 2 pencils. If each taco costs the same, how much did she pay for one pencil?

Step 1:

Notice that the first term of the ratio is measured in dollars, and the second term is not. This means you are finding a rate, not just a ratio.

Step 2:

Write it as a ratio.

$$\$3 : 2 \text{ pencils or}$$
$$\frac{3}{2}$$

Step 3:

Divide.

$$\frac{3}{2} = 1.5$$

It costs $1.50 per one pencil.

Finding Percent of a Number

Example: 60% of the songs on Jerry's tablet are Top 20 hits. If Dann has 30 songs on his tablet, how many are Top 20 hits? Find 60% of 30.

Step 1:

Write and equivalent ratio to show the percentage as a fraction per 100.

60% is equal to 60 per 100

$$\frac{60}{100}$$

Step 2:

Find the fractional part to solve. *Hint:* You multiply to find fractional parts.

What is 60% of 30?

$$\frac{60}{100} \times \frac{30}{1} = \frac{1800}{100} = \frac{18}{1} = 18$$

18 of Dann's songs are Top 20 hits.

- **Expression Concepts;**

Identifying Parts of Expressions

Example: Identify the parts of the expression 7 times *m* plus 5.

Step 1:

Write the expression using math operations.

$$7m + 5$$

Step 2:

Identify the terms.

$$\underline{7m} + \underline{5}$$

$7m$ and 5 are the terms because they are separated by an addition symbol.

Step 3:

Identify the coefficients.

$$7m + 5$$

The variable is multiplied by 7, so 7 is the coefficient.

[Algebra Text]

- **Equations;**

POSTULATES OF EQUALITY

- Any number is equal to itself. In symbols, if a is any number, then

$$a = a$$

The technical name for this property is the *reflexive property of equality*.

- You can reverse the two side of an equation whenever you feel like it. Technical name: *symmetric property of equality*. In symbols, is a and b are any two numbers,

$$a = b \quad \text{means the same thing as} \quad b = a$$

- If two numbers are both equal to a third number, they must be equal to each other. Technical name: *transitive property*. In symbols, if a, b, and c are any three numbers, and

$$\text{If } a = c \text{ and } b = c, \text{ then } a = b$$

- Golden rule of equations: Whatever you do to one side of equation, do exactly the same thing to the other side. In symbols, let a, b, and c be any three numbers. If $a = b$, then

$$a + c = b + c$$
$$a - c = b - c$$

$$a \times c = b \times c$$
$$\frac{a}{c} = \frac{b}{c}$$

(In the last equation, c must not be zero.)

- Substitution property: If $a = b$, then you can substitute a in the place of b appears in an expression.

We wrote the equation using x to represent the number of missing books.

$$54 + x = 62$$
$$54 + x - 54 = 62 - 54$$
$$x = 8$$

We decided to call this kind of equation a *conditional equation*. If an equation contains expression involving only numbers, then it is an *arithmetic equation* and it is either true or false. If an equation contains a letter that stands for an unknown number, then it is a conditional equation because it is true only under the condition that the unknown letter has the correct value. We decide to call the value of the unknown that makes the equation true the *solution* of the equation. For example, the equation

$$53 + x = 62$$

has the solution $x = 9$. Finding the solution to conditional equations turns out to be one of the most important problems in all of algebra.

If two equations have the same solution, then they are said to be *equivalent* equations. For example: $x + 7 = 13$ and $x + 3 = 9$ are equivalent equations, because they both have the solution $x = 6$.

"We'll say that when we're finding the correct value of the unknown number we're *solving* the equation," the detective said, "just as I say that I am solving a case when I discover the correct name for the unknown culprit. And, if I were you, I would take this opportunity to gain more practice at solving questions while I continue to look for clues."

"Solving equations isn't hard," Team said, "as long as you use the golden rule of equations to isolate x on one side of the equation."

- **Permutations**;

The coach was becoming extremely nervous as the team prepared for the next game. "I don't know what our best batting order is", he fretted. "We have nine players, but I don't know in what order they should bat. I will tell the manager to try every single order and then we can determine which will be best."

"How many possible batting orders are there?" Team asked, "Won't it take a long time to test every single possible order?"

"I'm sure we can derive a nice, simple formula," the coach said. "There clearly are nine possible choices for the batter who bats first, and then there must be nine possible choices for the batter who bats second, so there must be $9 \times 9 = 81$ possibilities for the first two batters."

"Wait a minute!" "The first batter cannot bat again in the second position! Once you have chosen one player to be the first batter, then there are only 8 possibilities left for the second batter. So there are $9 \times 8 = 72$ ways of choosing the first two batters."

The coach blinked. "I hadn't thought of that," he said. "After the first two batters have been chosen, there must be 7 choices for the third batter, then 6 choices for the fourth batter, and so on. "We figured out that after the first eight batters had been chosen, there was only one possible choice left for the ninth batter. Therefore, altogether there were

$$9 \times 8 \times 7 \times 6 \times 5 \times 4 \times 3 \times 2 \times 1$$

possible batting orders. Team carried out the multiplication and came up with the result 362,880.

[Geometry Text]
- **Indirect Measurement in a Right Triangle**;

Trigonometric ratios may be used to arrive at the measure of a side or angle of a right triangle that may be difficult, if not possible, to calculate by direct measurement.

For example, consider a plane that takes off from a runway, and climbs while maintaining a constant angle with the horizontal ground. Suppose that, at the instant of time when the plane has traveled 1000 meters, its altitude is 310 meters. Using our knowledge of trigonometry, we can approximate the measure of the angle at which the plane has risen with respect to the horizontal ground.

A right triangle may be used to represent the situation we have just described. The hypotenuse corresponds to the path of the rising plane, the vertical leg of the triangle represents the plane's altitude, and the acute angle formed by the hypotenuse and the horizontal leg (the ground) is the desired angle whose measure we must determine.

- Area of a Regular Polygon;

We have intentionally restricted our attention to finding the areas of familiar three-sided and four-sided polygons. As a general rule, it is difficult to develop convenient formulas for other types of polygons. There is, however, one notable exception. A formula for the area of a *regular* polygon can be derived by subdividing the regular polygon into a set of congruent triangles and then summing the areas of these triangles. Throughout our analysis we shall assume that *circles having the same center can be inscribed and circumscribed about a regular polygon.*

DEFINITIONS RELATING TO REGULAR POLYGONS
- The *center* of a regular polygon is the common center of its inscribed and circumscribed circles.
- An *apothem* of a regular polygon is a segment whose end points are the center of the polygon and a point at which the inscribed circle is tangent to a side. An apothem of a regular polygon is also a radius of the *inscribed*

circle.

- A *radius* of a regular polygon is a segment whose end points are the center of the polygon and a vertex of the polygon. A radius of a regular polygon is also a radius of the *circumscribed* circle.
- A *central angle* of a regular polygon is an angle whose vertex is the center of the polygon and whose sides are radii drawn to the end points of the same side of the polygon. An *n*-sided regular polygon will have *n* central angles.

[Advanced Mathematics Text]

- **Ordinary Differential Equations:**

Applications: Consider a tank initially holding 120 gallon of a salt solution in which 50 lb. of salt are dissolved. Suppose that 3 gallon of brine, each containing 2 lb. of dissolved salt, run into the tank per minute, and that the mixture, kept uniform by stirring, runs out of the tank at the rate of 2 gallon/min. Find the amount of salt in the tank at any time *t*.

Let Q be the number of pounds of salt present at the end of *t* minutes. Then *dQ/dt* will be the rate at which the salt content is changing. This in turn will be the number of pounds gained per minute owing to the inflow of brine, minus the number of pounds lost per minute owing to the outflow of the mixture. The rate of gain will evidently be 3 (gal./min) x 2 (lb./min.) = 6 (lb./min.). Let C (lb./gal.) denote the concentration; then the rate of loss will be 2 (gal./min.) x C (lb./gal.) = $2C$ (lb./min.). Now the number of gallons of brine present after *t* minutes will be 120 + *t*, since the original number, 120, is increased by 1 gal. each minute. Hence $C = Q/(120 + t)$, and we get the relation

$$\frac{dQ}{dt} = 6 - \frac{2Q}{120+t}$$

This is a linear differential equation of the first order, the integrating factor for which is readily found to be $(120 + t)^2$. .....

다음에 소개하는, ICT 문명의 최고의 결실 중 하나(one of best fruits)인, 온 인류가 누구나 손쉽게 사용할 수 있는 백과사전인 위키피디아(the free encyclopedia, Wikipedia)를 이용할 수 있어야 현대 인류문명(contemporary civilization)의 정상수준(normal)의 지적 능력(intellectual ability)을 가졌다 할 수 있을 것이다.

**[예시 5] 위키피디아(Wikipedia)에서의
수학용어 'Logarithm(로그함수)' 설명**

Logarithm

In mathematics, the logarithm is the inverse function to exponentiation. That means the logarithm of a given number x is the exponent to which another fixed number, the base b, must be raised, to produce that number x. In the simplest case, the logarithm counts the number of occurrences of the same factor in repeated multiplication; e.g., since $1000 = 10 \times 10 \times 10 = 10^3$, the "logarithm to base 10" of 1000 is 3. The logarithm of x to $base\ b$ is denoted as $\log_b (x)$, or without parentheses, $\log_b x$, or even without the explicit base, $\log x$—if no confusion is possible.

More generally, exponentiation allows any positive real number as base to be raised to any real power, always producing a positive result, so $\log_b (x)$ for any two positive real numbers b and x, where b is not equal to 1, is always a unique real number y. More explicitly, the defining relation between exponentiation and logarithm is:

$$\log_b(x) = y \text{ exactly if} \quad b^y = x.$$

For example, $\log_2 64 = 6$, as $2^6 = 64$.

The logarithm to base 10 (that is $b = 10$) is called the common logarithm and has many applications in science and engineering. The natural logarithm has the number e (that $is\ b \approx 2.718$) as its base; its use is widespread in mathematics and physics, because of its simpler integral and derivative. The binary logarithm uses base 2 (that is $b = 2$) and is commonly used in computer science. Logarithms are examples of concave functions.

영어 말하기/듣기(English speaking/listening)는 영어문명[EL]의 직접적인 목적은 아니지만, 무엇보다도 영어문명[EL]을 통한 지식/정보를 축적한 후에 이루어져야 실효성(viable)이 있는 것이다.

지식/정보의 축적 없이 이루어지는 대화(talking)는 기껏해야 일상적인 몇 마디의 말로 끝나게 되는 여행(travel) 등을 목적으로 하는 일회성 수준에 머무는 것이다.

영어문명[EL]을 통한 지식/정보를 축적한 후에야 비로소 프로페셔널(professional)한 대화가 가능한 것은 대화를 통해 해결해야 할 소재(resource)를 충분히 갖출 수 있게 되기 때문이다. 한마디로 뭘 알아야 말이 통하는 것이고, 그것이 계속 발전되어 최종적으로 계약서(contract)에 서명(signing)까지 할 수 있는 능력을 갖추게 되는 것이다. 그러므로 영어문명[EL]이야말로 대화를 위한 필수적(essential)인 소양을 갖추는 것으로, 관심 분야의 텍스트를 많이 읽어야만 의미 있는 대화를 할 수 있는 것이다.

- 대화를 위해 영어회화를 공부하는 것은, 영어를 잘하기 위해 영어를 공부하는 것처럼, 막연하고 비효율적인 공부인 것이다.

다음은 영어문명[EL]의 성취를 위한 방향 제시이다.

- 일상적 대화(daily chats), 드라마(drama), 연설(speech), 뉴스(news) 등등 일상적이고도 광범위한 내용이 포함되는 언어

한국의 침몰

세계를 정복하려고 노력하지 마라. 무엇보다 달성하기도 힘들지만 별다른 가치가 없는 수고(effort)이다. 영어문명[EL]이 정착되는 과정에서 보다 쉽고 자연스럽게 알게 되는 영역이다.

- 적절한 영어 텍스트를 구하는 것은 각자의 재량에 달린 문제이지만, 아마존(amazon.com) 등의 온라인 구매(online purchase)를 활용하여 기초적이고 쉬운 것으로부터 시작하여야 한다. 아마존은 모든 종류의 책을 구할 수 있어 최고의 도우미(helper)/리소스(resource)이다.

- 위 글에서도 기술하였듯이 Math(수학)를 기초(grade 1 ~ grade 6)에서부터 시작하는 것이 최선(optimal)의 방법이다. 사이언스(science, 탐구/과학)를 기초(grade 1 ~ grade 6)에서부터 시작하는 것은 차선(sub-optimal)의 방법이지만, 두 과목(subject)을 포함하여 여러 과목을 같이 하여도 다다익선(the more the merrier)이 될 것이다.

- 영어문명[EL]의 목적은 영어 지식이 축적되면서 영어 텍스트를 자연스럽게 읽게 되는 것이다. 모르는 낱말의 출현은 새로운 말을 배우는 기회를 맞게 되는 것으로, 이러한 순간이 누적되어 어느 순간 영어문명[EL]에 당도하게 되는 것이다. 온전히 각자의 정신적 공간에서 지적인 만족감과 자신감을 얻게 되는 것이다.

- 한글로 된 텍스트보다 영어로 된 텍스트가 훨씬 더 이해하기 쉽고 논리적(logical)/탐구적(scientific)으로 세밀(detail)하게 작성되었음을 발견하게 될 것이다. 그것이 선진문명의 소프

트웨어(software)이며, 한국어/한글로는 도저히 표현할 수 없는(untouchable), 도저히 생각해 낼 수 없는(unimaginable) 정신적/철학적 세계라 할 수 있다. 한국은 소프트웨어를 제대로 읽어내지/소화하지 못하면서 너무나 많은 서양문명의 하드웨어(hardware)를 도입하였다.

- 단어 암기는 쓸모없는 노력이다. 영어문명[EI]을 하면 저절로 기억된다. 즉, 텍스트를 많이 읽는 과정에서 자연스럽게 머릿속에 남게 되는 것이 문장 속의 낱말(word/vocabulary)이다. 이것이야말로 텍스트를 계속 읽어나갈 수 있는 지식의 자산(resource)이다. 즉, 텍스트를 읽은 결과로 머릿속에 남게 되는 말들을 하나하나 별도로 외운다는 것은 그 자체로 모순이다. 모르는 말을 사전으로 검색하면서 말의 활용 예문(usage example)을 통해 쓰임새/느낌이 체득될 때, 비로소 말을 배운 것이고, 이것이 자연스레 기억(memorize)되는 것이다. 자연스럽게 잊어버려지는 것을 애써 외우려고 할 필요가 없다. 새롭게 등장하는 말들로 인해 자연스레 잊혀지지만 다시 만나게 되면 저절로 기억된다.

- 번역을 하려는 본능적(unconditioned response)인 두뇌 작용은 가능한 억제되어야 한다. 번역은 그 자체로 불완전하고 힘들고 불필요한 행위이다. 영어라는 언어 그 자체로 이해되어야 한다. 한국어로 표현하려는 시도는 전체적인 내용에 대한 대략적인 이해 여부를 판단하는 수준에서 머물러야 한다. 번역을 요구하지도 신뢰하지도 말아야 한다. 번역을 하면서 이

해하려고 하지 말고, 영어 자체로 이해되게끔 노력하여야 영어문명[EL]에 도달할 수 있다.

- BBC 뉴스(www.bbc.com/news) 기사(article)를 읽고 BBC 방송(broadcasting)을 들으면 사전(previously)에 대본(script)을 보고 듣는 효과가 있다. 글로벌(global) 이슈(issue)를 다루는 (embracing) 기회를 제공하므로 아주 유익한 매체(media)이다.

다음은 대강의 연령대별로 영어문명[EL]을 달성하기 위한 필자 나름의 조언(advice)이다.

- 초중고 학생;

누구나 grade 1 Math(수학)부터 시작한다. 수학 텍스트의 기술내용은 모두가 이미 알고 있는 더하기(addition), 빼기(subtraction)에서 시작되므로, 설명 내용과 이를 위해 사용하는 낱말(word)의 의미를 이해하기 쉽다. 즉, 문제를 풀어서 답을 내는 과정이 아니라, 답을 요구하는 설명 내용을 배우는 거꾸로 된 학습으로, 이 과정에서 우리는 영어의 표현 방법을 이해하고 바로 친숙해지는 것이다. 누군가의 도움 없이도 영어라는 언어를 스스로 깨우쳐나갈 수 있는 것이다. 이해가 안 되는 말(설명)은 잠시 건너뛰고 진행하여도, 후에 그 의미를 깨닫게 될 것이다. 이러한 막힘 현상이야말로 영어적 표현 방식을 깨닫게 되는 중요한 경로인 것이다.

이 점이 텍스트의 설명 내용을 쉽게 인지할 수 있는 초보적인 Math 텍스트로 시작하는 이유이다. 진도가 나갈수록 수학(mathematics)과 영어에 대한 인식이 새로워지는 것을 느끼게 되며, 흥미를 갖게 되면서 학문적 성취(scholastic achievement)를 위한 의욕이 생길 것이다.

Science(탐구)/Society(사회) 등의 과목(subjects)의 초보적 텍스트를 구해 천천히 확실하게 뜻을 파악하며 계속적인 진도를 밟는다면, 일취월장(improving very quickly)의 기회를 갖게 될 것이다.

초보적 텍스트에 나오는 단어(word)가 영어문명[EL]을 달성하는 기본적(fundamental)이고도 중요(important)한 어휘(vocabulary)이다. 이러한 낱말을 활용하여 필요한 문장(sentence)을 구성하고 대화(talking)를 할 수 있게 되는 것이다. 즉 영어문명[EL]을 달성하기 위한 알파(alpha 시작)이고 오메가(omega 끝)인 것이다.

외울 필요도 없이 자연스럽게 스며들어 자신의 언어가 될 것이고, 이것을 통해 사고(thinking)하게 되는 자연스러운 과정이 몸에 배게 되면, 영어문명[EL]을 위한 프로세스(process)에 본격적으로 접어든 것이다.

단어암기는 미련한 도전이고, 문법 학습은 새삼스럽게 할 필요는 없으나, 궁금증 해소를 위해서라면 문법 설명을 간단히 훑어본다. 문법을 설명하는 말이 문법 자체보다 더 어려운 것은 우리말이나 영어로 된 설명이나 똑같다고 볼 수 있다. 그것은 언어의 전문적인 영역에 속하는 논리를 설명해야 하기 때문이다. 일상적인 글이나 학문/기술 분야의 텍스트를 이해하는 데는 문법의 이해 여부가 전혀 상관되지 않는다.

가능한 많은 텍스트를 읽고, 새로 등장하는 말은 점점 유식해지기 위한 과정이라 생각하고, 사전(dictionary)의 예문(usage example)을 보는 것이, 말의 쓰임새(usage)와 그에 따른 의미(meaning)를 정확하게 터득하는 필수적 과정이다.

공부하고 싶은 분야가 생기면 영어문명[EL]은 정착되어 가는 것이다. 아마존 등에서 얼마든지 텍스트를 구할 수 있으니 미래를 위해 투자를 아끼지 말아야 할 것이다.

영어 대화(talk)는 축적된 지식에 비례하여 자연스레 익숙해질 수도 있겠지만, 큰 의미를 부여하지 않는다. 많은 종류(many kinds)의 텍스트를 읽는 것이 무엇보다 중요하다. 이것이 유식(knowledgeable)해지는 과정이다. 유식해지면 대화는 저절로 성취될 수 있는 커다란 바탕이 마련되는 것이다.

- 대학생/일반인;

초중고 학생의 과정을 밟는다. 처음에는 더딜지라도 갈수록 빠른 진도를 갖게 될 것이다. 그러나 확실한 영어문명[EL]의 달성을 위해서는 충분한 양의 기초적인 텍스트를 많이 읽어야 한다.

전문 지식을 위해서는 이해가 자연스러운 영문 텍스트를 섭렵한다. 반드시 수학을 포함하고, 기초부터 시작한다. 이러한 과정이 영어에 대한 이해와 흥미를 가져오는 동시에 학문적인 시야(academic view)를 넓혀줄 것이다.

전문 분야에 텍스트를 얼마나 섭렵하였는가가 개인의 전문성(expertise)을 결정한다. 따라서 관련 분야의 텍스트를 많이 읽는 것이 중요하다.

충분한 지식은 영어 청취(English listening)를 위한 바탕을 제공해줄 것이다. 강의(lecture)를 들을 수 있는 수준은 교사(teacher)의 강의 텍스트를 자연스럽게 이해할 수 있을 때 비로소 도달할 수 있는 것이다. 각고의 노력이 필요하며, 온전한 청취는 영미인(American and British peoples)이 아니면 도달하기 어려운 경지이지만 가능한 가깝게 갈 수 있다면, 영어문명[EL]의 범위(spectrum)는 그만큼 넓어질 것이다.

에필로그

나의 학력/경력에서의 랩소디(rhapsody)
_나는 왜 이러한 글을 쓰게 되었는가?

> - **영어문명[EL]:** English Literacy: 이 말은 영어로 쓰인 학문/기술
> 의 텍스트를 읽을 수 있는 상태를 말한다.
> - **영어문맹[EiL]:** English illiteracy: 이 말은 영어로 쓰인 학문/기술
> 의 텍스트를 읽을 수 없는 상태를 말한다.

- 내 나이 61년째 되는 해(2015년 6월부터), '세월호 참사(April 16 ferry disaster)'라는 이 민족의 야만성(barbarism) 앞에서, 나는 세상에 대고 외쳐야만 될 역사적(historic) 사명감(sense of mission)을 느꼈다. 황당하고 거친 글로 보일지 몰라도, 한 권의 책을 통해 외치기로 하였다. 글의 완성이 미진(incomplete)하더라도 개의치 않고, 나의 생각을 이 사회에 전달하여야 한다는 목표를 달성하기 위해 매진(strive)하였다.
- 자기소개서(self-introduction)와 같은 이 글을 쓰는 목적은, 내가 왜 이런 주장을 하게 되었는가, 왜 이런 점에 주목하게 되었는가 하는 데 초점을 맞춰 그 과정을 짧게나마 부연 (amplify)하기 위한 시도이다.

-『리디자인 코리아』(2016년 2월), 『문제는 영어 해독 능력이야, 바보야!』(2018년 7월)을 폐간하고, 최종적으로 2019년 12월에 본 글을 출간하게 되었다.

내가 살고 있는 세상은 어지럽게 출렁이고 있다. 대형 여객선이 어린 학생들을 태우고 저 혼자 물속으로 가라앉고, 젊은이들은 실력도 없어 보이고 일할 직장도 없고, 학교에는 수학 공부를 포기하는 학생들이 속출하고, 이 글을 처음 쓰기 시작한 2015년 6월에는 메르스(MERS)라는 전염병(pestilence)이 창궐(outbreak)하였다.

나는 세상을 살펴보았다. 예순을 넘게 살았다면 이 사회의 많은 것을 충분히 느끼고 보았다고 할 수 있다.

나는 사회생활을 위해 본격적으로 발을 들여놓은 분야인 원자력산업계(nuclear industry)의 전반적인 지식을 원자력발전소를 떠난 후에도 끊임없이 탐구하는 자세로 임하였고, 인터넷 세상의 최대 혜택이라 생각하는 영어로 된 지식을 미국의 NRC(Nuclear Regulatory Commission) 웹사이트(web site)로부터 직접 취하게 되면서 자칭 원자력산업계의 최고의 전문가가 되었다고 생각하였다.

해외(UAE) 원전수출의 영향으로, 다시 옛 직장인 한국수력원자력에 기간제 사원으로 입사하여, 2014년 봄부터 15개월간에 걸쳐서 한 번도 본격적으로 해본 적이 없는 영어 토킹(talking)을 통해 원전의 운영에 관한 지식을 전수(mentoring)해야 했다. 영어회화를 특별히 연마하거나 본격적으로 해본 적도 없는 데다가, 영어로 설명을 해야 하는 부담감으로 인해, 거의 일 년간은 하루 종일 영어를 잘 말하기 위한 노력을 기울였다. BBC 방송/TED 토크(talks)를 억지로 들으면서 영어라는 언어세계의 분위기를 취하려 하고, 도움이 될 만한 텍스트를 이것저것 보면서 하루하루를 여기에 얽매여(committed) 보냈다. 마지막 6개월간은 본격적으로 UAE(United Arab Emirates) 청년들에게 익숙지 않은 영어로 멘토링(mentoring)을 하였다.

이 일을 시작한 지 한 달도 지나지 않은 2014년 4월 16일 '세월호' 침몰로 인한 참사가 발생하였다. 이때에 받은 충격(shock)은 한국에서 발생되는 각종 사회현상과 오늘날의 우리의 문제점을 아우르게 되고, 이 사회 전반에 깔린 저급한 문화에 대한 증오 (abhorrence)를 뛰어넘어, 구조적(structural)이고 고질적(chronic)이기도 한 이 병폐(malady)가 어떻게 자리 잡게 되었는가 하는 의문과 어떻게 해야 벗어날 수 있을까 하는 복잡한 상념(thought) 속에 살게 되었다.

생전 처음 대하는 아랍인인 UAE 청년들이 모두 영어를 잘한다는 점에 주목하고 난 후, 나는 비로소 우리의 문제를 깨닫기 시작하였다. 과연 무엇이 이 사회를, 이 민족을 병들게 하고 있는지, 이 시대 한국 사회의 야만(barbarism)의 근본 원인을 찾아낸 것이다.

이 세상에서의 나의 출발은 강 건너 여의도 백사장이 멀리 보이는 마포구 염리동 한적한 동네의 막다른 골목 집이었다. 지금은 재개발로 들어선 아파트가 나의 어린 시절 전망(view)을 차지하고 있다.

초등학교 2학년 때, 선생님이 숙제를 내주었는데, 반대말, 비슷한 말, 낱말 풀이를 몇 개씩 해 오라는 것이었다. 그 당시 아홉 살이었을 나는 정작 '반대말', '비슷한 말'이 무엇을 뜻하는지 그 개념을 몰라 숙제를 엉터리로 하였다. 즉, 숙제 자체를 이해하지 못한 것이다. 6학년 때는 선생님이 느닷없이 물어보는, 교과서에는 나오지도 않은, '날씨가 흐린 날에 빨래가 마르는 이유'를 대답하지 못하여 대걸레 자루로 엉덩이를 무섭게 맞은 기억이 나는데, '바람으로 인해 마른다'라는 것이 정답이었다. 나에게는 어처구니가 없는 교육의 한 단면으로 하나의 추억이 되었다.

나는 가난한 집에서 공부는 잘하는 편이지만, 부끄럼이 심하게 많은 내성적(introverted)인 아이였다.

1967년, 중학교는 부모님 말씀을 따라, 다니기도 그런대로 가깝고 졸업 후에 취직이 잘되어 직업학교로도 불리는 전문학교가 붙어 있는 곳으로 진학하였다. 그러나 사실상은 그 학교와는 아무 상관이 없는 울타리만을 같이 쓰고 있는 중학교였다.

내가 진학한 경서중학교는 당시 서울에서 중학교 서열상 상위권(4~5위)에 해당되는 학교였지만, 그 당시에는 자동으로 진학할 수 있었던 고등학교가 없는 학교였고, 같은 울타리에 있는 직업학교는 고등전문학교로서, 시험을 보아서 진학할 수 있는 학교였다.

경서중학교는 내가 진학한 학년에만 야간부(evening class)가 생겨 상위권(high level) 중학교에서 1차 시험에 낙방한 학생들이 대거 지원하였고, 이들은 주간부(daytime class) 학생들보다 더 열심히 공부하여 성적이 월등(superior)하였다.

영어(English)를 처음 배우는 과정에서 설명하는 문법(grammer)적인 용어는 중학생한테는 그 자체가 어려운 말이었다. 명사(noun), 동사(verb)는 쉽게 이해가 되었는데, 부사(adverb), 형용사(adjective), 관계대명사(relative pronoun), 과거분사(past participle) 등등의 용어 자체가 그다지 쉽게 이해되지가 않았다. 영어 자체보다는 영문법을 설명하기 위해 동원되는 한글의 용어(terminology)가 이해하기 더 어려운, 약간은 난해(difficult)한 학습이었다.

수학(mathematics)은 기하(geometry)와 대수(algebra)로 과목을 나눠서 공부하였는데, 왜 그런 희한한 이름을 붙였는지는 알 수 없는 노릇이었고, 그런대로 배워 나갔지만 공부하는 맛은 느낄 수가 없었다.

중학교 3학년이 되면서, 고등학교로 진학을 하려면 입학시험을 봐야 한다는 현실이 부담으로 다가왔다. 그것은 1, 2학년 때처럼 막연하게 공부하여서는 안 되겠다는 자각심이 들게 하였다. 교과서로는 도대체 이해가 안 되어, 헌책방에서 『삼위일체 영어』라는 제목의 영어 참고서(reference book)를 한 권 사고, 가까이 있는 '아현(동) 국립도서관'에 매일같이 가서 『정통수학』이라는 제목의 수학 참고서를 대출받아서 도서관이 끝날 때까지 공부하였다.

참고서를 보기 시작하면서 비로소 영어와 수학 공부에 재미를 느끼게 되었다. 특히 수학은 자연수/정수/소수 등등, 그동안 혼란스러웠던 용어를 적절한 예제를 통해서 그 의미를 명확히 이해하기 시작하면서 수학이라는 학문 공부의 재미를 느끼면서 푹 빠져 들었다. 참고서에서 설명해주는 논리(logic)를 배우고 어려운 문제를 풀어 나가면서 공부하는 희열(joy)을 느꼈다. 참고서는 자세히 설명을 해주는데, 교과서는 왜 그러한 설명을 안 해주는지 이해가 안 되었다.

그저 그런 학업 성적을 유지하던 내가, 처음 실시된 3학년 수학 경시대회(math contest)에서 모든 문제를 어려움 없이 풀어내었다. 한 번도 뛰어난 성적을 올린 적은 없고, 그럭저럭 중상위권 성적을 유지하던 나였기에 전교 1등 발표를 듣는 순간 당혹스럽기만 하였다. 상장을 받아 어머니께 보여드린 후에는 오랫동안 잊고 지내다가 어느 날 친구들과의 학창시절 대화를 계기로 새삼스레 기억을 하게 되었다. 그리고 오늘날 거론되는 수학 학습 포기자(수포자) 문제와 생각이 겹치면서, '나는 왜 수학을 계속 잘하지 못하고 포기하게 되었는가?' 하는 의문을 갖게 되었고, 그 의문을 풀기 위해, 예순이 넘은 나이에, 광화문에 있는 대형 서점에서 미국에서 수입된 25만 원짜리 『Precalculus』라는 수학 텍스트를 구입하여, 한국어로 시행되는 수학 과정의 학습과 비교하고자 하였다.

한국의 침몰

- 과연 영어로 된 수학과 한글로 된 수학이 같은 모양새를 띠고 있는지? 그 난해하기만 한 수학용어들은 어떤 영어의 의미를 함유(contain)하고 있는지? 나는 오랫동안 품어온 의심을 해결하고자 하였다.
- 모든 과목이 논리적으로 진행되고 이해된다면 학문을 대하는 희열을 느낄 수 있다. 그것이 진정 공부하는 과정이 될 것이다. 무작정 암기(memorize)를 하게 가르친다면, 학문의 즐거움을 빼앗아 가는 일이다. 이는 교육 방법의 실패를 의미한다. 나는 그 와류(turbulence)의 어느 단계에선가 수학이라는 학문의 꼬리를 놓쳐 버린 것이다. 그리고 그 원인을 찾고자 한글로 된 수학의 원류(origin)를 추적하고자 하였다.
- 여기에서 나는 한글로는 수학을 가르치고 배울 수 없다는, 너무나 황당하기도 한 생각을 하게 된 단초(clue)를 잡게 된 것이다.

1970년, 경기공업고등전문학교(중학교 졸업 후 공업고등학교/초급기술대학 통합과정으로 5년간 학습) 기계과(mechanical engineering)에 진학하여, 5년간 공업계(technology) 과목을 실습(practical work)을 겸하여 공부하고, 사회로 나가 바로 경제활동을 할 수 있는 산업체 직장인(industrial technician)이 될 준비를 하였다.

- 전문학교 1학년 전반기에 나의 중학교 후배들은 그 당시(1970년)에는 최초였을 관광버스를 동원한 수학여행길 건널목에서

버스와 기차가 충돌하는 대형 사고를 당했다.

- 이 사고를 회상하는 것은, 그것이 이 땅에 선진 문명의 도입으로 벌어진 최초의 대형 참사이었고, 그 이후로 이어지는 각종 대형사고, 결국은 '세월호 침몰' 사고로까지 맥락을 이어간 것이다.

- 이것은 선진문명의 도입으로 인해 이 땅에서 벌어진 문명충돌(clash of civilizations)의 부정적 결말(negative consequence)로, 그 원인은 '문명 간의 언어불통'에 기인한 것이라는 깨달음에 도달하는 하나하나의 징검다리에 해당하는 것이었다.

- 중학교 후배들의 참혹한 희생은 첫 번째 징검다리에 해당되는 것이었음을 이제야 비로소 깨닫게 되었다. 수 킬로미터에 걸쳐 장례행렬을 지켜보던 수많은 군중의 무거운 침묵이 아직도 생생하다.

전문학교에서의 영어는 그런대로 중학교 과정에서 이어지는 학습을 하였다. 나는 영어를 잘하고 싶었지만 실업계는 이 정도하면 된다는 어떤 고정관념(stereotype)이 주변에 작용하고 있었다. 3학년 때 영어 단행본(small book)을 번역하는 방학 과제를 수행하면서 영어에 대한 막막함을 체험하였다. 하나하나의 문장은 쉬운 말로 이루어졌지만 도대체 전체 줄거리는 이해가 되지 않는 막막함은 평생 기억에 남는, 영어는 도달하기 불가능한 영역이 있다는 인상(impression)으로 각인(stamped)되었다.

- 이때의 인상(impression)을 지니고, 나는 거의 40년간에 걸쳐 영어와의 지그재그(zigzag)식 여정(voyage)을 하였다. 지금 따져보면 영어를 잘하기 위한 그간의 노력을 모두 합치면 상당한 것이었다고 평가할 수 있다.

수학으로 '미적분' 과목을 배우고, 'Advanced Mathematics for Engineering(공업수학)'을 영어 텍스트(원서)로 배웠다. 지금 생각하니 해석(analysis)이라는 수학 과목도 배운 기억이 흐릿하게 떠오른다.

미적분(calculus)은 어느 정도 이해가 된 상태에서 기계적으로 풀이하는 정도였다. 그러나 해석(analysis)이라는 과목은 그야말로 요지경의 수학이었다. 무엇을 가르치려고 하는 과목인지 도대체 감을 잡을 수 없었고, 오직 가르치는 교수 혼자만의 시간이었다. 영어 텍스트, 즉 원서(original edition)를 가지고 배운 공업수학은 그야말로 무슨 말인지도 모른 상태로 끝을 보았다. 영문으로 된 텍스트의 설명을 도저히 이해해내지 못하였던 것이다. 나를 비롯하여 소심할 수밖에 없었던 학생들은 그저 자신의 미련한 탓으로 돌리며 질문 하나 제대로 하지 못하고, 교수는 가식적(pretentious)인 이 순간을 적당히 넘어간 것이다.

그야말로 이러한 수학 과목은 학교/교수는 가르쳐야만 하는 커리큘럼(curriculum)에 따른 의무감(duty)의 발현(implementation)이지만, 난해(abstruse)하기만 하였던 텍스트는 나로 하여금 40여 년이 지난 지금에야 비로소 '해석'이라는 수학 과목을 잠깐

배웠다는 사실을 가까스로 떠올리게 하는 정도이다.

수학은 단계마다 교과의 제목을 달리하였다. 산수/기하/대수/미적분/해석/공업수학 등, 스스로 그 의미를 깨우치기에는 너무 난해한 교과 제목이었다.

사실상 나는 그때의 교과과목(subject)의 의미(meaning)를 한참이 지난 지금에야 깨닫게 되었다. 나의 무지함 때문이라고만 하기에는 뭔가 개운치 않은 기분이다. 왜냐하면 나는 이 사회에서 보통 이상의 학구적(academic)인 마인드(mind)를 가지고 살아왔기 때문이다. 나는 이때의 미완성(incomplete)이 아쉽기도 하였지만, 사회생활에서는 제대로 필요로 한 적이 없었기에 거의 잊어버리고 살았다.

한글로 된 설명은 상세하지도 논리적이지도 않아 상상력으로 추적하기는 불가능하였다. 그렇지만 그 당시에 상황에서는 나만의 무능(incompetence)으로 자책하고 말았다. 그 당시 영문으로 된 기술(description)을 내가 이해하지 못한 것은 그때의 노력이 부족하였기 때문이 아니라는 것을 이제야 깨닫게 된 것이다. 영어로 된 원서의 텍스트는 그 당시의 상황과 노력으로는 도저히 이해될 수가 없는 암호문(passphrase)과 같은 텍스트였다.

- 모두가 먹통(dead message)의 글을 앞에 놓고서 어쩌지를 못하고 있었던 것이다.

그 당시의 담당 교수조차도 약간의 이해만 가지고 가르쳤지,

대부분을 이해하지 못하였다고 감히 추정한다. 영어 단어 하나 하나의 의미를 본격적으로 이해하기 시작한 지금에야 비로소 단정할 수 있는 것이다.

- 이것은 『지배받는 지배자』(김종영 지음, 돌베개)라는 미국 유학생에 관한 글을 읽은 후, 더 확신하게 되었다.
- 영어라는 언어는 우리나라에서 벌어지고 있는 학습 방법으로는 도저히 깨달을 수 없는, 한국인의 사고 메커니즘(thinking mechanism)으로는 쉽게 이해할 수 없는 독특한 구조와 체계를 가졌기 때문이다.
- 사실상 한국인에게 영어는 4차원의 언어인 것이다.

Mechanical Dynamics(기계역학)/Fluid Mechanics(유체역학) 과목도 영어 텍스트(원서)로 배웠는데, 위와 비슷한 상황으로 학습하는 맛만 보았다.

- 최고의 기술을 터득하려면 결국은 영문으로 된 원서를 보아야만 한다는 것이 평생(lifetime)에 걸친 명제(proposition)/숙제(homework)가 되었고, 그것의 시작은 이때의 학습 효과인 것이다.
- 역설적으로 이것이 나에게는 무엇보다도 큰 가르침이었던 것이다.

한자로 이루어진 낯선 용어는 쉽게 이해할 수 있는 수준의 단어(vocabulary)가 아니다. 지금의 시각으로 보면 영어보다도 몇 배 더 이해하기 어려운 용어이다. 그러나 그 당시의 교수들은 모두 한문에 능통하였고, 어쩔 수 없이 영어는 모두 낯설었다.

17살이 되던 2학년 영어회화 시간에 서양인의 발음(pronunciation)을 교수님이 틀어주는 테이프 레코더(tape recorder)를 통해 처음으로 들어보았다. 그 느낌은 아직도 생생하다. 영어라는 언어 자체가 귀하게 대접받는 시절이었다. 이 시대에 영어를 잘한다는 말은 남하고 비교해서 조금 잘한다는 것에 불과할 뿐이었겠지만 주위로부터 상당한 부러움을 받을 수 있는 자질(property)이었다. 이러한 느낌은 오늘날까지도 그대로 살아 있는 것이다. 사실상 '오십보백보', '도토리 키 재기' 수준에 불과하지만, '우물 안' 세계에서는 큰 차이를 불러오는 것이다.

1975년 3월, 고등전문학교를 졸업하고 현대자동차에 입사하여 울산에 있는 공장에서 근무하게 되었다. 당시 현대자동차는 최초의 국산자동차인 포니(pony) 생산을 위해 울산에 대규모 공장을 세우고 있었다. 나는 입사 동기들 중에서 영어 실력이 좋은 편이라고 인정되어, 엔지니어링 센터 기술실에서 자동차에 사용되는 자재 사양서(material specification)을 취급하는 업무를 하게 되었다. 모두 영문으로 작성된 외국 제작사의 사양서(specification)을 현대자동차의 스펙(spec)으로 전환하여 사용하였는데, 오늘날 세계적인 품질의 차를 만들 수 있는 출발점(starting point)이었다.

여기서 군 입대(military service) 전까지 1년간을 근무하였으며, 이 기간에 영문 텍스트에 대해 어느 정도 단련(practice)이 되었다고 추정할 수 있었다. 텍스트의 내용을 검토하는 작업이 아니었지만, 타자원(typewriter)의 오타(mistyping)를 찾아내기 위해 수많은 단어(word)의 철자(spelling)를 검토하는 것이 대부분의 일과(daily performance)였다.

군 생활은 육군 항공기 정비(army aircraft maintenance)를 하는 임무였다. 내가 영어 좀 한다고 여기신 문관(civil service)께서 요청한, 항공기 정비 시 리벳팅(riveting) 작업에 사용하는 공구 매뉴얼(tool manual)의 번역을 하였다. 그런데 텍스트의 기술된 내용이 도대체 이해가 안 되어 대충의 마무리를 하고 말았다. 아무리 사전(dictionary)을 뒤져도 쉽게 여겨졌던 단순한 영어 문장을 해석해내지 못하는 나 자신이 많이 당황스러웠고 또한 무식(ignorant)하다는 기분을 갖지 않을 수 없었다. 영어 공부를 할 만큼 하였다고 생각되는 내가 조그만 공장에서 사용되는 공구 매뉴얼도 제대로 해독(interpret)하지 못한 것이다. 지금 생각하면 너무나 당연한 현상이라 생각하지만 당시에는 속으로 상당히 무안(embarrassed)하였다.

- 영어를 실체적으로 이해한다는 것이 얼마나 아득하게 느껴졌는가를, 말로 표현하기 힘든 스쳐가는 경험이었다. 이후로 접하게 되는 영어 텍스트에 대해 일종의 경각심(alarm)을 갖게 되는 계기였다고 볼 수 있다.

1979년 6월, 한국전력에 입사하여 원자력발전소(nuclear power plant)를 건설(construction)/운전(operation)하게 될 시운전 요원(start-up engineer)이 되었다.

입사 초기에 해외훈련요원(overseas trainees)을 선발하는 영어 시험에 합격하여, 영국에서 3달간의 연수 교육을 받았다. 지금 생각하면 본격적으로 영어 환경에 적응할 수 있는 기회를 갖게 된 것이다. 2년 정도의 건설 시운전 과정에서 미국/영국 계약사의 인스트락터(instructor)에게서 현장 교육을 받고, 그들의 엔지니어(engineer)와 같이 각종 시운전 시험(start-up test)를 수행하였다.

원자력발전소 운전원(operator) 직무 수행을 제대로 하기 위해서는 원자력발전소의 최종안전성분석보고서(final safety analysis reports)를 비롯한 미국/영국의 제작자(manufacture)/설계자(designer)/공급자(supplier)가 제공하는 설계도(design drawing)/절차서(procedures)/매뉴얼(manual)/지침서(guideline) 등의 모든 영문 자료(material)를 파악하여야 하였다. 전기(electric)/전자(electronics) 등의 다른 분야의 지식도 필요하였으므로, 이해가 될 만한 텍스트를 구하여 발전소(power plant)를 운전하는 데 필요한 지식을 모두 갖추려 노력하였다.

영문 자료를 통해서만이 확실한 기술/정보를 얻을 수 있었기에, 주변에 있는 모든 자료를 보았다고 할 수 있다. 기술자료의 설명은 정확한 기술적인 지식(technical information)을 착오 없이 전달하여야 하므로, 가능한 이해하기 쉬운 일정한 패턴을 반복하는 단순한(simple) 문장구조를 가졌기에, 조금만 숙련되면 이를 읽는 것이 한글로 쓰인 텍스트를 읽는 것보다 훨씬 이해가 빠르고 정확한 제대로의 지식을 얻는 만족감을 느낄 수 있었다. 처음에는 항상 영문 자료를 대할 때마다, 영어 자체에 대한 부담감(stress)이 작용했다. 항상 모르는 단어가 몇 개씩은 있었다. 그러나 전체를 놓고 보면 결국은 그 의미를 파악할 수가 있게 되는 과정을 통해 전문적인 지식을 쌓게 되는, 소위 현장(field)의 실질적(practical) 전문성(expertise)이 쌓이는 전문가(expert)의 길을 걷는 자신감(self-confidence)이 찾아왔다. 지식의 폭과 깊이가 커지고, 영어 텍스트에 대한 이해도가 진전됨에 따라서 학문/기술을 전달하는 매체(media)로서의 영어라는 언어에 대한 신뢰감(cred-ibility)/경외감(awe)이 커지게 되었다. 이후로는 주변에 있는 모든 영문 자료는 빠짐없이 섭렵(well-read)하였다.

- 사실상 그 자료들은 나에게 서구문명의 메신저(messenger)와 같은 감명(impressed)을 가져다주었다.
- 플랜트 설비의 건설/운영에 대한 세밀(detail)한 기술(descrip-tion)은, 선진문명의 산물(products)은 어떠한 모양새(features)를 하고 있냐는 것을, 거대한 원자력 플랜트 설비(nuclear plant facility)의 건설/운영 과정을 통해 나에게 가르쳐주었다.

나는 10년 넘게 원전에서 발전과장(shift supervisor) 보직을 수행하면서, 대단한 업무 실적을 기록하였다. 그러나 학력을 중시하는 이 사회/회사에서는 전문대 학력이 전부인 직원에게는 쉽게 진급을 허락하지 않았다.

한 보직에서만 10년 넘게 간부직을 수행한 나는, 전직(career move)을 생각하게 되었고, 이를 위해서는 이 사회가 요구하는 대졸 학력을 얻기로 뒤늦게 현실과 타협하였다. 대학 졸업장 따윈 필요 없다는 평소의 생각은, 앞으로의 나를 더욱 어렵게 할 뿐이라는 현실을 인정하기로 한 것이다.

- 내가 있는 현장과 사회에서 필요한 그 이상의 지식은 책을 통해 얻으면 되지, 새삼스레 대학에서의 추가적인 공부가 필요 없다는 것이 현장 경험을 통한 나의 생각이었다. 기실 나는 누구보다도 뛰어난 실력/지식을 가지고 있었다. 그러나 현실은 이력서(resume)에 기재된 학력(academic career)을 우선시(high priority)했다.

38세에 시작하여, 부산산업대학(현재 부경대학교) 기계공학과에서 2년간 수학 후 학사 학위를 취득하였다.

자동제어(automatic control) 과목에서 나오는 '라플라스 변환'(Laplace transform)을 대하면서, 응용수학(applied mathematics) 분야의 학습 필요성을 느꼈으나, 뒤늦게 학습의 연결고리를 이을 수는 없는 상태였다. 망설이면서 시작한, 교대근무 시간과 수업 시간이 엇갈려서 충실하게 출석하지도 못한, 짧은 기간이었지만 학문의 다양성과 깊이를 체험한 의미 있는 시간이었고, 대졸 유무를 따지는 이 사회에서의 학력 시비 고민을 불식시킨 나름의 결단의 시간이었다.

1995년 여름, 한 해 전에는 성수대교가 끊어졌었고, 삼풍백화점이 무너지기 직전이었던 시기에, 41세의 나는 16년간의 한전에서의 직장 생활을 청산하고 국내 굴지의 건설회사인 동아건설로 이직을 하였다. 원자력발전소라는 문명의 이기(facilities of civilization)이며, 한편으론 한없이 위험(very dangerous)하기도 한 설비의 안전 운영(safe operation)을 위해 전념(saturated myself)하였던 직장이었지만, 장기간의 교대근무(shift work)로 인한 생체리듬 상실(circadian rhythms all messed up)에서 오는 무력감(weakness)/피로감(fatigue)과 더 이상 진전할 수 없는 정체된 직무 환경에서 오는 단조로움(monotony)에서 벗어나고자, 업무적/지식적인 면에서는 상당한 자신감에 차 있던 나는 새로운 일을 경험하고자 약간은 무모해 보이기도 하는 도전을 감행하였다. 한전은 그런대로 좋은 직장이었지만, 한 번뿐인 인생을 더 이상 스스로 모독(insult)하지 않기로 하였다.

국내 굴지의 건설회사에서의 직장 생활은 국가적인 금융위기(national financial crisis) 사태로 말미암아 3년 반 만에 종료하게 되었다. 내가 놀란 건, 국내 굴지의 건설회사였고 대규모 해외 공사를 수행하는 기업이었지만 정작 회사 내에는 애써 볼 만한 행정적(administrative)/기술적(technical)으로 축적된 자료가 없다는 것이었다. 그것은 회사의 기술력이 빈곤하다는 것을 단정케 하는 것이었다. 법정 관리(legal management)에 처한 이 회사를 인수하려는 제3자도 없었다. 건설 기술력(construction technology)이 축적된 회사가 아니라, 다량의 건설실적(construction performance)만을 보유한 대형 건설회사였던 것이다.

- 결국에는 대한민국의 거의 모든 기업이 그러하다는 것을 알게 되었지만, 처음에는 그 원인을 회사 종사자(employee)의 태만(slack)으로 치부(regard)하였다.
- 여기서부터 본격화되는 나의 오디세이(odyssey)는 결국 한국이라는 나라의 취약함(weakness)이 어디에서부터 발원(originated)되고 있는가를 규명(reveal)하는 실체적 현장의 증거(clues)들을 대면(faced)하게 되는 여정(voyage)이었고, 이 글을 탄생하게 하는 리소스(resource)가 되었다.

이후로 나는 거의 한 다스(dozen)에 달하는 회사를 다니며, 다양한 종류의 업무를 수행하게 되었는데, 이는 모두 16년간의 원전 운전 경력이 바탕이 된 것이었다. 이러한 경력은 엄청난 잠재적 실력(potential)을 가진 것이었고, 내가 할 수 있는 일은 실제로 중요하고도 많았지만, 아이러니(ironically)하게도 이를 필요로 하는 곳은 별로 없었다. 나와 같은 경력의 소유자를 가장 필요로 하는 곳에서조차 환영받지 못하는 게, 우리 사회의 일반적인 현실이었다.

한국의 침몰

- 이 사회는 '이가 없으면 잇몸이 대신한다', '내 앞가림이 무엇 보다 중요하다'는 기득권(vested interest)을 가진 갑(owner)의 논리가 지배(dominate)하는 사회인 것이다.
- 나를 필요로 하는 지식의 사회(intellectual society)가 아닌 것 이다. 그러한 사회는 태평양(pacific ocean) 건너편에 있지만, 나는 그들의 언어인 영어 실력을 자신하지 못하여 애초에 캐 나다 이민(Canada immigration)을 포기하였다.
- 그 당시로 치면 근 25년간을 영어를 잘하기 위해 많은 시간 과 노력을 기울였지만, 이런 식으로 배워서는 생존을 위한 실 질적 수준(practical level)에는 도저히 미칠 수 없다는 자괴감 (despair)만이 들었다.
- 한국인은 누구나 '바늘허리에 실을 묶어 바느질 하듯이' 영어 를 요령 없이 무작정 배우고 있는 것이다.

2011년 3월 후쿠시마 원전사고가 발생하였다.

후쿠시마 원전 사고에서 충격을 받고, 원자력발전에 대한 회 의감까지 들었던 나는, 이 어마어마하고도 어이없는 사고(cata-strophic accident)의 원인을 분석하면서 근본적인 원인(root cause) 에 대해 생각하였다. 일본 사람들도 우리와 비슷한 영어에 대한 알레르기(allergy)를 가졌을 것이고, 이것이 사고를 사전에 대처하 지 못한 부작위(nonperformance)에 깊은 뿌리를 내리고 있다고 보았다. ('후쿠시마 원전사고와 한국의 원전' 편 참조)

우리도 마찬가지여서 오십보백보(little difference) 수준이라고 하고 싶다. 우리는 지리적(geo-location)인 요인으로 인해 지진(earthquake)과 쓰나미(tsunami)라는 치명적인 자연 재해(deadly natural disaster)에서 자유로운 것이지, 우리의 운영 기술이 일본보다 더 나을 수는 없다고 본다. 실제로 우리는 그동안 그들의 뛰어난 운영기술을 숱하게 벤치마킹(benchmarking)하였던 것이다. 그리고 나의 이러한 경각심(alertness)은 수십(decades) 년간에 걸친 다양한 경험을 바탕으로 한 결론(conclusion)인 것이다.

- 원전을 운영하는 우리의 관계자(nuclear industry relatives)들의 능력은 과연 신뢰할 수 있을 것인가? 그들은 보다 나은 기술력(technology)을 개발(develop)하고 정보(information)를 얻을 수 있는가?
- 이러한 스스로의 물음은 항시 스스로를 황망스럽게 한다. 이런저런 불일치(discrepant)한 현실을 보면서 그들을 전적(entirely)으로 신뢰할 수 없는 불편한 마음이 내게 상존(reside)하고 있다. ('후쿠시마 원전사고와 한국의 원전' 편 참조)
- 원전을 해외로 수출하는 계약이 성사되었다. 내가 상관하는 일이라면 애써 막고 싶은 일이지만 어찌할 수 있겠는가! 황당하다는 속마음을 드러내기도 그렇지만, 앞으로 벌어질 난관(hurdles)이 예사롭지가 않을 것이다. 이러한 생각이 나만의 기우(fears will prove groundless)로 끝나기를 바랄 뿐이다.

한국의 침몰

- 그런데 이러한 불편한 진실(awkward truth)들이 기실 한 가지 원인에서 비롯되었다는 것이, 이러한 부작위(nonperformance)가 관련된 사람들의 고의(deliberation)/부주의(carelessness)를 뛰어넘는 어떤 근본적인 공통원인(common root cause)을 갖고 있다는 것이, 이 글을 쓰는 목적(purpose)이고, 나의 주장(claim)인 것이다.

원전비리 사건이 봇물처럼 터졌다. 그간 한적한 곳에서 원자력이라는 그들만의 철옹성(impenetrable fortress)을 구축하고, 세간(public eye)에서는 감히 넘보지 못하는 갑(boss)의 위치를 향유하던 집단이 후쿠시마 원전 사고라는 예기치 못한 돌풍을 맞아 세간의 관심을 모으면서 한심스러운 민낯(naked face)을 드러낸 것이다.

재직 중에 내가 잘 알던, 그 당시에는 상냥하기만 하였던 젊은 직원은 이번 사태에서 부패(corrupt)한 직원 중의 하나가 되어 있었다. 한국의 사회구조(social structure)는 힘들고 골치 아픈 일을 애써 하기 싫어하던 보통의 젊은 직원(young employee)을, 내가 그곳을 떠난 15여 년간의 세월 속에서, 세상의 부정비리(irregularities)에 물든 지능적 범죄자(intellectual criminal)로 바꾸어 놓았다.

- '얼마나 눈치 있게 돈 봉투를 윗선(superior)에게 전달하는가'가 업무 능력 외에 추가로 필요한, 이 사회를 살아가는 사고

(social intercourse)의 능력으로, 출세를 꿈꾸는 세상 모든 이에게 필요한 덕목(virtues)으로까지 자리 잡은 이 시대의 개탄스러운 야만의 얼굴이다.

- 원전에서 근무하던 어느 날 아침, 화장실(toilet)에서 단 둘이 마주쳤을 때, 한 고참 상사(one of senior bosses)는 내게 느닷없이 "신 과장, 이거 너무 하는 것 아냐!" 하고 역정(angry)을 내었다. 한순간 어리둥절하였던 나는 한참이 지난 후에야 그게 무슨 의미인지를 비로소 깨닫고 혼자 쓴웃음을 짓고 말았다.

원전비리 사태를 대하면서 원자력 전문가로서 일말에 책임 의식과 사명 의식을 느낀 나는, 한국수력원자력㈜에서 모집하는 외부 인사 영입 공모에도 두세 차례 응모하였다. 호구지책(means of livelihood)이기도 하겠지만, 그것은 내가 생각하는 나만의 사회적 책임의 실현(realization of social responsibility)하기 위한, 결과적으로는 실패한 도전(challenge)이었다. 내가 그동안에 이룬 성과/지식을 그냥 묻어 두고, 이 사회가 이상한 방향으로 이끌려 가는 것을 방치(leave)하고 비판(criticism)만을 능사로 하여서는 안 된다는 마음에서다. 보기에 따라서는 생계를 위한 수단과 변명에 불과하겠지만, 나로서는 책임 의식을 느꼈다. 나라를 뒤흔든 엄청난 사태에서 교훈을 얻었으면, 뭔가 그들도 이제는 전문가를 필요로 하지 않을까 하는 일말의 기대도 있었다. 그러나 예전처럼 국회 보좌관 출신 등의 문외한(lay person)들이 임명

(appointed)되는 현실을 보고 더 이상의 순진한(innocent) 마음을 접었다. 그들이 원전비리 사태의 근본 원인을 어떻게 깨달을 수 있고, 또한 어떻게 개선할 수 있겠는가? 암담(gloomy)한 마음이 들지만 현실이 그러하고, 나의 처지에서는 할 수 있는 최선을 다 했다는 위안(console myself)을 스스로에게 부여할 뿐이었다.

2013년 늦가을, 나는 원전 현장에 내려가서 원전 기술 전문영어(nuclear technology English professional) 학원을 오픈(open)하였으나 별다른 호응이 없어 몇 달 만에 문을 닫았다. 그들 자신이 전문 분야에 대한 영어문명[EL; English literacy]의 필요성을 느끼지 않으면 마이동풍(preach to deaf ears)이 될 뿐이다. 거대한 집단이 우물 안의 지식에 도취해 스스로는 부족함(lack)을 자각(conscious)하지 못할 수도 있는 것이다. 그들은 나의 무모한 도전에 혀를 찼을 것이지만, 나는 후배격인 그들에게 부족한 전문 영어에 대한 기회를 제공하고자 하는 것이 목적이었다. 학원의 성공 여부에 관계없이 그들의 부족한 영어 능력에 대해 무언(silent)의 메시지(message)나마 전하고 싶었다는 것이 실패(failure)에 대한 구차한 변명(lame excuse)이다.

- 본 책의 '원자로조종감독자의 고백', '후쿠시마 원전사고와 한국의 원전' 편을 보면, 내가 왜 이러한 시도를 하였는지를 조금은 이해할 수 있을 것이다.

2014년 봄부터 14개월간에 걸쳐, 한수원에서 아랍에미레이트 연합국(UAE)에 수출한 원전에 근무하게 되는 UAE 청년들의 원전의 직무교육과정(OJT; on-the-job training) 멘토링(mentoring)을 하게 되었다. 아랍어(Arabic)를 모국어(native language)로 하는 젊은이들이 영어를 여유롭게 구사(proficient)하는 것(switching from one language to the other with ease)을 보고, 충격을 받았다고 하는 것이 적절한 표현일 것 같다.

그들에게 어떡하든지 영어로 알아듣게 원자력발전소 운전 전반에 관한 지식을 멘토링을 해야 하는 나로서는 영어라는 언어에 대한 스트레스(stress)를 받을 수밖에 없었다. 이 시점이 나에게는 영어라는 언어를 보다 적극적으로 생각(think)하고, 인식(appreciate)하고, 심사숙고(ruminate)하게 되는 전환점(momentum)이 되었다.

- 아랍인인 그들은 모두 어떻게 하여 영어를 모국어처럼 잘 구사하게 되었을까?
- 나는 그들의 나이보다 많은 세월 동안 영어와 씨름을 하였는데, 왜 영어 표현이 서투를 수밖에 없는 것인가?
- 그들은 시작부터 영어로 된 텍스트(text)로 수학(mathematics)/과학(science) 등의 선진학문(advanced studies)을 공부하는 것이었다. 이 점이 나에게 영어문명[EL; English Literacy]을 달성하기 위한 깨달음을 주었다.

- 영어라는 언어를 바로 공부하는 것은 성립될 수 없는 행위이다. 영어는 수학/과학 등의 학문을 공부하면서 동시에 습득되는 것이다.
- 이것은 커다란 깨달음인 것이다. 한국의 교육은 허망한 그림을 그리고 있는 것이다.

여기서 나는 깨달았다. 그들은 아랍만의 유구한 역사(long history)의 문명을 가지고 있지만, 선진(advanced) 문명을 도입하고 그들과 교류하기 위해서는 자신들의 언어인 아랍어를 사용하는 것이 아니라, 선진 문명의 언어인 영어를 바로 사용하는 것이다. 즉 번역(translation)을 거치는 것이 아니라, 착오(misunderstanding) 없이 바로 그 자체를 받아들이는 것이다. 그 정책(policy)의 좋고 나쁨을 떠나, 그렇게 하여야만 영어를 습득하고 사용하여 오늘날의 문명을 영위할 수 있다는 것이다.

- 21세기(21st Century) 오늘날, 우리의 생존적 환경(survival environment)은 영어라는 언어가 지배하는 시대(Age governed by English)로 완전히 바뀌었다. 영어를 못한다는 것은 이 세상(world)에서의 고립(isolation)/좌절(frustration)을 자초(incur)하는 짓이다.
- 우리의 문자인 한글이 세계에서 가장 뛰어나다는 자랑(pride), 그래서 이것을 잘 가꾸고 다듬어야 한다는 구호(slogan)인 '국어 사랑, 나라 사랑'은, 우물 안 개구리의 아전인수

(self-centered) 식 자랑이고 공허한(hollow) 외침(chant)일 뿐이다.

- 실상 나도 몇 해 전까지는 우리의 한글이 IT 시대(information technology era)의 최고의 문자이며, 우리의 언어가 중국어(Chinese)/일본어(Japanese)에 비해 월등한 언어라서 그들보다 앞선 문명을 창출하게 될 것이라는 근거 없는(baseless) 허황된 희망(false hope)을 가지고 있었다.

- 이러한 생각은 언어(language)와 문자(character)를 구별하지 못하고, 문명(civilization)과 언어(language)와의 상관관계(correlation)를 깊이 고찰(consider)하지 못한 섣부른 판단(quick judgement)이었다.

- 세월호 참사를 보면서, 이러한 현실적(realistic)/실제적(practical)이지 못한 언어에 대한 생각이 어떤 참혹한 결말(distress consequence)을 가져오는지를 깨닫게 된 것이다.

세월호 참사는 나로 하여금 더 이상의 침묵(silence)은 결국 죄악(sin)이라는, 외통수 선택을 하게 만드는 마음의 장벽(mental barrier)으로 작용하였다. 정확한 원인을 진단하고 처방하지 않으면 이 만연된 부작위(nonperformance)/부조리(irrationality)는 이 대한민국이라는 사회에서 쉽게 물러나지 않을 것이다.

이대로 간다면 우리는 언제까지나 질펀한 수렁 속에서 살면서, '이것이 사회 본래의 모습이고 여기서 견뎌내야 사회생활을 잘하는 것이다' 하면서, '적자생존(survival of the fittest)'의 미사여구

한국의 침몰

(rhetoric)로 자신을 비호(excuse)하고, 이 시대의 낙오자(loser)들을 보면서 자신의 어쩔 수 없는 파렴치(unscrupulous)함에 대한 위안(justify)을 삼을 것이다.

- 이러한 현상이 이 사회의 구성원(members of society)인 한국인 본연의 모습(natural look)이기 이전에, 한국인이 생존(survival)을 위해 이렇게 진화(evolve)될 수밖에 없는 사회 환경(social environment)의 모순(inconsistency)이 어디서 비롯되는(originated) 것인가를 찾아내고 치료하는 것이다.
- 한마디로 '세월호 참사'는 대한민국의 무지(ignorance)/무식(illiteracy)에서 비롯된 것이다. 고학력의 한국 사회가 무지/무식하다면 무엇이 잘못된 것인가?
- 그것은 한국어로 이뤄지는 대한민국 교육의 한계로 인한 것이다. 한국어는 오늘날 한국에 도입된 서구문명을 감당하기에는 크게 부족한 언어인 것이다.
- 이 명제로 인해 결핍된 기술력의 한국 산업 경제는 침체되었고, 한국어로 이루어진 결핍된 교육을 받은 무력한 젊은이들은 불행해진 것이다. 결국 이로 인해 한국 사회는 침몰되고 있는 것이다.

우리의 학생들은 수학(math)을 포기(give up)한 자(수포자)가 태반(mostly)이라고 한다. 수학은 나에게 학습(learning)의 희열(joy)을 알게 해준 학문(study)이었다. 그러나 그것은 오래가지 않고 중학교 3학년 동안만의 짧은 기간이었다. 그 후로는 노력해도 되지 않는 짝사랑 같은 개념 잡기 어려운 학문이었다. 얼마 전 고등학교 수학 교과서를 사 보았다. 이렇게 난해한 학문은 정신적 고문(psychological torture)이라고 해야 하지 않을까? 왜 이렇게 이해하기 어려운 용어를 만들고, 그것을 사용해서 설명해야 하는가? 이것이 우리말인 한국어(Korean language)로 표현할 수 있는 한계가 아닐까 하는 의문이 들었다.

- 수학은 오로지 영어로만 가능한 학문인 것이다. 한국어/한글로 하는 수학은 모조품(imitation)에 불과한 것이다. 대한민국에 산재(scattered)한 수천(thousands) 개의 수학 학원(math tuition)은 이 말을 뒷받침하는 증거(supporting evidence)이다.
- 한글로 된 수학을 도저히 이해 못하는 학생은 학원으로 가서 그들만의 문제 풀이 요령을 터득하여 시험에 대비하는 것이다. 그것은 퀴즈 문답에 불과하지 수학 본래의 모습은 아닌 것이다.

내가 지식을 습득하는 과정에서 한국어로 배운 전문지식(expertise)은 별로 없었다. 영문 텍스트(English text)를 통해서 비로소 제대로 된 지식을 얻을 수 있었다. 이것은 나의 사회생활에서의 본격적인 시작을 선진 문명의 기술을 도입하여야 하는 자동차 제작사(car manufacturer)/원자력발전소 운영 회사(nuclear power plant operator)에서 시작했기 때문이다. 자동차/원자력발전소 프로젝트의 관련된 모든 지식은 영문 텍스트로 기술되어 있었고, 그것을 읽어야만 업무를 수행할 수 있었기에, 집중력을 가지고 가능한 모든 텍스트를 소화하였다.

업무상 만난 직장인들은 대부분 영문 텍스트를 해독하려 시도하지 않고, 애써 이를 외면하려고만 하였다. 그러나 그들이 접하는 한국어/한글로 된 지식은 체계화(systematize)된 지식이 아닌, 일시적인 번역을 거쳐 부분적으로 생성된 완전치 못한 지식인 것이다. 사실상 한국인들은 하나같이 열심히 일을 하는 근면하고 성실한 사람들이다. 그런데 고난도(high technology)의 일일수록 그들이 이루어낸 업무성과(performance)가 확실하지 못한 경우가 많은데, 그것은 그들이 참고할 자료(references)를 소화(absorb)해내지 못하였기 때문에 발생하는 것이다. 그것들은 모두 영문 텍스트로 되어 있었기 때문이며, 거기서 제시하는 지시사항(instructions)을 따르지 못함으로써 업무의 결과를 보장하지 못하게 되는 것이다. 모든 기술은 서양에서 오는데, 실상 우리는 그들의 언어를 이해하지 못하는 것이다.

- 영어를 긴 세월에 걸쳐 숱하게 공부하고서도 실효(practical effect)를 보지 못하고 있는 것이다. 이러한 현상으로 인하여 오늘날 대한민국의 산업계(industry)는 많은 허점(weakness)을 잉태(bearing)하고 있는 것이다.
- 지식을 파악(figure out)하지도/생성(generate)하지도/축적

(build up)하지도 못하는 한국 사회는 침체(depressed)될 수밖에 없는 것이다.

- 영어문맹(EiL; English illiteracy)으로 인해, 세계 제일의 정보통신망(IT network)을 구축하고서도 가장 실질적(substantive)이고도 중요(important)한 지식 정보(knowledge information)를 얻지 못하는 것이다.

많은 사람이 대부분 영어를 소화해내지 못한다. 긴 시간을 소모하고도 겨우 제한적인 영어를 할 뿐이다. 왜 이렇게 영어를 배우기가 힘든가? 어떻게 배워야 그들의 지식을 얻을 수 있는 독해(reading comprehension) 수준이 가능한 것인가? 왜 대부분이 영문 텍스트를 소화해내지 못하는 것인가? 왜 나는 늦게나마 영문을 부담 없이 해독(reading)할 수 있는 것인가?

나 스스로 이 의문에 대한 대답을 나름대로 찾아보았다.

사실상 나도 처음에는 업무상 필요한 영문 텍스트를 볼 때마다 속이 갑갑해지곤 하였다. 그러나 업무상 지식을 얻을 수 있는 길은 오직 이것밖에 없었으므로 집중(focustrating)해서 볼 수밖에 없었고, 자꾸 볼수록 이해가 빨라지면서, 모든 텍스트의 기술 내용이 체계적이고 세심함에 감탄하였고, 후에는 존경심(respect)마저 갖게 되었다. 그리고 이러한 기술(description)을 가능케 하는 영어라는 언어에 대해 경외심(awe-inspiring)을 느낄 수밖에 없었다. 결국 문명과 언어의 상관관계(correlation between civilization and language)를 깊이 생각하지 않을 수 없었다.

한국의 침몰

- 낮은 수준의 언어로는 높은 문명을 감당할 수 없는 것이다. 한국어는 낮은 수준의 언어라 할 수 없지만, 그렇다고 높은 수준의 언어라고 할 수 없는 것이다. 특히 학문/기술에 있어서는 더욱 그러할 수밖에 없는 것이다. 그런데 우리는 세계 최고 수준의 문명을, 상대적으로 수준이 낮은 한국어를 사용하여, 이 땅에 실현하려고 하고 있는 것이다. 여기에서 비롯된 문명과 언어의 수준 차이는 그간의 여러 대형 참사(disaster)를 비롯한 크고 작은 사고(accident)를 불러오고, 젊은이(youth)의 무력감(incompetence)에서 비롯되는 고통(painful)스럽고 비참(awful)한 사회 현상(social phenomena)을 가져오면서, 결국은 부정적(adverse)인 한국 문화의 근원(root cause)을 제공하고 있는 것이다.

한글로 기술된 텍스트는 몇 권 되지도 않지만, 온통 일본의 영향을 받은 한자(Chinese characters)로 구성된 용어(terms)를 사용하고, 상세하지 못한 기술(description)로 초보자(beginner)는 이해하기 힘든 내용이었다. 원전 도입 초창기인 1980년대, 원자력발전소 운영(nuclear power plant's operation)에서의 나의 임무(duty)는 플랜트(plant)의 안전운전(integrity and performance)을 일선(frontiers)에서 책임져야 할 막중한 것이었다. 임무 수행을 위해 원전에 관한 모든 지식을 갖추어야만 하였으므로, 미국과 영국의 공급자가 제공하는 모든 설계자료(design document)/도면(drawing)/보고서(report) 등등의 관련 자료를 모두 섭렵(well-read)하였다.

이러한 과정이 있었기에 기술(technology)에 관련된 영문 텍스트에 대한 독해(reading comprehension)가 완성된 것이라고 본다. 지금은 한글로 된 텍스트를 보면 속이 갑갑해진다. 기술(description)이 상세하지 않고 투박(rough)하며, 번역이 곤란한 대목은 임의로 생략되었기 때문이다.

- 그러나 내가 이러한 경지에나마 도달하기까지 얼마나 많은 자료를 보았고, 긴 시간이 걸렸는가를 생각하면 이러한 과정(process)의 답습(follow)은 영어문명(EL; English literacy)을 달성하기 위한 일반적인 답이 될 수 없다.
- 이러한 선진의 고급 기술(high technology)은 한국어/한글로는 도저히 표현해낼 수 없는 경지이다. 이러한 고급 기술의 지식을 영어 텍스트를 이해하지 못하여 그냥 지나친다면, 우리가 할 수 있는 일은 그저 단순 노동에 불과한 업무가 될 것이며, 실제로 그러한 현실이 현장에서 벌어지고 있는 것이다.
- 그러므로 나는 '영어문맹[EiL] 탈출하기' 편을 통하여 영어문명[EL]을 달성하는 과정을 설파(disseminate)하였다.
- 수학(math)은 영어 텍스트로 배워야 한다는 것이 본 글의 핵심으로, 이렇게 배워야 수학(math)의 논리과정(logical process)을 통해서 자연스럽게 영어로 생각하면서, 영어라는 언어를 이해하는 영어문명[EL] 상태에 빠져들 수 있는 것이다.
- 또한 수학(math)은 영어를 통해서만 이해될 수 있는 학문이기에, 이러한 과정은 수학을 기반으로 하는 오늘날의 모든

학문을 성취하기 위해서는 절대적인 경로(critical path)인 것
이다.
- 그런데 대한민국은 안타깝게도 본질을 외면한 수박 겉핥기
(superficial)식 영어 학습에 온통 빠져 있는 것이다.

나의 인생 경험이기도 한, 이러한 경로를 통해 느낀 점은, 영어
를 현재처럼 배워서는 우리가 필요로 하는 능력을, 필요로 하는
시기에 갖출 수가 없다는 것이다. 우리는 사회에서 요구하는 영
어로 된 전문 지식을 받아들일 수 있는 영어문명[EL]의 능력을,
25살 전후까지 대학 등에서 충족시킨 다음에 사회로 진출할 수
있어야 한다. 이것은 선택의 문제가 아닌 젊은이의 생존의 문제
인 것이다.

- 국가는 초기 교육부터 영어문명[EL]을 실현하기 위한 교육
혁명(education revolution)을 시작하여야 한다. 이것은 현재
이 나라의 무기력(enervation)을 극복할 수 있는 유일한 해결
책(solution)이며, 국가의 백년대계(farsighted)를 위한 이니셔
티브(initiative)인 것이다. 그 어떤 것도 무지(ignorance)/무식
(illiteracy)의 터전에서 자라날 수 없으며, 영어문명[EL]을 달성
(attain)하지 못한다면 모든 행위가 무의미(useless)하게 될 것
이다.
- 한국어/한글로 된 지식은 한국이라는 좁은 사회에서도 잘
유통되지 않는 미흡(insufficient)하고 불완전(incomplete)한 우
물 안 개구리의 지식에 불과하다.

- 현대문명을 추종할 능력이 못되면서, '우리는 할 수 있다'라는 구두선(plausible)의 구호(slogan)를 외쳐 댄다고 해결되는 것이 아니다.
- 지금의 대한민국 교육 현실은 인간의 생존에는 별 소용도 없는 지식을 단지 학생의 우열(students-comparison)을 가리기 위해서 이전투구(mud-slinging) 양상으로 학생들을 들볶는 도토리 키 재기식 게임의 규칙(rules of games)으로 주입하며, 이를 교육의 이름으로 미화(glamorize)하고 있는 것이다.
- 이러한 교육 과정을 거쳐 사회로 진출한 청년들은 무력감(inability)에 방황(wandering)하는 것이다. 일자리가 없어서라기보다는, 생존에 필요한 능력을 갖추지 못해서인 것이다.
- 우리는 국가의 백년대계인 교육을 국가 발전에 기여하도록 유도(induce)하지 못하고 있는 것이다.
- 오늘날 청년을 유능하게 만드는 것은 오로지 영어문명[EL]을 갖추게 하는 것이다. 드넓은 세상의 참된 지식을 수용할 수 있는 능력(abilities)을 갖추게 하는 것이다.

뛰어난 실력을 가졌어도 학력(academic background)/학벌(academic clique)이 없으면 별다른 대접을 받기가 힘든 사회에서 살아오면서, 그로 인해 나는 삶의 현장에서 여러 형태의 부조리(absurd)/불합리(irrational)/부작위(nonperformance)한 현실(realities)을 체험(experience)하게 되었다. 그것은 이 사회가 전문성(expertise)이 확립되지 않은 조그맣고 미숙(immature)한 사

한국의 침몰

회(society)이기 때문이었다. 그래도 이 사회가 물질적 급성장을 한 것은 세계 역사의 흐름 속에서 우리 나름대로의 각고의 노력 (painstaking effort)을 통해 산업화(industrialization)를 이루었기 때문이었다.

그런데 이 와중에서 우리는 우리의 언어인 한국어가 서양의 학문/기술을 온전히 담아내지 못하고 있다는 것을 자각(realize) 하지 못하고 지나치고 있는 것이다. 오늘날 한국어는 우리가 누리고 있는 서양으로부터 도래한 문명을 온전히 담아내지 못하고 있는 것이다. 이로 인해 우리 사회는 곳곳에서 무지(ignorance)/무식(illiteracy)이 지배하는 한국병(Korean ailment)을 앓고 있는 것이다. 이는 쉽게 치유할 수 없는 속성(properties)을 지니고 있어 이 사회를 서서히 가라앉히고(drowning) 있는 것이다.

이 사회의 많은 부조리/불합리/부작위에 대한 근본적인 의문 (fundamental questions), 나의 인생 경력을 통해 얻은, 지금은 먹통이 된 수학적 재능(mathematical ability)과 관련된 깨달음(realization), 이 사회에서 40여 년의 세월 동안 한 다스(dozen)가 넘는 직장 생활(job' journey)을 경험하며 예순 살이 넘은 지금에서야 깨우친 깨달음은 나로 하여금 이 땅에 태어난 모든 이들을 위해 글을 써서 외쳐야 한다는 사명감(mission)을 갖게 만들었다.

- 책을 통해 외치는 이 같은 시도가 내가 할 수 있는 최선의 방법이다.

이러한 글을 쓴다는 것은 고통스러운 작업이다. 누구나 개성(personality)을 가지지만, 나 역시 나만의 개성으로 인해 독특한(unique) 인생살이(life)를 하고 있다. 우리나라의 현실이 절박(desperate)하지 않고, 내가 이러한 인생 이력(life trace)을 갖지 않았다면, 이러한 글을 쓸 동기(motive)와 동력(engine)을 가질 수는 없었을 것이다.

- '세월호 참사'는 우리에게 위기가 닥쳐왔음을 알렸고, 그 무언가를 깨우치고 고쳐야만 한다는 냉혹한 역사적인 메시지를 보냈다.
- 예순이 넘는 나이에 이르는 역경(adversity)의 한국 사회(Korean society)를 살아오면서, 이 사회의 구성원(member of the Korean society)인 한국인은 영어문명[EL]을 통한 학문/기술을 닦아야만 제대로 된 지식(substantive knowledge)을 갖출 수 있다는 것을 비로소 깨닫게 되었고, 이의 실행을 호소(appeal)하는 절박한 심정(desperate mind)이 되어 버렸다.
- 이러한 현상의 원인과 과정을 밝히는 것이 나의 소명(vocation)이 되어버렸고, 눈살이 절로 찌푸려지는 고통스러운 이 글을 쓰도록 나 자신을 닦달하고 있는 것이다.

한국의 침몰

- 한국어(Korean language)라는 겨레의 심장(the heart of Korean)에 날카로운 비수(mess)를 들이대는 야수(beast)의 심정(heart)으로, 나는 이 고뇌의 글(agonizing and painful narration)을 마치려 한다.

2019년 12월

신동현